KB023354

바람이 분다, 살아야겠다

철학자
강신주

생각과
말들

바람이
분다,

살아야
겠다

강신주 · 만남 · 지승호

EBS
BOOKS

지승호

우리 모두 조금만 더 가난해졌으면

이 책의 머리말을 쓰기 위해 2013년에 발간되었던 《강신주의 맨얼굴의 철학 당당한 인문학》 프롤로그를 읽어보았습니다. 그때도 여전히 슬럼프였더군요. 12년을 해온 인터뷰 작업을 더 이상 할 수 없을 것 같다는 절망감과 이 일을 계속하고 싶다는 간절함이 읽혔습니다. 인터뷰는 2012년 여름에 이루어졌습니다. 저녁에 시작해서 새벽 늦은 시간까지, 또는 아침 해가 뜰 때까지 다섯 번의 만남을 가졌습니다. 그 순간이 참 행복했었습니다. 50시간의 인터뷰, 4500매의 녹취를 푸는 과정까지 모두 행복한 시간이었죠. 강신주 선생님은 에필로그 제목으로 "우리의 밤은 당신의 낮보다 아름다웠다"라고 답변해주셨지요. 저는 그때 녹취에 대한 두려움도 사라졌던 것 같습니다. 4500매를 풀어냈는데, 앞으로 뭘 못 하겠나 하면서요.

12년 전 어느 보고서에서 이미 '좀비산업(죽은 것도, 산 것도 아닌 상태로 연명하는 산업)'으로 분류되었던 출판은 더욱 더 어려워졌습니다. 책은 마치 굿즈 같은 상품이 되었고, 대중들에게 이름이 잘 알려지지 않은 저 같은 사람은 하고 싶은 일을 하기 더 어려운 상황이 되었습니다. '이제 정말로 다른 길을 찾아봐야 하나. 이 일을 계속하고 싶은데' 하고 생각이 많아질 무렵 출판사로부터 강신주 선생님 인터뷰집을 내고 싶은데 인터뷰어로 응해주겠느냐는 연락을 받았습니다. 두 번 생각할 필요도 없이 무조건 하겠다고 했습니다. 그 후 강신주 선생님도 수락하셨다는 이야기를 들었습니다. 그때 같이했던 시간이 강신주 선생님에게도 나쁘진 않았구나 하는 생각이 들어

안심을 했죠.

이번에는 낮 2시쯤 만나 밤 10시경까지 여덟 번의 만남을 가졌습니다.(편집 과정에서 독자들과의 만남은 11개의 장으로 구성되었습니다) 더 얘기하고 싶어도 코로나 확산으로 인한 영업시간 제한 때문에 갈 곳이 없었습니다. 9년여 만에 다시 만나 긴 시간 대화를 나눌 수 있게 된 거지요. 강신주 선생님이나 저에게 생긴 가장 큰 변화는 건강이 나빠졌다는 것이었습니다. 강신주 선생님은 방대한 《역사철학·정치철학》 작업을 하시면서 너무 무리를 한 결과였고, 저는 조울증으로 인한 알코올의존증으로 건강을 해친 것이니, 차이는 있었습니다.

강신주 선생님은 그 과정에서 나이 든 사람과 아픈 사람들을 더 잘 이해할 수 있게 되었다고 말씀하셨고, 저 역시 고혈압과 당뇨병, 고지혈증 등의 진단을 받으면서(성인병 3관왕, 이렇게 어른이 되어가나 봅니다) 제 삶을 다시 돌아볼 수 있게 되었습니다. 그런 점에서 잃은 것만 있는 건 아니라는 생각이 들었습니다. 정신을 바짝 차리는 계기가 되었다는 점에서 축복이기도 한 것 같습니다.

강신주 선생님에게 궁금한 것이 참 많았습니다. 철학에 대해서도 그렇지만, 여전히 일어나는 각종 엽기적인 사건들에 대한 생각과 해결 방법도 들어보고 싶었습니다. 저 역시 사회에서 일어나는 일들에 대한 고민들을 많이 했지만, 현상적이고 피상적인 고민에 머물러 있다는 생각이 들었습니다. 강신주 선생님의 답변을 통해 이 사회

현상의 본질에 조금 더 가까이 접근할 수 있었습니다.

10여 년 전 그렇게 많은 이야기를 들었음에도 불구하고, 저는 무슨 이야기가 그렇게 더 듣고 싶었던 걸까요? '어쩌면' 하는 예상을 강신주 선생님은 번번이 깨주셨습니다. 지난 10년 동안 저는 현실에 천착했고, 강신주 선생님은 점점 더 본질을 파고들어 꿰뚫어가고 있다는 생각이 들었습니다.

'가톨릭일꾼운동'을 창시했던 피터 모린Peter Maurin, 1877~1949은 "모두가 가난해지려 하면 아무도 가난해지지 않을 것이다"라는 말을 했습니다. 강신주 선생님의 말도 이와 일맥상통한다는 생각이 들었습니다. 우리 모두 스스로 조금씩 가난해져야 한다는 거죠. 공동체를 생각해야 한다는 거고요. 욕심을 능력으로, 욕망을 미덕으로 생각하는 이 시대에 무슨 고색창연한 얘기인가 하는 분들이 계실지도 모르겠습니다. 그런데 그렇게 만들어진 이 세상이 과연 행복한 세상인가요? 연상호 감독의 드라마 〈지옥〉을 보고서도 '저기 내 모습이 있다, 저렇게 세상을 만든 것은 나 자신이기도 하다'라고 반성하는 것이 아니라, '나와 다른 생각을 가진 사람들은 저 악마들과 똑같다'고 말하고 있지 않나요?

인간은 어쩔 수 없이 자기 입장을 먼저 생각하는 동물입니다. 그래서 동업을 하더라도 '저 친구가 나보다 조금 더 가져가는 것이 맞다'고 생각해야 오래간다고 합니다. 그렇게 해야 그나마 균형이 맞는다는 거죠. 지금은 피해자 서사의 시대이기도 합니다. 누구나 자신의 피해를 호소하고 억울해합니다. 나는 많이 노력했는데 주어지는 것이 적다, 사람들이 자신에게 관심을 기울여주지 않는다, 나는 더 가져야만 한다고 분노합니다. 이건 어떤 면에서는 제 얘기이기도 합니다. 물론 그 억울한 심정을 제대로 풀어주지 못한 사회에 원인이 있을 수도 있지만, 그렇게 해서는 끝이 보이지 않을 것 같습니다.

복수가 복수를 낳는 것처럼, 혐오는 혐오를 낳는 것 같습니다. 피해의식은 자기 성찰 없음이나 상대에 대한 혐오를 정당화하는 동전의 양면 같은 역할을 하기도 합니다. 모욕감만 주지 않아도, 혐오만 하지 않아도 조금은 덜 불행한 사회가 되지 않을까요? 이 말은 복수와 혐오에 긍정적인 측면이 전혀 없다는 뜻이 아닙니다. 누구에게 쉽게 꼰대라고 손가락질을 할 때 김민섭 작가가 《경계인의 시선》이라는 책에서 말한 것처럼 "누구나 어제보다 꼰대가 된다"는 사실을 기억하자는 겁니다.

혁명 같은 것은 감히 생각하기 어려운 시대로 보입니다. 그러나 "가장 급진적인 혁명가도 혁명 다음 날부터는 보수주의자로 바뀔 것이다"라고 한 한나 아렌트Hanna Arendt, 1906~1975나 "소설과 마찬가지로 혁명에서 가장 어려운 부분은 결말이다"라고 한 토크빌Alexis de Tocqueville, 1805~1859의 말처럼 혁명보다 더 중요한 것은 그것을 잘 마무리 짓고, 지속시키는 것인 듯합니다.

강신주 선생님은 기회가 된다면 10년 후에 다시 만나 이야기를 해보자고 했습니다. 그때 강신주 선생님과 저는 또 어떻게 변해 있을까요? 지금 하고 있는 작업을 어떤 형태로든지 계속 하고 있을 것만은 분명한 듯합니다. 이 이야기들은 강신주 선생님의 이야기지만, 어쩌면 저의 노동이 아니었으면 남지 못했을 수도 있었겠죠. 그 시간을 허락해주고, 함께해주신 강신주 선생님에게 이 지면을 빌어 감사드립니다. 행복한 시간이었습니다. 그리고 10년 후에 그 작업을 꼭 같이할 수 있도록 제 자리에서 노력하겠습니다.

개인이 시장과 한 몸이 되고, 자본주의에 물든 이 사회에 강신주라는 치료제 혹은 해독제가 필요한 시간이 아닌가 싶습니다. 강신주 선생님은 "자본주의는 매번 새롭게 변하는 것으로 유지되는 유일한 체제"이며, "자본주의의 전대미문성은 거기에 있다"고 진단합니다. 자본주의에서는 사치품이 필수품이 되고, 그 필수품이 또 필수품을 낳고, 그 필수품이 새로운 사치품을 만들고, 이 새로운 사치품이 필수품이 되는 과정을 무한 반복한다고 이야기합니다. 거기서 자연과 인간은 소외될 수밖에 없습니다.

우리만 해도 최신 버전의 스마트폰을 사야 되고, 그 스마트폰에 필요한 수많은 액세서리를 마련하느라 등골이 휩니다. 그리고 새로운 스마트폰이 나오면 꼭 사야 한다고 생각하거나 새로운 게임이나 앱을 돌리기 위해 최신 버전의 스마트폰을 필요로 합니다. 기후위기니 지구의 종말이니 이런 이야기들이 나오고 있지만, 과연 이런 사회를 어떻게 멈출 수 있을까요? 강신주 선생님은 "타자와 소통하고 연대할 수 있는 사람들, 소수 지배자가 되거나 그들 편을 들지 않고 지금 함께 살아가고 있는 사람들의 아픔을 느낄 수 있는 그런 사람들"이 모이는 인문주의적 패밀리가 많아져야 한다고 말합니다.

전등傳燈은 '등불을 전한다'는 뜻의 불교 용어라고 합니다. 각자 등불을 들고 타인을 비춰주는 사람들을 강신주 선생님은 '등불의 패밀리'라고 부르고 마구 자랑하고 싶다고 합니다. 젊었을 때의 강신주는 '왜 사람들이 내 말을 듣지 않나' 하고 조급해한 적도 있지만, 지금의 강신주는 "깨달은 자들의 패밀리, 자유로운 자들의 패밀리, 주인으로 삶을 영위했던 패밀리, 그리고 억압받은 자들을 사랑했던 패밀리"들을 호명하며 우리 패밀리들은 외롭지 않다고 말합니다. 언젠가는 등불의 패밀리들로 인해 세상은 변화하리라고 힘주어 말합니다. 그 패밀리에 남에게 군림하려는 사람은 들어올 수 없습니다. 강신주 선생님은 민주주의는 누구는 명령하기만 하고, 누구는 복종하기만 하는 사회가 아니라고 말합니다. 누구나 명령할 수 있고, 누구나 명령받기도 하는 그런 사회가 민주주의 사회라고 말합니다. "블랑키, 랭보, 마르크스, 보그다노프, 로자 룩셈부르크, 코르슈, 그람시, 신채호, 조지 오웰, 벤야민, 브레히트, 신동엽, 존 바에즈, 김수영, 체 게바라, 김민기, 켄 로치, 이창동, 다르위시, 김선우" 그리고 "파리코뮌의 전사들, 우금치의 우리 농민들, 스파르타쿠스동맹의 동지들, 크론시타트소비에트의 전사들, 스페인 민병대 친구들, 게바라와 함께했던 라틴아메리카 전우들 등등" 엄청나게 뿌듯할 정도로 등불의 패밀리들은 많으니 "자유를 위한 외로운 투쟁을 하고 있다고 절망하지 말자. 더 이상 주인의 삶을 영위하려고 혼자 분투하고 있다고 자조하지 말자. 다시는 반향마저 없는 사랑에 너무나 지친다고 한탄하지도 말자"고 말합니다.(《구경꾼 VS 주체》, 2020)

패밀리로 호명된 이름들을 보니 가슴이 뛰고, 저도 감히 저 안에 들고 싶다는 생각이 듭니다. 여러분들도 그렇지 않은가요? 그리고 각자 또 다른 등불의 패밀리들이 생각나실 겁니다. 책을 읽으시는 여러분과 함께, 강신주와 함께, 그리고 등불의 패밀리들과 함께라면 자유를 위한 싸움이 외롭지만은 않을 것 같습니다.

강신주 선생님은 사람들이 강신주라는 나무에서 잠시 쉬어가기를, 그리고 자신을 거쳐 다른 나무로도 옮겨갈 수 있기를 바란다고 했습니다. "진리를 구하는 사람은 신뢰하되, 진리를 찾았다고 말하는 사람은 의심하라"고 앙드레 지드 André Gide, 1869~1951 는 말했습니다. 누구나 자신이 진리를 찾았다고 하고, 스스로가 진리라고 말하는 시대에 강신주 선생님의 태도는 참 귀한 태도라는 생각이 듭니다. 마크 트웨인 Mark Twain, 1835~1910 은 "타인의 종교가 바보짓이라는 사실이 자명해지자 나의 종교도 그렇지 않은지 의심스러워졌다"고 했는데, 우리도 스스로를 의심해볼 필요가 있지 않을까요?

강신주 선생님은 본인의 몸이 아프신데도 불구하고 제 건강에 대해 많은 염려를 해주셔서 감사하기도 하고 송구스럽기도 했습니다. 그리고 강신주 선생님하고 100시간을 인터뷰한 사람은 아마 저 밖에 없을 테니 인터뷰어로서 자부심 하나를 더 심어주셨습니다. 이 힘으로 조금 더 버텨나갈 수 있겠지요. 지난번 인터뷰집도 많이 편집되었지만, 이번에는 좀 더 가독성 있게 편집이 되었습니다.(수고해주신 엄기수, 최재진 에디터님께 감사드립니다) 기회가 된다면 나머지 내용들도 보여드리고 싶네요.

저한테는 몹쓸 고질병이 하나 있습니다. 시도 때도 없이 '가재개그(아재개그가 아니라, 가재도 등을 돌리는 가재개그입니다)'를 던지는 것입니다. 강신주 선생님 앞에서도 가재개그를 수시로 시도했는데 다행히 썰렁해지는 막다른 상황까지는 가지 않았습니다. 한숨을 쉬시면서 '그런 농담하지 마세요, 늙었단 소리 들어요' '이제 잠깐 휴식할 때가 됐나봐요' 하며 웃어 넘기셨지요. 그 썰렁한 얘기들은 다행히도 대부분 편집되었습니다. 영화 〈베테랑〉에서 한 배우는 "우리가 돈이 없지, 가오가 없냐?"는 명대사를 남겼습니다. 돈이 없어도 '가오'는 지켜야겠습니다. 여러분께 신의 '가오'가 함께하기를……

마지막으로 베르톨트 브레히트Bertolt Brecht, 1898~1956의 〈후손들에게To Those Born Later〉라는 시를 같이 읽고 싶네요. 다음 세대에게 하고 싶은 이야기이기도 합니다.

힘은 너무나 약했고, 목표는
아득히 멀었다.

목표에 내가 도달할 수는 없었지.

목표가 시야에 들어왔다고 해도,

이 세상에서 내게 주어진

시간은 그렇게 흘러갔다.

(……)

그러나 너희들은, 인간이 인간을 도와주는

그런 세상을 맞게 되거든

관용하는 마음으로

우리를 생각해다오.

차례

첫

자유로운
사람만이

사랑할 수
있다

만남 지승호
묻고

 강신주
답하다

사랑과 자유는 왜 같은 것인지 사랑을
해보면 알아요. 사랑을 해본 사람만이
자기가 자유로운지 아닌지를 아는 거죠.

첫
만남

저잣거리에서 외치는 사랑과 자유

○ **철학자 강신주 하면 흔히 '사랑과 자유의 철학자'라는 말이 따라다니잖아요. 선생님 스스로는 어떻게 생각하세요? 이런 명명이 마음에 드시나요?**

예전에 제가 '모든 인문학은 사랑과 자유에게 바치는 헌사다'라는 말을 했잖아요. 인문학의 핵심 가치는 사랑과 자유를 지향하는 거예요. 자유를 포기하거나 사랑을 하지 않는다면 의미가 없는 거죠. 사랑과 자유는 결국 같은 거예요. 사르트르^{Jean Paul Sartre, 1905~1980}가 《존재와 무^{L'Être et le néant, 1943}》에서 "만일 내가 타인에게 사랑받아야 한다면, 나는 '사랑받는 상대'로서 자유롭게 선택되어야만 한다"라고 말해요. 내가 누군가를 사랑할 때 상대방도 나를 사랑하기를 원해요. 그렇지만 상대방은 강요에 의해서가 아니라 자유롭게 나를 사랑해야 해요. 그래야 상대방의 사랑이 가치가 있으니까요. 상대방이 자유롭고, 나를 떠날 수 있음에도 불구하고 나를 사랑하기를 원하는 거예요. 타인의 자유까지도 사랑하는 거죠. 그런데 체제에서는, 혹은 체제에 훈육된 많은 사람들은 사랑과 자유는 이율배

첫
만남

반이라고 얘기해요. 사랑의 조건을 갖추기 위해서는 대가를 지불하라고 하고, 사랑이라는 구속에서 벗어나라고 강요하잖아요.

사랑과 자유가 왜 같은 것인지 사랑을 해보면 알아요. 사랑을 해본 사람만이 자기가 자유로운지 아닌지를 아는 거죠. 부모님 말을 잘 들었던 사람이 맹목적으로 그렇게 해야 되는지 알고 살았는데, 어느 날 사랑하는 대상이 생기잖아요. 그러면 자기가 구속받고 있었다는 것을 알아요. 사랑하는 대상을 만나는 데 일정 정도 부자유를 감당해야 한다는 사실과 직면하는 거예요. 어쨌든 사랑을 하면, 8시까지 집에 들어가야 하는 규칙을 어기기 시작해요. 그리고 독립을 하려고 해요. 사랑을 하려면 자기 삶의 주인이 자기 자신이 되어야 가능한 거예요. 자유로운 주체로서 상대방을 만나고 싶은 거죠. 마찬가지로 내가 좋아하는 뭔가가 생기면 내가 자유로운 상태인지 자유롭지 않은 상태인지를 알아요. 내가 사랑하는 것을 하고 싶은데 생계가 그것을 가로막고 있어요. 아르바이트를 해서 1, 2년간 모은 돈을 배낭여행 하는 한두 달에 쏟아붓잖아요.

사랑에 빠지면, 자기가 꿈꾸는 것을 이루려 한다면 억압체제에 저항하게 돼요. 왜냐하면 체제에서 하지 말라고 하니까요. 사랑과 자유는 항상 같이 가는 거예요. 인문학의 정신이 사랑과 자유가 아니면 뭐겠어요. 그 두 가지 내용을 가진 것이 인문주의고, 정치적으로는 민주주의예요. 자유로운 사람만이 사랑을 할 수 있고, 사랑하는 사람만이 자유를 얻을 수 있어요.

○ '거리의 철학자'라고 불리기도 하시잖아요.

학교에 있지 않다면 거리에 있는 거니까요.(웃음) 제가 만든 말은 아니에요. '거리의 철학자'라는 말 좋은 것 같아요. 우리나라에서뿐만 아니라 전 세계적으로 봤을 때 좋아하는 철학자를 들라면 원효元曉, 617~686가 그중 하나예요. 원효도 서라벌 거리의 대중들과 함께 있었잖아요. 거리의 철학자라는 말을 들었을 때 원효 생각이 나서 좋았어요. 물론 제가 원효 수준에 이른 사람은 분명히 아니지만요. 제가 또 좋아하는 철학자 중에 희랍 철학자 디오게네스Diogenes, ?~BC 320경가 있어요. 알렉산더 대왕이 찾아와서 '네가 원하는 게 뭐냐'고 물었을 때 '햇볕이나 가리지 말고 비켜서라'고 얘기했던,(웃음) '나는 위대한 알렉산더 대왕'이라고 자신을 밝혔을 때 '나는 개다'라고 했던 괴짜 철학자였어요. 디오게네스도 길거리를 구르면서 큰 술통 속에서 기거했어요. 거리의 철학자 하면 이 두 사람이 떠올라요. 제가 너무 심각하게 의미를 부여하고 있는데, 사람들이 그런 뜻으로 말한 것은 아니겠죠.(웃음) 대학에서 학술 논문 쓰거나 제자들 두지 않고 사람들 만나고 있으니까 거리의 철학자라고 하지 않나 싶어요.

'사랑과 자유의 철학자'라고 불러주는 것도 듣기 좋은, 과분한 말이에요. 사랑과 자유는 철학자로서, 인문학자로서 당연히 해야 되는 얘기잖아요. 마르크스Karl Marx, 1818~1883가 젊었을 때 쓴《경제학-철학 수고Ökonomisch-philosophische Manuskripte aus dem Jahre, 1844》에서 '사랑은 사랑으로만 교환되어야 한다'고 했어요. 그리고 덧붙이죠. '사랑했다고 해서 반드시 사랑으로 돌아오지 않는다'고요. 내가 누군가를 사랑한다고 해서 그 사랑이 필연적으로 상대방이 나를 사랑하도록 만들 수 없다는 통찰이에요. 그러니 상대방이 나를 사랑하게 된 것은 기적이나 선물이지 당연한 대가가 아니라는 거예요. 마르크스가 철학자답게 아주 근사한 말을 한 거죠. 마르크스가 아내를 사랑했고 그때 시도 썼는데, 그래서 철학적이면서 시적인 발언을 할 수 있었던 것 같아요.

'나'는 수많은 인연의 결과물이다

○ '철학자는 사이비를 배격하고 진짜를 추구하는 사람'이라고 하셨어요.

그 전에 '진짜란 과연 무엇일까'라는 문제가 중요해요. 불교에 '희론戲論, papañca'이라는 말이 있어요. 사랑과 자비를 가로막고 올바른 인식을 '희롱하는 논의'라는 뜻이에요. 삶을 왜곡하고 현실을 있는 그대로, 여실^{如實}하게 바라보지 못하게 하는 담론들이 있잖아요. 그게 희론이에요. 그리고 '적멸^{寂滅}'은 말 그대로 소멸되어 고요한 상태라고 생각하면 돼요. 불교에서 흔히 '공^空'을 얘기하는 것도 희론 적멸과 무관하지 않아요. 불교에서 '영원불변한 본질이나 실체가 없다'라는 '무아^{無我}'는 산스크리트어 '아나트만^{anātman}'을 한자로 번역한 말이에요. 영원불변하는 것을 가리키는 '아트만^{ātman}'에 부정어 '아(a)'가 붙어서 만들어진 글자죠. '무아'는 '공^空'이나 '무자성^{無自性}'과도 같은 말인 거예요. 그러니까 영원한 것이나 불변하는 것에 대한 집착에서 벗어나라는 거예요. '나'라는 사람은 독자적으로 있는 존재가 아니라, 복잡한 '인연^{因緣}' 관계로 생겨난 존재예요. 예를 들어 눈사람을 만들려면 눈과 온도와 습도와 아버지와 아들이 화합해야 되잖아요. 그러니까 우리는 눈사람과 같은 존재인 거예요. 영원불변하지 않아요. 이미 만들어진 눈사람도 온도가 조금이라도 올라가면 곧 사라지죠. 눈사람이 녹는다고 해서 눈사람의 영혼이니 하면서 눈사람의 본질이나 실체에 집착하는 것이 얼마나 어리석은 일이에요. 그렇게 우리 삶을 왜곡하고, 세상과 나를 있는 그대로 보지 못하게 하는 논의를 불교에서는 희론이라고 해요. 우리의 사유를 희롱해서 삶을 그릇된 길로 이끄는 논의라는 뜻이죠. 그래서 희론이 적멸해야 마음이 평안해지고, 세계를 있는 그대로 보는 거예요.

자본주의적 이데올로기, 벤담^{Jeremy Bentham, 1748~1832}적 자아가 저한테 희론인 거예요. 자본주의는 좋게 말하면 개인주의, 나쁘게 말하면 이기주의를 조장해요. 그러니까 자본주의적 인간은 '이기적 개인'이라고 말할 수 있죠. 결국 이성은 자신에게 이로운 것을 추구하고 불리한 것을 회피하는 능력이고, 합리성은 이익과 불리 혹은 쾌락과 고통 사이에서 이익이나 쾌락을 선택할 때 의미가 있는 개념이죠. 바로 이것을 체계화한 사람이 벤담이에요. 문제는 이기적 개인은 사랑과 연대의 가치를 알 수 없다는 점이죠. 사랑과 연대는 자발적 자기 희생을 요구해요. 사랑하는 사람이 배가 고프면, 우리는 자신의 배고픔을 견디며 자기 밥을 내주니까요. 분명 고통을 선택한 셈인데, 오히려 뿌듯한 마음이 들죠. 나의 배고픔보다는 사랑하는 사람의 배고픔이 사라졌으니까요.

벤담이 숙고하지 못했던 사랑과 연대의 힘이죠. 우리는 사랑과 연대를 위해 자신의 불리함과 고통을 선택하는 존재였어요. 그런데 희론은, 벤담의 희론은 사랑과 연대의 가치를 가로막아요. 철학자의 역할은 그 희론을 비판하고, 고요하게 만드는 데 있어요. 원효의 《대승기신론 소·별기大乘起信論 疏·別記》를 보면, 물이 고요할 때가 있고 요동칠 때가 있는 것처럼 마음도 그렇다는 거예요. 돌멩이를 던지거나 바람이 불거나 물속에서 기포가 올라오거나, 안에서든 밖에서든 동요가 되면 표면에 물결이 치잖아요. 그럼 세상을 있는 그대로 비추지 못해요. 희론이라는 것은 우리가 명징하게 바로보지 못하게 하는 물결과 같아요. 자본주의적 이데올로기에 학습된 채 벤담적 자아가 된 거예요. 다시 물결을 고요하게 하면 옆에 서 있는 나무들, 하늘

사랑과 연대는 자발적
자기 희생을 요구해요.
사랑하는 사람이
배가 고프면, 우리는
자신의 배고픔을 견디며
자기 밥을 내주니까요.
분명 고통을 선택한
셈인데, 오히려
뿌듯한 마음이 들죠.

에 떠다니는 구름들이 비치잖아요. 희론이 적멸해야 된다는 것이 모든 철학자들의 입장이에요. 있는 그대로 봤을 때 우리가 연대할 수도 있고, 공동체를 꿈꿀 수도 있어요. 살아간다는 것이 인연의 관계를 맺는 것이구나, 누가 누군가를 일방적으로 착취하는 관계가 아니구나, 내가 누리는 것들이 수많은 노동으로 복잡하게 인연을 맺은 결과물이구나 하는 것을 알 수가 있는 거예요.

《중용中庸》에도 '불성무물不誠無物'이라는 말이 나와요. '성誠하지 않으면 사물은 존재할 수 없다'는 뜻인데, 성誠은 '말씀' 언言 자와 '이룰' 성成 자로 되어 있어요. 그러니까 '있는 그대로 말하지 않는다면 어떤 사물도 존재할 수 없다'는 뜻이에요. 내가 아내한테 '여보, 사랑해'라고 말은 하는데, 실제로는 전혀 사랑하지 않는다고 해봐요. 그러면 아내는 내가 사랑하는 사람으로서는 존재하지 않는 셈이에요. 이건 상대방을 부정하는 거죠. 거꾸로 아내가 자기를 사랑한다고 생각하는 나도 존재하지 않아요. 이건 자기 스스로를 부정하는 거잖아요. 그래서 철학이 필요하다면 그런 요소가 있는 거죠. 어떤 담론들을 듣고서 그게 '성'하지 않으면 '말이 이루어지지 않는 담론'인 거예요. 자기 삶을 가리고 왜곡시키는 거죠. '성'한 담론들, '성'한 사유를 추구해야 돼요.

인간의 사회, 사회적 인간

○ 마르크스가 "철학자들은 단지 세계를 다양한 방법으로 해석해왔
다. 그러나 중요한 것은 세계를 변화시키는 것이다"라는 말을 했
잖아요. 선생님은 세계를 해석하는 것보다 세계를 변화시키는 철
학자를 지향하고 있다는 생각이 드는데, 어떤가요?

권력에는 정치적 권력과 경제적 권력이 있는데, 그걸 가진 사람
들은 항상 소수예요. 정치권력과 경제권력이 없는 사람이 다수잖아
요. 제가 책에 가끔 쓰는 '3P의 삼각형'이라는 개념이 있는데요. 여
기서 3P는 재산^{property}, 가난^{poverty}, 권력^{power}이에요. 그 세 가지는 함
께 작동되거든요. 누군가 생산수단을 독점하는 순간, 이 3P로 작동
하는 지배 관계가 탄생돼요. 누군가가 재산을 소유한다는 것은 다른
누군가를 가난하게 만든다는 거예요. 여기서 재산이라고 하는 것은
소비재를 말하는 것이 아니에요. 땅, 공장 같은 자본재들을 얘기하
는 거죠. 부유한 소수가 가난한 다수를 지배하는 거예요. 이때 재산
과 가난의 관계를 영속화하는 권력이 필요한 거고요. 재산, 가난, 권
력의 삼각형이 만들어지면 지배 관계가 공고화돼요. 이 세 가지가

작동하지 않는 사회가 좋은 사회예요. 예를 들어 소수가 땅을 독점해서 지주가 되고, 다수가 가난한 소작농이 되고, 그리고 국가가 다수 소작농의 불만과 저항을 다양한 방법으로 억압하는 사회가 어떻게 좋은 사회일 수 있겠어요.

그러니까 마르크스가 〈포이어바흐에 관한 테제〉Thesen über Feuerbach, 1845〉에서 "지금까지 철학자들은 단지 세계를 다양한 방식으로 해석해왔을 뿐이다"라고 얘기할 때는 무슨 소리냐 하면요. 3P가 작동하는 세계에 대해서 설명하고 이해하려고 하고, 정당화하려고 했다는 거예요. 그게 부정의하다고 문제 삼아야 하잖아요. 지주가 땅을 독점하면 농민은 가난의 상태에 들어가는 것이고, 이에 대한 불만이 제기되니까 권력이 필요한 거예요. 재산과 권력이 같이 결합돼서 가난을 지속시키는 거고요. 마르크스는 지금까지의 철학자들은 3P의 논리를 인식하지 못하고 자신들에게 주어진 사회를 피상적으로 관조하고 있다고 비판하죠. 심지어 3P의 논리를 간과했던 마르크스의 계승자들은 신종 3P의 논리를 만들기도 하잖아요. 제도권 사회주의가 그렇죠. 국가가 정치권력을 장악해서 사적 소유를 없애면 된다고 했지만, 국가가 재산을 다 가진 꼴이 돼버리니까요. 여전히 생산수단을 가지지 못하는 가난한 다수가 존재하죠. 생산수단을 국가기구가 독점했으니까요. 그럼 억압은 존재하는 거예요. 마르크스는 부르주아사회, 즉 자본주의사회에서 살았던 사람이에요. 그의 위대함은 그가 자본주의사회에도 여전히 3P의 논리가 작동한다는 것, 그래서 억압이 사라지지 않았다는 사실을 간파한 데 있죠.

자본주의사회에서는 물질적 생산수단의 독점으로 잉여가치를 얻는 거잖아요. 그러니까 사회가 억압적일 때 그 세계를 해석하고 설명한다는 것은 그걸 정당화한다는 거예요. 마르크스가 비판했던 것이 그런 거예요. 그건 해석일 뿐이라는 거죠. 해석을 할 필요가 없어요. 해석할 대상 자체가 부정의의 산물이면 제거를 해야지. 부르주아사회는 정당화의 대상이 아니고, 치워야 되는 대상인 거예요. 그런데 마르크스는 '포이어바흐가 생각하는 것은 부르주아사회다, 그런데 내가 생각하는 것은 인간의 사회다'라는 거예요. 굉장히 중요한 말이에요. 부르주아사회가 뭐냐면 부르주아가 지배하는 사회고, 귀족사회는 귀족이 지배하는 사회예요. 인간의 사회는 모두가 지배하지도 지배당하지도 않는 사회고요. 내 철학이 지향하는 것은 인간의 사회예요. 마르크스는 '인간의 사회', '사회적 인간'이라는 표현을 써요. 사람들은 쉽게 읽고 지나치는데, 굉장히 강한 뜻인 거예요. 인간의 사회는 특정 소수가 지배하는 사회가 아니라 다수가 스스로를 지배하는 사회라는 뜻이고, 사회적 인간이란 지배, 피지배가 없는 같은 인간이라는 뜻이니까요.

마르크스의 철학은 '인간사회'에 기초하고 있어요. '부르주아사회'라고 말할 때 동시에 우리가 '노동자사회'라는 표현을 쓰지 않아요. 이전의 사회가 귀족사회이면서 노예사회라고 불렸잖아요. 부르주아사회는 자기를 정당화하려고 오히려 노예사회, 농노사회라는 것을 부각시켰어요. 그런데 우리 사회를 정직하게 노동자사회라고 부각시키지 않아요. 초창기 때 〈포이어바흐에 관한 테제〉를 번역할 때 부르주아사회를 '시민사회'라고 하는 얼토당토않은 번역이 있었어요. 그런데 그게 굉장히 중요한 거예요. 지금 우리 사회에 시민사회단체가 있잖아요. 이때 시민이 '작은 부르주아들'이라는 것을 잊으면 안 돼요. 노동계급과 멀어요. 흔히 말해서 중산층 운동이죠. 노동계급적 운동이 아니라 굉장히 수정주의적인 운동이에요. 억압사회가 생긴 이래 변한 게 없어요. 노예사회, 농노사회, 노동자사회, 본질적으로 진보한 것이 없다는 거죠. 왜냐하면 이들 다수는 자기가 원하는 것을 만들지 못해요. 지금 노동자들이 아무리 농노보다 생활 수준이 높아졌다고 하더라도 사회적 생산이 아니라 특정 소수, 부르주아들이 원하는 생산을 하고 있잖아요. 자기가 원하는 것을 하는 사람들을 주인이라고 하고, 남이 원하는 것을 하는 사람들을 노예라고 불러요. 고전적 정의예요. 질적으로 보면 아직도 억압사회인 거죠. '소비사회'라는 논리로 자본주의가 발달해야 되기 때문에 노동계급한테 소비자의 위상을 주는 거예요. 월급을 주고 물건 만들고, 또 그 돈으로 소비하고, 이 과정이 계속 돌면서 계속 월급쟁이 생활을 하지만, 과거 농노보다는 경제 사정이 좋죠. 하지만 자기가 원하는 것을 못 하기는 마찬가지예요.

나의 '패밀리'를 소개합니다

○ **책 쓰기가 일종의 '전등록傳燈錄'을 완성하는 일이고, 그 속에 담아낸 이들을 '등불의 패밀리'라고 하셨어요. 어떤 의미인가요?**

마르크스, 로자 룩셈부르크Rosa Luxemburg, 1871~1919, 기 드보르Guy Debord, 1931~1994······, 제가 다뤘던 많은 사람들 있잖아요. 이들이 우리 패밀리들이죠. 체 게바라Ernesto Che Guevara, 1928~1967도 그 안에 있어요. 생산을 하는 노동자들이 관료도 뽑고, 소환도 했던 평의회 코뮌주의자들, 그 물질적 토대로 사회를 바꿔야 된다고 주장했던 사람들, 다 우리 패밀리예요. 2020년부터 작업해온 《강신주의 역사철학·정치철학》(이하 《역사철학·정치철학》) 책이 상당히 두껍잖아요. 우리 패밀리들이 굉장히 많다는 것을 보여주고 싶었어요. 강신주의 의견만이 아니고, 로자의 의견이고, 파리코뮌La Commune de Paris, 1871 전사들, 그 1만여 명의 사람들이 죽어가며 외친 마지막 절규였어요. 또 크론시타트Kronstadt, 1917~1921 수병도 그랬죠. 우리 식으로 따지면 갑오농민전쟁 때 동학 농민인 거예요. 인내천人乃天, 사람이 하늘님이에요. '놈'이 아니라 '님'인 거죠. 사람이 하늘인데, 지주랑 소작농이 어떻게 있어요. 님이라는 것을 알았던 사람들을 놈으로 만들기는 힘들어요. 그래서 그들이 목숨 걸고 싸우는 거예요. 노예로만 살면 노예려니 그러는 거죠. 그래서 신동엽 시인도 〈누가 푸른 하늘을 보았다 하는가〉 하고 묻는 거예요. 여기서 "푸른 하늘"은 인내천의 하늘이에요. 자신이 하대받는 '놈'이 아니라, 존중받아야 하는 '님'이라는 자각이죠. 그래서 신동엽이 묻고 있는 거예요. 맑게 갠 푸른 하늘을 본 적이 있는가, 너의 모습을 본 적이 있는가, 왜 굴종을 하느냐, 왜 명령을 듣고 '상전'의 말을 듣느냐는 거예요. 너희들이 하늘이라고 말했던 것은 부르주아의 하늘이고, 기만적인 하늘이고, 자발적 복종의 하늘이라고 이야기하는 거예요. 우리도 그런 역사가 있단 말이에요. 우금치에서 죽어갔던 사람들도 우리 패밀리죠.

명령하는 소수가 있고, 명령을 듣는 다수가 있어요. 이것이 억압사회잖아요. 이런 억압사회가 가능하려면 명령하는 사람이 물적 생산수단을 가지고 있는, 그 정치·경제학적 토대가 있어야 되는 거예요. 그 두 가지는 같이 가니까요. 사유와 국유를 빼면 남은 소유 형식이 뭐냐면, '공유'예요. 이때 공유라는 말에는 국가를 의미하는 공公 자가 아니라 더불어 공共 자를 써야 돼요. 생산수단의 공유共有. 그런데 정치·경제학적으로 이렇게 볼 수도 있어요. 부르주아자본주의나 국가독점자본주의가 아닌 형태, 국유의 형태도 아니고 사유의 형태도 아닌 형태, 그런 형태가 필요해요. 하늘은 더불어 있는 것이지, 누가 소유하는 공간이 아니에요. 공장이든 땅이든 마찬가지잖아요.

자기 자신을
위대하게 보지 않으면 돼요.
스스로 배워야 되고,
세상에 대해서 평가 내리고
생각한 대로
떠들고 다니지 말아야 되고,
자신이 항상 작다는 것을
받아들여야 돼요.

얼마 전에 슬픈 일이 하나 있었는데, 우리 집 근처에 보도블록이 틈이 벌어지면서 이끼들이 자라고 풀들이 났어요. 내가 잘 자라라고 가끔은 물을 줬어요. 얼마 전에 아파트 단지를 관리하는 아저씨가 그걸 들어내고, 그 사이를 콘크리트로 발라버린 거죠. 그렇게 덮는 것이 인간으로서 정당한 건지 모르겠어요. 우리가 더 나아가야 될 부분이 많아요. 후손이 가져야 할 공유지를 어떻게 개발을 해요. 공유는 더 확장하면 다른 생물종과도 합작이 되어야 해요. 나무와 풀과 거기에 사는 노루들과 합작이 되어야 되는 거예요. 함께 뛰어놀 수 있는 땅의 확보, 내가 함부로 할 수 없는 것들의 확보, 삼천포로 갔네요.(웃음)

엘리너 오스트롬Elinor Ostrom, 1933~2012이 쓴《공유의 비극을 넘어 Governing the Commons, 1990》라는 책을 기억해야 해요. 오스트롬은 생태나 자연을 국가가 관리했을 때 더 많이 파괴된다고 말해요. 어부들한테 호수를 관리하게 하니까 호수가 파괴되지 않는다는 것을 목격한 거예요. 이 사람이 얘기한 것이 놀라워요. 생태나 환경 문제 에 대한 국가의 관리가 중요한 것이 아니라, 이해당사자나 거기서 물고기를 잡는 생산자들이 평의회를 만들고, 규칙을 정해서 보호도 하고, 물고기 잡는 양도 서로 감시를 했더니 호수가 보존이 되더라는 거예요. 사적으로 경쟁하도록 놓아두고, 국가가 개입하면 호수 생태가 다 파괴가 됐는데요.

우리는 포털 사이트를 공유의 공간이라고 하잖아요. 정확하게는 상업의 공간이죠. 이득을 남기고 마케팅을 하는 공간이에요. 예를 들어 공유의 공간은 '위키피디아'밖에 없어요. 나머지는 사이트를 개설해서 광고를 싣고 판매를 하고 이러잖아요. 구글 같은 경우도 생각을 해봐요. 사람들이 검색도 하고 조회도 하잖아요. 이용하는 사람들이 지닌 경향을 빅데이터라는 이름으로 착취하지만, 사람들한테 그 결실을 분배하지 않잖아요. 그래서 네이버라든가 카카오 같은 업체들이 거대해진 거예요. 자신들이 이용자들을 착취한다는 걸 알고 있으니까 자꾸 돈을 사회적으로 환원하려고 하는 거고요. 그런데 사람들이 문제 제기를 하지 않아요. 어떤 사이트나 포털에 들어가서 자기가 조회했고 검색했던 것이 빅데이터가 되고, 빅데이터가 만들어지게 되면 무슨 물건을 팔아야 이득이 되는지 마케팅 부분이 결정된단 말이에요. 그런데 거기에 참여했던 사람들이 누구예요? 우리가 들어갔기 때문에 가능한 거잖아요. 그런데 그것을 포털이 다 가져가서 성장을 한다면, 그것이 시장주의죠.

우리 패밀리의 논리가 부르주아 체제의 논리를 정당화되는 데 쓰이기도 해요. 공유라는 말도 그렇지만, 대기업들이 들뢰즈Gilles De- leuze, 1925~1995가 말한 '노마드nomade'도 가져다 쓰잖아요. 노트북이나 스마트폰을 사용하면 자유롭게 이동이 가능하다면서 노마드라는 이름을 가져다 붙이는 거예요. 정착 생활을 하는 사람들은 땅에서 자유롭지 않기 때문에 지주한테 휘둘릴 수밖에 없죠. 그런데 유목민은 누가 지배하려고 하면 다른 데로 떠나버리면 그만이잖아요. 그래서 들뢰즈가 유목민을 강조한 거예요. 노트북을 쓰면 데스크탑이 놓인 공간에 갇히지 않으니까 '디지털 유목민'이라고 하는 거죠. 그런데 어떻게 디지털 유목민이 들뢰즈가 말한 유목민이겠어요. 노트북이든 스마트폰이든 거기에 펼쳐지는 인터넷망에 빠져 있는 사람들이 어떻게 자유로운 사람들이겠어요.

○ **패밀리에 속하는 가장 중요한 자격이 뭘까요? 그리고 가장 큰 결격 사유는 어떤 건가요?**

자기 자신을 위대하게 보지 않으면 돼요. 스스로 배워야 되고, 세상에 대해서 평가 내리고 생각한 대로 떠들고 다니지 말아야 되고, 자신이 항상 작다는 것을 받아들여야 돼요. 그 태도만 유지하면 돼요. 그리고 노동하는 사람을 존중하고 고맙게 여기는 태도는 기본이고요. 벽돌을 올리는 사람의 힘 자체가 얼마나 센 것인지를 알아야 해요. 이삿짐 나르는 사람을 돈 주고 부릴 수 있지만, 그 사람들이 없다면 이사를 할 수 있겠어요? 고마워하고 미안해야 하는 거죠. 우리는 냉장고 하나도 혼자서 못 들어요. 다른 사람들의 노동으로 내가 살아가고 있구나, 착취하는 구조에서 내가 살아가고 있구나, 하는 자각이 있어야죠. '고생하셨어요'라는 따뜻한 말 한마디 할 수 있는 감수성이 있어야 돼요. 내가 돈을 주고 배달을 시키니까 저 사람들이 월급을 받는 거 아니냐고 하면 답이 없는 거죠. 아무리 돈 가진 사람, 땅 가진 사람이 편하게 살 수 있는 사회라고 해도 일하는 사람들의 가치를 부정하면 안 돼요. 나한테 돈을 그만큼 준다고 해도 절대로 해내지 못할 일인데, 그분들이 대신 해주잖아요. 우리가 수치스러운 사회에 살고 있다는 것을 알아야 돼요. 자기가 그렇게 살지는 않는다고 해도 수치스러움을 아는 게 중요한 거죠. 지금 사회를 정당화하거나 합리화하지 말고요. 그러면 조금씩 나아지지 않을까요? 사유가 바뀐다는 건 그 사유라는 색안경이 바뀐다는 거잖아요. 그래야 다른 사유를 구축할 수가 있거든요. 그런데 사유가 통념적으로 부르주아 체제에서 나오는 담론들, 엘리트적 담론으로 무장되면 모든 것을 시장의 논리로 너무나 당연히 정당화해버려요. 이러면 사회는 변하지 않겠죠.

저는 사람들이 누구를 지배하거나, 누구의 지배를 기꺼이 받아들이는 것을 반대하는 거예요. 자유롭게 자기를 표현하고, 타인의 얘기도 들을 수 있어야죠. 타인의 말을 듣는다는 것, 그리고 타인과 합의를 한다는 것이 힘들다는 것도 알아야 돼요. 그래서 《감정수업》을 쓴 거예요. 감정 표현에 자유로운 만큼 우리는 더 자유로워질 것이고, 서로 터놓고 얘기를 할 것이고, 갈등도 기꺼이 받아들일 것이고요. 감정이 부자연스러운 대표적인 공간이 군대라는 억압적인 공간이잖아요. 억압이란 근본적으로 감정의 억압인 거예요. 인간에게는 수많은 감정이 있잖아요. 감정을 누르고 사는 것만큼 불행한 삶이 없어요. 살아 있으면서 죽은 척하고 사는 것과 같은 거죠. 친구들 사이에서는 감정 표현이 자유롭잖아요. 기쁨도 같이 느낄 수 있고 같이 분노도 하고 질투도 하고 사랑도 하고, 서로 부딪히면서 감정들이 자유롭게 분출돼요.《매달린 절벽에서 손을 뗄 수 있는가》도 자유에 대한 이야기예요. 매달린 절벽이라고 생각하니까, 그래서 손을 놓으면 죽을 것 같으니까, 우리는 절벽에 매달려 있죠. 그런데 매달린 절벽이라는 생각 자체가 잘못된 거예요. 손을 놓는 순간, 우리는 매달린 절벽이라는 집착 혹은 심리적 부자유에서 벗어나죠. 그런데 일부 독자들은 다 분해해서 생각을 해요. 이건 선불교에 대한 이야기, 이건 문학에 대한 이야기, 그리고 이건 철학에 대한 이야기를 쓴 거라고 생각해요. 사실 저는 같은 얘기를 하고 있는 거예요.

《역사철학·정치철학》 책이 왜 두꺼워졌냐면 지배 담론이나 이데올로기가 많잖아요. 그러니까 거기에 저항하는 패밀리를 많이 구축해야 돼요. 이런 생각을 하는 사람이 소수가 아니라는 것을 보여줘야 되잖아요. 혼자서만 주장한다는 느낌이 들면 힘도 빠지고, 약간 자괴감도 들거든요. 나 하나 없어지면 되는 거 아닌가, 하는 생각도 들고요. 그런데 의외로 굉장히 많아요, 우리 편들이.(웃음) 우리 편이 많아야만 직접민주주의에 대한 꿈, 평의회 코뮌주의에 대한 꿈, 인문주의적 사회에 대한 꿈, 인간이 더불어 사랑할 수 있는 연대의 사회성에 대한 꿈도 꿀 수 있죠.

○ **다시 과거로 돌아가 역사 속 철학자나 시인, 여러 인물들 중에서 얼굴을 맞대고 얘기해보고 싶은 사람이 있으신가요?**

책이 있으니까 그 사람이 의미가 있는 거죠. 그 사람하고 만나서 얘기하고 싶은 마음은 없어요. 그 사람이 뭘 좋아했고, 어떤 음식을 먹고, 어떻게 걷는지, 어디로 산책을 가고, 어디 앉아 있는 것을 좋아하는지, 이런 것들을 보고 싶기는 하죠. 예를 들어 원효가 파계를 하고 궁궐을 나와서 서라벌 거리에서 살았잖아요. 거기서 어떻게 살았는지 옆에서 한번 보고 싶은 거죠. 얘기하고 싶은 마음은 없어요. 책만큼 강력한 게 어디 있겠어요? 글을 쓴다는 것은 자기가 얘기하고 싶은 것을 차분하게 다 풀어놓은 거예요. 더 얘기할 필요가 없죠. 그 사람이 어떤 생각들을 했는지 책에서 알려주니까요. 그런데 확인이 안 되는 부분, 가령 저 사람은 말할 때 조금 어눌한 부분이 있다거나 걸을 때는 어떤 모양으로 걷는다거나 이런 것들은 직접 보고 싶죠.

○ **이를테면 수천 통의 편지를 교환하고 나서, '직접 만나면 느낌이 다를까' 이런 것과 비슷한 건가요?**

그것과는 다르고요. 당신이 말한 것들을 다 경청했는데, 마지막으로 당신을 한번 보고 싶다는, 그 정도예요. 그냥 그 사람을 마지막으로 보고 싶은 거예요. 말하자면 고별인사나 애도사 같은 거죠. 지금 이 시대에 살아가면서 나랑 같이 산책할 수 있는 사람이 나한테는 의미가 있지, 사상가는 별 의미가 없어요. 글을 통해서 만나는 거죠. 예를 들어서 김수영 같은 경우에는 책을 다 정리하고 나서 전집 저작권자인 김수영의 동생 김수명 씨를 만났어요. 그때 굉장히 기분이 좋았거든요. 김수명 씨한테 '강신주 선생 책을 봤을 때, 이렇게 오빠를 만난 것 같은 느낌을 줬던 적은 없었다'는 말을 듣고 너무 안심이 됐어요. 처음에 초빙 강연을 부탁받고 도봉구에 있는 김수영문학관으로 갈 때는 굉장히 무서웠어요. 문학관에는 김수영의 남동생 김수환 씨도 와 계셨는데, 그분들하고 따로 인사를 하고 그 앞에서 강연을 한 거예요. 시를 통해서 김수영이 느꼈던 고뇌들, 감정들을 포착해서 《김수영을 위하여》를 썼는데요. 그 옆에서 같은 것을 보고 겪었던 사람들은 저한테서 김수영의 흔적을 본 거죠. 강연장 맨 뒷자리에 김수명 씨, 김수환 씨가 앉아 있는데, 끝나고 나서 무척 기분이 좋았죠. 김수영 시인이 와준 듯한 느낌이 들어서 고마웠어요. 그 후로 김수영문학관에 다시 간 적도 없고 가족들과 연락한 적도 없어요. 그걸로 된 거죠. 저한테는 너무나 유쾌했고 행복했던, 진짜 고별의 시간이었던 거예요. 내가 김수영이라는 과녁에 화살을 쐈는데 적중한 느낌이었어요. 저한테는 유쾌하고 가슴 설레었던 기억이었어요. 똑같은 거예요. 과거의 어떤 철학자도 적중을 했는지를 한번 확인해보는 것이 그 사람을 만난다는 의미인 거예요.

두 번째

사람의
문맥을

읽는다는
것

만남 지승호
묻고

 강신주
답하다

말이나 텍스트에 사로잡히면 안 돼요.
우리가 철학과 인문학을 공부하는 이유가
텍스트와 콘텍스트 사이에서 왔다 갔다
하는 능력을 기르는 거예요. 문자로 쓰인
것만이 전부가 아니잖아요. 이 세상에서
가장 어려운 책은 배우지 못한 어머니
아버지라는 책이고, 우리는 그것을 잘
읽어내야 해요.

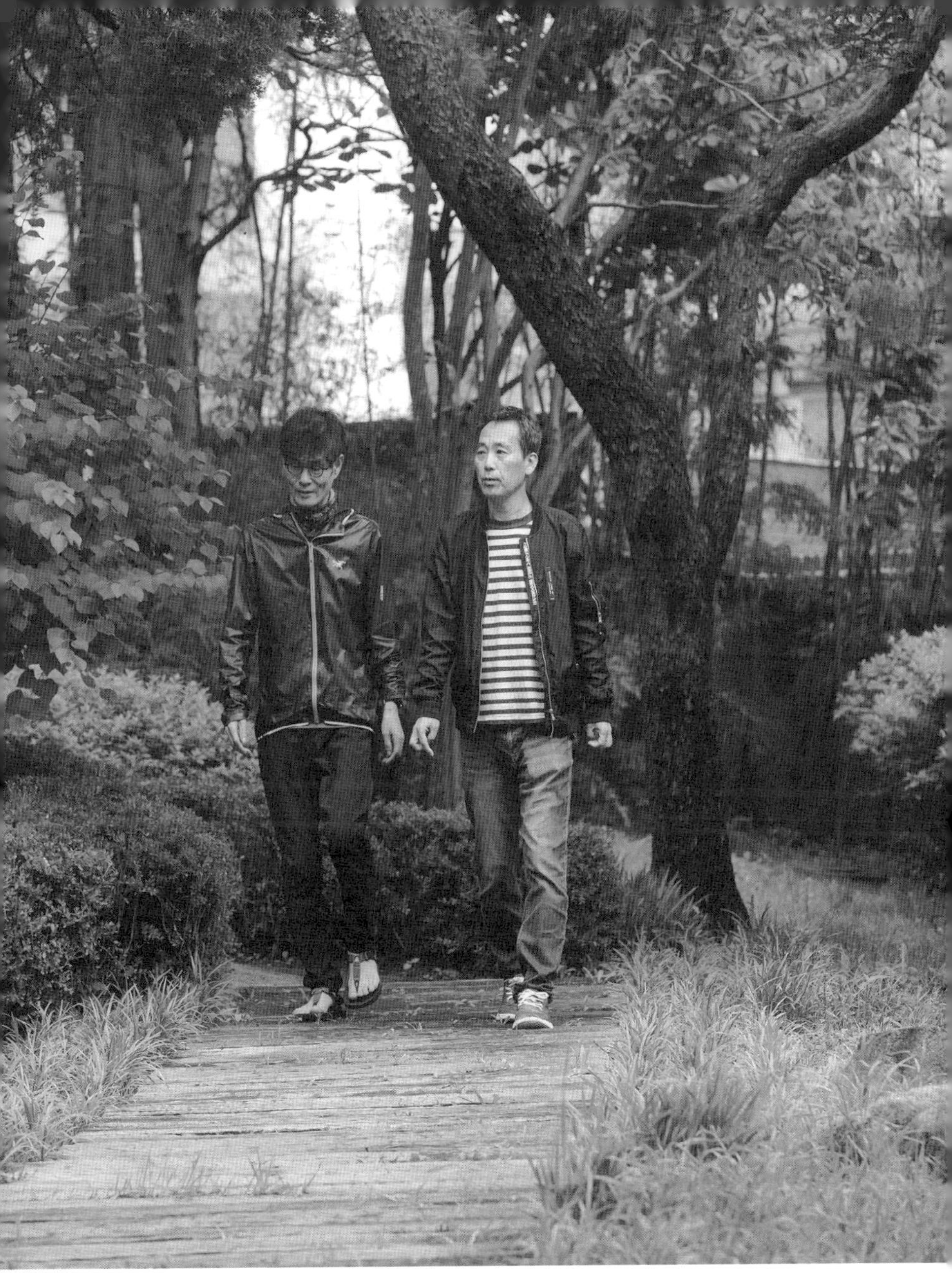

텍스트와 콘텍스트 사이에서

○ 철학자로서 대중을 상대로 발언할 때 보람을 느끼기도 하는 동시에 오해를 살 만한 위험이 공존하는 것 같습니다. 《경향신문》에 2012년부터 2년 넘게 "철학자 강신주의 비상경보기"라는 칼럼을 연재했고, 방송에 출연도 하셨는데요. 그러다 보니 호응도 얻었지만 몇몇 발언이 대중으로부터 오해를 사기도 했어요.

떠들고 다니니까 오해도 생기고 공격도 받고 그러는 거죠.(웃음) 사람들이 자기 세계관을 바꾸기가 쉽지 않아요. 지금 이 시대에 살고 있는 사람들은 자기들이 현실적으로, 객관적으로 살고 있다고 생각하지만, 1000년 전 사람들도 그렇게 생각했거든요. 그런데 생각하는 게 다 다르잖아요. 그러니까 저항도 하고 그러면서 자기가 습득했던 사유를 지키려고 애쓰는 거죠. 시간이 지나면 자기한테 도움이 되고 삶에 도움이 되는 사유로 바꾸잖아요. 방법은 그거예요. 따뜻하게 해서 옷을 벗기는 방법이 있고, 바람을 일으켜서 벗기는 방법이 있는데요. 바람이 불어서 벗겨지는 경우는 거의 없는 것 같아요. 그러니까 벗을 수 있는 조건을 만들어주는 것, 햇볕을 비추는 방법이 좋겠죠. 그런데 거기에도 저항이 있을 수 있어요. 기존의 옷들, 기존의 사유를 벗는다고 해서 맨몸이 되어야 한다는 것은 아니에요. 다른 옷을 짜서 입어야 되잖아요. 불교에서 집착하지 말라고 하는 말은 잡고 있는 행위에 대한 얘기예요. 다른 것을 잡을 수도 있는데, 그것만 잡고 있는 거예요. 놓으면 죽을 것 같으니까.

제가 쓴 책 중에서 《매달린 절벽에서 손을 뗄 수 있는가》가 그거예요. 손을 떼는 것이 힘든 이유는 절벽이라고 생각해서예요. 매달린 절벽에서 손을 뗀다는 것은 굉장히 힘든 거예요. 그런데 손을 떼라는 이유는 그것만 잡고 살면 안 되니까, 세상에는 너무나 많은 것들이 있고, 이것도 저것도 잡을 수가 있어요. 빈손으로 살자는 것을 불교에서 공空이라고 하잖아요. 우리가 어떤 사유를 비판한다고 해서 사유를 갖지 말라는 것은 아니에요. 어떤 사유든지 간에, 자기가 자유롭게 잡을 수 있다는 거예요. 여기서 철학과 종교의 차이가 나오는데, 종교는 끝까지 믿음을 가져가는 것이고, 철학은 일정 부분 그 철학자와 같이 가다가 작별해야 하는 거예요. 잠시 동안 동반자인 거죠. 저도 대중들한테 당하거든요.(웃음) 자기가 성장한 만큼 관심이 바뀌면 다른 철학자로 옮겨갈 수 있어야 해요. 영원을 맹세하면 안 돼요.

시간이 가면서 예전 강연에서 만난 사람들이 성장한 모습을 보기도 하고, 요새는 내 책을 읽으면서 좋아하는 사람들이 많아진 것 같아요. 강연에서 직접 접하면 정서적 교감이 강한데 책은 독자의 머리가 맑아야 읽히니까 자기 정신을 가지고 있어야 해요. 글을 쓸 때도 명료하지 않으면 책 한 권도 못 쓰거든요. 저도 책을 읽을 때는 일반 독자이기도 하잖아요. 그때 내가 명료해야 돼요. 내가 명료함을 유지해야 어떤 저자한테 내가 배우는 것이 있어요.

한 담론에 대한 각자의 상황과 처지가 달라 많은 사람들이 어떤 문맥으로 읽어야 할까 혼동하는 경우가 많고, 그런 연습이 많이 안 되어 있어요. 그 연습이라는 것이 뭐냐면, 다양한 문맥에서 읽을 수 있는 연습이죠. 그런데 자기가 생각하는 것들, 하나의 문맥만 보는 사람들이 있어요. 다양한 경험을 하지 못했거나, 아니면 다양한 문맥을 읽는 연습이 부족해서죠. 그러니까 텍스트text와 콘텍스트context가 있잖아요. 어떤 텍스트는 제대로 된 콘텍스트 위에 올라타야 의미가 있어요. 어떤 텍스트를 읽는다는 것은 콘텍스트까지 이해하겠다는 것을 의미해요. 그런데 많은 사람들이 모든 콘텍스트를 자기중심적으로 봐요. 그러다가 '내가 텍스트만 내 문맥 안에 집어 넣어서 읽었고, 그 사람 문맥은 읽으려고 하지 않았다'는 걸 알았을 때 지혜로워지는 거죠. 처음에 시행착오를 겪어야 돼요. 예를 들어 검은색 오팔이나 다이아몬드를 어떤 천 위에 올려놓느냐에 따라 그 빛이 찬란하게 빛날 때도 있고, 아닐 때도 있어요. 검은색 보석 아래에 검은색 천을 깔아놓으면 안 보일 것이고, 흰색에 올려놓으면 잘 보이겠죠. 그 연습을 하는 거예요.

시詩라는 장르가 있잖아요. 노골적으로 시인은 자신이 쓴 시에서 콘텍스트를 찾으라고 요구하죠. 콘텍스트를 녹여낸 글쓰기가 시예요. 시가 어려운 이유가 그거죠. 그 콘텍스트성을 찾지 못하면 아예 읽히지 않게 쓴 것이 시예요. 시 읽는 감수성이 인문학 중에서는 최고죠. '나는 너를 사랑해'라는 말에도 굉장히 많은 문맥이 있어요. 결혼 생활을 한 지 20년이 지난 사람이 '나는 지금까지 당신을 사랑했어'라고 하면 이혼하자는 얘기일 수도 있어요. '저도 사랑해요' 이렇게 대답할 게 아니란 말이에요.(웃음) 그것을 읽어내느냐가 문제죠. 언어라는 것은 궁극적으로 언어를 넘어가는 콘텍스트를 건드려줘야 그걸 잡아낼 수 있고, 그 콘텍스트가 그 사람의 내면일 수도, 심리일 수도 있어요. 배우지 못한 어머니가 있다면 어머니가 했던 얘기를 정서적으로 읽어내면 좋죠. '손 좀 씻어라' 하고 역정을 내셨을 때는 어머니 몸이 편찮으신 날일 수도 있어요. 어머니가 짜증낼 때 옆집 할머니가 최신 에어컨을 샀을 수도 있고요.(웃음) 그때는 현상만을 읽고 화를 내기보다는 이렇게 말하면 좋겠죠. '조금 있다가 에어컨을 살 걸 그랬어요. 그런데 저거 중고로 내놓으면 나름 돈을 받을 수 있어요.' 그러면 어머니가 '산 지 얼마나 됐다고 벌써 바꾸냐' 그러죠. 말이나 텍스트에 사로잡히면 안 돼요. 우리가 철학과 인문학을 공부하는 이유가 텍스트와 콘텍스트 사이에서 왔다 갔다 하는 능력을 기르는 거예요. 문자로 쓰인 것만이 전부가 아니잖아요. 이 세상에서 가장 어려운 책은 배우지 못한 어머니 아버지라는 책이고, 우리는 그걸 잘 읽어내야 해요. 잘 배웠다는 것은 표현을 잘한다는 뜻이에요. 그래서 어머니나 아버지가 화날 때 이런 얘기를 하잖아요. '대학까지 나왔고, 배웠다는 놈이 그거 가지고 화를 내고, 역정을 내고, 어미를 구박하고 타박하냐?' 진짜 맞는 얘기예요. 대학 가서 잘못 배운 거예요. 배웠다는 것은 표현을 잘 읽어내는 거니까요.

인문人文이라는 말이 영어로 휴머니티humanity이기도 하지만, 한자로 사람 인人 자에 무늬, 결 문文 자잖아요. 천문天文은 하늘의 무늬를 뜻하고, 지문地文은 땅의 무늬잖아요. '터무니없다'는 말이 터의 무늬가 없다는 뜻인데, 풍수지리적으로 봤을 때 좋지 않다는 얘기죠. 그러니까 인문은 사람의 문맥을 읽어야 된다는 말이에요. 그러니까 '배운다'는 것은 무늬를 만들어내는 사람이 된다는 거예요. 그 안에 콘텍스트가 많이 들어 있는 거죠. 사람들이 일반적으로 표현을 잘하는 사람을 좋아하는 이유가 글을 잘 쓰거나 말을 잘해서라고 생각하지만, 콘텍스트가 많이 들어 있어서 오해 없이 설명을 해서예요. 예를 들면 영화를 보고 나서 표현을 잘 못하는 사람들은 별점으로 점수를 줘요. 그런데 평론가는 왜 좋았는지를 길게 쓰잖아요. 어떤 사람들은 평론가의 글을 읽고, '이게 무슨 말이야?'라고 할 수 있죠. 콘텍스트가 불분명해서 생기는 반응이에요. 한마디로 글을 잘못 쓴 거예요. 그렇지만 대개의 경우 평론가의 얘기가 더 쉬워요. '너무 좋았어' 이렇게만 말하면 뭐가 좋았는지 모르잖아요.

텍스트가 던져졌을 때는 콘텍스트까지 이해하라고 요구하는 거예요. 엄마가 저녁에 집에 들어왔더니 어린아이가 울면서 달려왔다고 해봐요. 그게 텍스트잖아요. 잘못을 했는데 혼나는 걸 피하려고 우는 것일 수도 있고, 하소연할 데가 없어 울 때도 있어요. 울음에는 여러 의미가 담겨 있잖아요. 그때 엄마는 울음 뒤에 숨어 있는 하소연을 읽어야 돼요. 우리는 텍스트에 집착하는 시대에 살고 있어요. SNS가 발달하면서 문장이 짧아지면 콘텍스트를 찾아내기 힘들어요. 자기가 이해되는 어떤 하나의 대목, 불쾌했던 단어 하나만 써도 바로 공격을 해요. 이제는 콘텍스트를 찾으려고 노력을 할 만큼의 애정도 없는 거죠.

수학은 모든 자연과학과 공학에 다 쓰이잖아요. 수학은 순수 텍스트로 읽어요. 그것은 수학의 언어가 모든 문맥에 적용될 수 있다는 걸 말하죠. 그렇지만 수학에 능숙해지면 해질수록 수학에도 콘텍스트 이해가 있다는 걸 알게 돼요. 인문학에서 철학은 자연과학에서의 수학과 비슷한 느낌을 주죠. 모든 것에 적용되니, 텍스트 자체로 읽을 수 있을 것 같거든요. 하지만 철학 텍스트도 콘텍스트를 제대로 찾지 못하면 읽기 어려워요. 어쨌든 수학 텍스트든 철학 텍스트든 잘 읽는다는 것은 콘텍스트를 읽는다는 것과 같은 거예요. 그러니까 텍스트와 콘텍스트의 문제에 있어서 가장 흥미진진한 것이 시예요. '내 마음을 읽어주세요. 내가 어떤 상황의 콘텍스트를 쓰는지 읽어주세요' 하는 것이 시니까요.

사람들이 내 글이나 강연에 공격을 하거나 마음에 안 든다고 할 때 사실은 그것의 문맥이 다 있는 거죠. 철학이나 인문학은 문맥이

다 있어요. 문맥도 명확하게 밝히니까 읽기 쉬운 것이고, 또 거꾸로 그게 섞여 있기 때문에 철학자의 글을 읽고 자기 주변을 돌아보면 하나의 등불이 돼서 자기가 어떤 삶을 살아가고 있는지, 자기 삶의 문맥도 볼 수 있는 거죠. 그게 도움이 되는 거고요. 어쨌든 모든 오해와 갈등은 콘텍스트를 읽지 않으려고 할 때 생겨요.

'쾌'와 '불쾌'의 세상에서 문맥 읽기

○ **사람들은 자꾸 논평하고 싶어하고, 자기가 모르는 분야에 대해서도 댓글을 달고 싶어하는 욕망이 있는 것 같아요.**

평론가는 거리를 두어야 하는 사람이에요. 구경꾼이 되는 자리죠. 우리 사회의 비정규직 노동자와 외주업체 직원, 배달 노동자들의 어려운 상황에 대해서 논평을 하는 거예요. 관조적으로 바라보면서요. 극단적으로 얘기해서 어떤 사람의 죽음에 대해서 논평할 수 있지만, 자기 부모의 죽음에 대한 논평에서는 그렇게 쿨한 척할 수는 없죠. 영화에서 사람들이 죽고 다치면 제3자 입장에서 객관적으로 보잖아요. 진짜로 사랑하는 사람을 눈앞에서 잃어본 사람은 어떤 사람의 죽음에 대해서 함부로 얘기할 수 없죠. 평론가의 자리는 객관적인 자리예요. 객관客觀이라는 말의 한자가 재밌잖아요. '손님의 시선', 제3자의 시선으로 보는 거예요. 그런데 대상을 객관적으로 보는 것이 아니라 나를 객관적으로 바라보는 것이 필요해요. 내가 주인이고 상대가 객이잖아요. 객관적인 것을 객관적으로 보면 안 돼요. 그러면 나와 무관한 평론이 되잖아요. 오히려 나를 볼 때는 객관적으로 바라보고, 대상을 볼 때는 주관적인 시선이 필요해요. 나인 것처럼. 그러면 다르게 보이죠.

스마트폰이 평론하기 좋아하는 사람들의 필요를 충족해주고 있어요. 그런데 SNS 공간에서는 이슈가 되는 그 담론만 협소하게 잡혀요. 그 사람이 누구의 아들이고, 어떤 경험을 했고, 언젠가 병든 강아지를 돌봤던 사람이었다는 것들은 중요하지 않아요. 단편적인 사건 하나만 잡히는 거죠. SNS든 미디어든 스마트폰의 편집 기능으로는 전체 상을 제공하지 못해요. 가장 강렬한 하나의 단면만 드러내는 거죠. 단편화하고, 파편화하고, 자극적으로 이슈를 만들어요. 거기다가 조회 수와 팔로워를 의식하는 사람들이 참여하면서 냉정하고 잔인하고 선정적인 댓글이 달리죠. 상대방은 내가 누구인지 모르고, 내가 아는 사람도 아니니까. 이미 그 공간은 차가워진 공간이에요. 애정의 공간이 아닌 자본주의가 제공해준 고립된 공간, 거기서 세계를 쾌와 불쾌로 평가하는 거예요. 그러니까 농담 삼아 그러죠.

나를 볼 때는
객관적으로 바라보고,
대상을 볼 때는
주관적인 시선이
필요해요.
나인 것처럼.

그러면 다르게 보이죠.

'그럼 직접 만나자.'(웃음) 그런 발화를 한 사람이 괜찮은 사람이라면 그건 겁을 주는 게 아니라, 나를 판단하려면 내 전체를 봐달라는 요구이기도 해요.

스마트폰은 사이비 평론가를 양산한다고 할 수 있어요. 진정한 평론가는 평론 대상의 문맥을 읽어내지만, 사이비 평론가는 평론 대상의 문맥을 무시하거나 아니면 자신이 날조한 문맥을 평론 대상에 부가하니까요. 사실 사이비 평론가보다 더 무서운 것은 평가 대상에 대한 자본주의적 평가 방식이죠. 주어진 텍스트를 자의적 요소로 나누고, 그 요소 각각에 대해 양적 평가를 하는 거예요. 문맥, 즉 콘텍스트를 무시하는 최고로 폭력적인 평론 방법이죠. 심지어 문맥을 중시하는 인문학적 텍스트에도 자본주의적 양적 평가가 그대로 적용돼요. 예를 들어 지금은 철학 논문을 평가할 때도 다섯 등급으로 지수를 매겨요. 다른 사람의 글을 충실히 인용했느냐, 참고 문헌이 얼마나 되느냐 등을 따져서 A부터 E까지 다섯 등급을 나누고 합산해서 점수를 주는 거예요. 예전에 내가 어떤 논문을 그 기준으로 점수를 매겼더니 게재 불가 점수가 나왔어요. 그런데 글이 너무 좋아서 '게재 가'라고 통과시켰는데 그쪽 학회지에서 그러더라고요. 선생님 점수에 따르면 게재 불가라고요. 그다음부터는 논문 심사를 못 하겠어요. 논문 심사가 뭐예요. 점수를 매기는 평가잖아요.

자본주의가 사람들을 절망에 빠뜨리는 수단은 양적 수치와 점수예요. 아이들한테 100점, 90점, 80점 점수 대신 포도상, 사과상 같은 이름을 만들어도 아이들은 어떤 상이 더 높은 상인지 다 알아요. 그러니까 그런 의미 없는 일은 하지 않았으면 좋겠어요.(웃음) 왜 상을 주겠어요? 경쟁을 시키는 데 효과적이니까 그렇죠. 청소 잘하는 상, 줄넘기 잘하는 상 같은 것을 만들어서 주기도 해요. 분명 일등에서 꼴찌까지 줄을 세우는 노골적인 방법은 아니에요. 그러나 생각해보면 어차피 줄넘기 잘하는 아이와 그렇지 않은 아이, 혹은 청소 잘하는 아이와 그렇지 않은 아이라는 등급을 만들어 줄을 세우는 거죠. 상 자체를 만들지 말아야 된다는 거예요. 상 때문에 청소를 하게 만드는 게 아니라 청소를 하고 싶을 때 하게 해야죠. 상이나 입시 자체가 문제고, 누군가를 낙오시키는 시스템 자체가 문제잖아요. 모든 스펙은 네가 왜 떨어졌는지, 그 이유를 합리화하려는 제도로서 만들어진 거예요. 떨어뜨려야 되니까, 경쟁에서는 그게 중요하니까요.

상과 평가 제도에 훈육된 아이들은 자라서도 외부의 평가에 의존하게 돼요. 이미 익명의 공간에서는 모두가 사회적 인정과 지명도에 연연하는 약한 인간이 되어 있는 거예요. 인정을 받아야 하고 조회 수가 많아야 살아남는다는 자본주의의 논리까지 더해서 이해를 해야 돼요. 프랑스 파리를 그림으로만 본 사람과 몸소 파리에서 6개월 동안 살아본 사람 중에서 누가 더 복잡한 파리를 겪어봤을까요? 사진으로만 본 사람은 프랑스 얘기를 하면 중간에 막히죠. 반면 파리를 온몸으로 경험했던 사람은 에펠탑 뒷면의 모습마저 알아요. 그런데 매개, 즉 미디어를 통해서 나온 모든 평론과 비판은 단편적일 수밖에 없어요. 카이사르가 로마의 루비콘강을 건넜다고 해서 엄청나게 큰 줄 알았는데 가보니까 개울 정도밖에 안 돼요. 여행사 책자에서 프랑스 세느강 사진을 보고 나서 직접 가서 접하면 냄새도 나고, 한강이 얼마나 큰 강인지 알게 돼요. 구체적인 것들을 볼 때까지는 정작 중요한 문제가 무엇인지 잘 생각해야 돼요.

스마트폰이나 SNS가 담론을 지배하다 보니까, 저 같은 인문주의자들은 이슈가 떠오르면 발화를 잘 못하겠어요. 과거에는 여유를 가지고 평가를 내리는 시대가 있었거든요. 지금은 이슈가 되는 것을 올리고, 금방 휘발돼서 또 사라지잖아요. 어떤 이슈에 대한 평가들에 대해 제 생각이 없는 것은 아니지만 조금 조심하게 된다는 거예요. 그런 평가가 단편적일 가능성이 있기 때문에 함부로 얘기를 하면 안 돼요. 스마트폰이 만들어놓은 나쁜 점 중 하나는 올바른 판단, 지속 가능한 판단, 객관적 판단을 못 하게 하는 거예요. 그래서 제가 SNS 활동을 하지 않는 거고요. 내가 통제할 수 있는 책을 쓰고 강연을 하는 데 집중하는 거죠. 당장의 이슈에 대해서 발 빠른 대응을 하지 않아요. 왜냐면 평가를 내리기 힘들어요. 먼저 선정적인 정보부터 들어오니까 나중에 후회할 수 있는 판단을 하기가 쉬워요. 최근에 이름 알려진 지식인들이 섣부른 판단으로 곤욕을 치르거나, 아니면 자기 얘기를 수정하는 경우가 많은 것도 이런 이유에서죠.

평론가는 넘쳐나는데, 문제는 입체적으로 보지 않는 거죠. 즉각적으로 쏟아내고 감정적으로 배설하니까 몇 달 지나면 자기가 뭐라고 했는지도 기억 못 해요. 스마트폰이 발달하면서 뉴스는 더 이상 가치 덕목이 아니에요. 모든 것이 새롭잖아요. 지금 우리 시대의 진정한 언론은 '뉴스news'가 아니라 '올드스olds'에 있어요. 얼마만큼 희석되지 않고 시간을 견디는, 한 노동자가 죽은 사건을 10년 이상 들여다보는 언론이 필요한 거예요. 세월호 참사를 20년, 30년 취재하는 언론이 필요해요. 그런데 조회 수에 의존하는 언론이 그게 가능할까요? 미디어가 발달하지 않았을 때, 19세기 자본주의적 조건에서는 뉴스가 중요하고 취재가 중요했어요. 지금은 취재를 하나요? SNS나 보도자료 가지고 기사를 쓰잖아요. 그러니까 기사가 제목도 똑같고 내용도 똑같아요. 2000~3000년 전에도 가능했고 앞으로도 지속 가능할 수 있는, 그런 것들을 얘기해야 돼요. 이제는 뉴스의 시대가 아니라 올드스의 시대니까요.

새롭고 낯선 세계와 만난다는 것

○ 40~50대 직장 상사들이 20대를 보면서 영상 텍스트만 많이 봐서 그런지 문해력이 떨어진다, 대화가 안 된다고들 하잖아요. 선

생님 책도 젊은 독자들은 조금 힘겨워할 것 같기도 한데요.

예나 지금이나 나이 먹은 인간들은 그런 이야기를 해요. 젊은 애들이 무식하다, 싸가지가 없다고 그래요. 그래서 말이 통하지 않는다고 말이죠. 현재 40~50대들은 그 원인을 유튜브 등 영상 텍스트에 매몰된 젊은 세대의 취향에서 찾죠. 영상 텍스트만 보니, 문자 텍스트에 능숙하지 않다는 거예요. 그런데 흥미로운 건 지금 40~50대들도 영상 세대라는 거예요. 그들이 1980~1990년대 청년 시절에 영화에 빠져 지내던 첫 세대잖아요. 영상 세대라는 점에서 질적으로 세대 간에 별 차이가 없어요. 반대로 시를 읽고 거기서 언어의 맛을 느낄 수 있는 사람은 예나 지금이나 많지 않잖아요.

40~50대의 투정은 젊은 세대가 말을 걸어오지 않기 때문에 생긴 거예요. 자신들이 먼저 젊은 세대에게 말을 걸면 모든 문제는 해결돼요. 유튜브나 영상 탓을 할 필요가 없죠. 세대 간의 대화는 사실 쉽지는 않아요. 윗세대는 많은 경험을 한 사람들이고, 속으로는 권위를 인정받고 싶고, 젊은이들을 항상 가르치려고 해요. 그런데 젊은 친구들은, 나도 젊었을 때는 그랬지만, '나도 어른인데'라는 생각을 가지고 있잖아요. 예나 지금이나 마찬가지인 것 같아요. '요즘 젊은 것들은 싸가지가 없다'는 말은 문자가 생긴 이래로 지금까지 계속 반복해서 나오고 있어요. 메소포타미아 수메르 점토판에도 적혀있고, 이집트 피라미드에도 낙서가 돼 있고, 소크라테스 어록에도

남아 있잖아요.

결국 40~50대는 젊은 세대로부터 권위를 인정받으려는 욕망을 버려야 하고, 20대는 40~50대로부터 어른으로 인정받으려는 욕망을 버려야 해요. 그래야 세대 간의 교류와 대화가 시작될 수 있죠. 제가 쓴 책이 젊은 독자들에게 버거울 수 있다고 하셨는데, 사실 40~50대도 버거워하죠.(웃음) 철학책이니까요. 삶이 위기에 빠지거나 삶이 뜻대로 되지 않을 때, 인간은 성찰을 해요. 바로 이 순간, 사람들은 철학자를 찾고 철학책을 넘기죠. 그러니까 철학책은 시간 때우기 용도로는 적합하지 않아요. 어떤 간절함과 절박함이 있어야 철학책이 읽히는 거예요. 결국 젊은 세대가 유튜브 등 영상 매체에 빠져 철학책을 잘 읽지 않게 된 것이 아니에요. 아직 읽을 상황이 되지 않았기 때문이죠. 물에 빠지면 지푸라기라도 잡으려 한다는 말이 있어요. 어쩌면 철학책은 이 지푸라기와 비슷하지 않을까요. 하지만 지푸라기는 물에 빠진 사람을 구할 수 없죠. 그래서 저는 튼튼한 밧줄과도 같은 책을 쓰려고 했던 거예요. 정말로 위기에 빠진 사람들, 40~50대든 아니면 20대든 그들을 수렁에서 건질 든든한 밧줄 같은 철학책이 필요하니까요.

○ 젊은 사람들이 사회에 처음 나가면 실수를 하기도 하는데요. 어른들이 불편하니까 비슷한 또래나 몇 년 선배하고 상의를 하고,

그래서 더 수렁에 빠지기도 하는 것 같아요.

해당 분야의 선배들이 복잡한 체계의 일부를 알 뿐이지, 뭘 그렇게 잘 안다고 하는지 모르겠어요. 그들도 먹거리를 유지하는 수단인 일자리의 업무 수행에 대해서 아는 정도예요. 생각해보세요. 변호사 일을 하는 사람이 물리학자의 문젯거리에 대해서는 잘 몰라요. 젊은 친구들은 해보지 않았으니까 우선순위를 헷갈려 하기도 하지만, 대신 무엇이든 하나에 몰입하면 집중력은 대단하잖아요. 나이 든 사람들은 현실에 적응이 돼서 중요한 것, 중요하지 않은 것으로 나누는데요. 우선순위 열 가지로 우리 삶이 이루어진다면, 그 우선순위가 그들한테는 거의 변하지 않아요. 그런데 젊은 사람들한테는, 혹은 해당 분야에 경험이 적은 사람들한테는 그 열 가지가 거의 동등한 위상으로 있어요. 강의를 예로 들어보죠. 나이 든 사람들은 제가 생각했던 것 안에서 질의응답이 나오죠. 강의 동안 제가 했던 이야기들의 우선순위를 잘 알기 때문이에요. 그렇지만 젊은 친구들은 달라요. 강의에서 사례로 하나 든 건데, 거기에 꽂혀서 강연 끝날 때까지 한 시간을 기다리는 친구들도 있어요. 비유가 강렬하면 그 비유에 빠져버리는 거예요. 다른 비유를 들 걸, 하는 생각이 들죠.(웃음) 그런데 거기서 많이 배워요. 저에게 우선순위에서 멀어졌던 작은 테마가, 그래서 덜 신경 썼던 작은 테마가 부각되죠. 그러니 저는 그걸 고민하게 돼요. 젊은 친구들의 질문이 저를 생각하도록 만든 거예요.

그러니까 차이가 그런 거예요. 어른들은 자기 삶을 이루는 우선순위들이 세밀하게 있고, 젊은 친구들은 훈련을 받지 않았기 때문에 다르죠. 글쓰기 훈련이 선생들이 이해하는 글쓰기를 우선적으로 배우는 거잖아요. 그런데 중·고등학생들이 자기가 철학 논문을 썼다고 강연 갔을 때 저한테 보여줄 때가 있어요. 저는 그게 왜 중요한지 모르겠는데, 걔는 거기에 필이 꽂혀서 풀어내고 있는 거예요. 매력적이에요.(웃음) '왜 이렇게 생각했니? 선생님은 잘 이해가 안 된다'고 하면, '선생님은 철학자인데, 왜 이해가 안 되세요?' 그러죠. 그럼 저는 '미안하다' 그러죠. 그러니까 그게 예쁜 거예요.(웃음) 어떤 젊은 친구가 진지한 고민을 이야기하고 기성세대와 다른 얘기를 할 때, 배워야 돼요. 기성세대가 중요하게 여기는 것들의 위계를 공유하지만 젊은 친구들은 그 위계가 없잖아요. 그들은 일정 부분 어린아이 같은 구석이 있어요. 세상 사람들이 중요하지 않은 것이라고 하는데도, 혼자서 죽고 사는 문제처럼 중요하다고 주장하잖아요.

그러니까 니체Friedrich Nietzsche, 1844~1900가 《차라투스트라는 이렇게 말했다Also sprach Zarathustra, 1883~1885》에서 '정신의 세 단계 변화'에 대해서 말하잖아요. "정신이 어떻게 낙타가 되고, 낙타에서 사자가 되며, 사자가 마침내 어린아이가 되는가"에 대해서. 낙타는 자신에게 주어진 무거운 짐을 터벅터벅 인내하면서 성실하게 나르는 단계예요. 그래서 낙타는 복종을 상징하죠. 그런데 사자가 되는 단계가 있어요. 사자에게 짐을 올리려면 사자를 죽여야 가능해요. 기존의 가치와 질서를 거부하는 거죠. 사자는 저항을 상징하는 셈이죠. 그 다음 어린아이의 단계는 창조를 상징해요. 놀이를 창조하고 자기 의지를 욕구하고 자기 세계를 찾는 삶이에요. 그러니까 철학자와 어린아이가 어느 정도 일치해요. 젊은 친구들도 그렇고요. 그런데 기존 체제에서 공유한 우선순위를 받아들이고, 스펙을 위해서 움직이는 젊은 친구들도 많아요. 스펙을 쌓는 데 아무 쓸모가 없는 인문학적 가치에는 관심이 없어요. 시행착오도 허락되지 않는 거죠. 측은한 생각이 들어요. 먹고살려면 취업을 해야 되고, 생계에 연연할 수밖에 없도록 우리 사회가 만들었으니까요. 좋아하는 것을 해보지도 못하고 자본이 원하는 것들을 경쟁적으로 습득하고 있는 거죠.

젊은 친구들을 만나서 즐거운 것은 놀랍고 새로운 이야기를 하기 때문이잖아요. 할아버지, 할머니가 손주하고 얘기할 때 빵빵 터지잖아요. 할아버지, 할머니가 우선순위에서 밀어놓은 것을 손주는 가장 중요하다고 이야기하니까요.(웃음) 이상한 상상력을 가진, 새로움을 접하니까요. 젊다는 것은 새롭고 낯설다는 거예요. 어린아이들끼리는 서로 차별도 하지 않아요. 어린아이가 피부색이 다르다고 인종차별을 할까요? 그러지 않잖아요. 차별은 위계질서가 굳어지고 우선순위가 매겨진 기존 사회에서 물려받은 거예요. 지금 우리 사회의 문제는 그런 거죠. 새롭고 낯설게 생각하는 아이들을 만나지 못한다는 현실은 굉장히 슬픈 일인 것 같아요.

변화하니까
덧없는 것이 아니고,

늙어가니까
꽃이 시드니까
그렇게 변해가니까
소중한 거예요.

변화하니까 소중한 것이다

○ 철학자의 역할이 변하지 않는 가치를 말하는 것이라고 흔히 생각할 수 있는데요. 변하지 않는 것이 있다면 과연 뭘까요?

글쎄요. 언젠가 죽고 사라질 인간들이 불변하는 것을 얘기한다는 게 우스운 일 아닌가요? 쓸데없는 상상이에요. 거기서 한 걸음 더 나가면 영원이 나오고, 내세가 나오고, 불변하는 세계에 대한 꿈을 꾸겠죠. 인문학을 하거나 철학을 하거나 본질은 죽음을 전제로 하고 있어요. 변화하니까 덧없는 것이 아니고, 변화하니까 소중한 거예요. 늙어가니까 꽃이 시드니까 그렇게 변해가니까 소중한 거예요. 영원한 것들은 가치가 없어요. 《한 공기의 사랑, 아낌의 인문학》에 '무상無常'에 대해 썼어요. 무상이라는 것은 영원한 것, 절대적인 것은 없다는 가르침이에요. 늙으신 어머니가 '어제 같지 않다'고 말했을 때, 무상이 그런 거예요. 인생사人生事 일장춘몽一場春夢이라는 말처럼 삶이 한바탕 봄꿈처럼 허무하다는 얘기예요. 영원하지 않기 때문에 소중하다는 거예요. 어머니 집에 내려갔다가 어머니 얼굴에서 무상을 보면 발길이 쉽게 떨어지지 않잖아요. 벚꽃이 질 때쯤 되면

질 것을 알아요. 그래서 서둘러 꽃 보러 가는 거예요.

변하지 않는 것이 아니라, '우리한테 소중한 것이 뭘까'라는 질문을 해야 돼요. 우리 모두가 영원하지 않기 때문에 소중한 거예요. 죽음으로 가는 과정을 사는 거니까 행복해야 되는 거고요. 우리는 불변하는 것을 사랑하지는 않아요. 그냥 그대로 계속 있는 것에는 무관심하죠. 누가 영원히 시들지 않는 조화造花로 살길 원하겠어요. 친구가 병들어 죽어갈 때 서둘러 가서 친구의 손을 잡아주려고 하잖아요. 그게 인문학적 모습인 거죠. '어차피 죽을 건데 뭐 하러 가, 나도 언젠가 죽을 건데' 이러면 영원히 사랑이란 걸 할 수 없죠. 일출이나 일몰은 순간적으로 벌어지는 일이니까 가치가 있는 거예요. '절대적'이라고 자임하는 모든 진리는 무가치해요. 우리한테 소중한 것들은 흔히 덧없다고 취급되는 것들이에요. 그러니까 이 질문은 굉장히 인문학적 질문 같으면서도 굉장히 반인문학적인 질문인 거죠. '꽃이 지는데 봐서 뭐해, 어차피 내년에 또 필 건데', 이런 사람들이 있는 거죠. 그런데 올해 핀 꽃이 작년에 핀 꽃이 아니라는 것을 아는 사람들, 그리고 내년에 필 꽃이 아니라는 것을 아는 사람들이 있어요. 인간이라는 추상적 개념은 계속 존재할 테지만, 내가 사랑하는 사람은 없어져요. 그래서 소중한 거죠.

역사적으로 인간은 온갖 영원한 것들을 만들었어요. 영혼과 천국을 만들고, 극락과 정토를 이야기하고, 대대손손 제사를 지내잖아요. 육신은 사라질 테니까 불변하는 영혼이 더 중요하다는 거죠. 내가 죽더라도 자기가 소유한 돈과 권력을 자식에게 물려주면서 영원한 것으로 만들려고 해요. 돈은 썩지도 않고 점점 디지털화되고 있잖아요. 이런 영원에 대한 욕망에는 권력적이고 지배적인 사유가 흐르고 있는 거예요. 이것을 '영원의 형이상학', '피의 형이상학', '돈의 형이상학'이라고 말할 수 있어요. 무상한 현실 세계는 가치가 없고 영혼이나 천국 같은 세계만 가치가 있다고 생각하게 되면, 현재는 미래를 위한 수단에 불과한 것이 되는 거잖아요. 그러면 억압적 시간관의 지배를 받는 거예요. 그래서 영원한 것을 상정하고 집착하는 생각은 위험할 수 있어요. 거기서 한 걸음 더 나아가면 대를 위해 소를 희생하자, 한 사람의 삶보다 민족의 번영이 더 중요하다, 이런 게 나올 수 있는 거죠. 지배와 억압적 사유 속에 말려드는 거예요. 우리는 변화의 측면에 서겠다, 우리는 무상의 측면에 서겠다, 지금 내 앞에 있는 이 사람이 중요하다, 그걸 지켜줘야죠.

○ 말씀하신 대로 '살아간다'는 것의 전제인 '죽음'에 대해서도 질문을 많이 받으실 것 같아요. 고령화 사회로 접어들면서 노령 인구도 점점 늘고 있어요. 평생 의료비의 90퍼센트를 말년에 쓴다고 하는데, 그러면 부의 격차가 생명까지 좌지우지하게 되는 거고, 자녀 세대가 부양 부담을 떠안으면서 갈등도 생길 것 같아요.

불교의 핵심 가르침 중에 하나가 고苦잖아요. 일체개고一切皆苦. 살아 있다는 것은 고통을 느낀다는 거예요. 태어나서부터 죽을 때까지 나의 고통을 느끼는 것이고, 타인들의 고통을 느끼는 거예요. 죽어가는 고양이나 떨어지는 꽃잎을 보고 고통을 느끼는 것이고, 깨어서 살아 있는 동안 고통을 느끼는 거예요. 이걸 정확하게 알면 죽음이라는 것이 고통을 느끼지 못하는 상태로 가는 과정이라는 것도 알게 돼요. 산다는 것은 고통과 동행하는 거예요. 삶의 매력이 거기에 있어요. 친구가 외롭다고 하면 나도 외롭단 말이에요. 사랑하면 고통이 전이되니까. 그러면 우리는 즉각적이고 자발적인 행동에 돌입해요. 그 친구랑 만나서 수다를 떨고, 그러면 기분이 나아져요. 나와 친구의 고통을 느끼는 건 살아 있으니까 가능한 거예요. 그리고 고통은 완화가 돼요. 그러니까 행복은 고통의 종속변수예요. 고통스러운데 왜 사느냐고? 고통이 완화되는 그 느낌이 행복이거든요. 좋은 음악을 듣고, 맛있는 음식을 먹으면 행복을 느끼잖아요. 죽으면 고통을 느끼지 못하는 상태이기 때문에 행복도 없어요.

사람들은 죽음에 대해 질문을 할 때 고통을 전제로 하고 물어요. 뭔가 미지의 세상으로 간다는 착각을 하기도 하고요. 그렇지만 죽음은 고통을 느끼지 않는 것이고, 삶은 고통을 느끼는 거예요. 죽은 사람은 어떤 고통도 느끼지 않아요. 고독도, 배고픔도, 거동의 불편함도, 근심과 걱정도 없죠. 죽음에서 안타까운 것은 단지 하나일 뿐이에요. 고통을 느끼지 못하니, 행복도 느끼지 못하는 거예요. 행복은 고통의 완화, 잠시 동안 고독이 사라지고 배고픔도 가시고 신체의 불편함도 줄어들고 근심과 걱정도 가시는 상태니까요. 죽어서 고통을 더 이상 느끼지 못하니 고통의 완화도 의미가 없다, 이것이 죽음의 의미예요. 그래서 나이 든 어르신들은 죽음에 대해 물어보지 않아요. 젊은 사람들이 물어보죠. 나이 드신 분들은 대부분 알아요. 고통이 없다면 행복도 없다는 것을요. 정말 아이러니하죠. 기력도 떨어지고 거동도 불편하지만, 오히려 노쇠한 상태이기에 행복이 무엇인지 정확하게 아니까요.

벚꽃은 마지막 순간에 제일 화려하게 피어요. 그리고 이삼일 정도 지나서 바람 불고 비 오면 떨어지죠. 어르신들이 많은 강연에서 제가 끝날 때쯤 가끔 이런 말을 해요. 자기를 벚꽃 다 떨어진 나무라고 생각하고 다니시지 말라고, 지금이 벚꽃 마지막 단계라고, 숨넘어가고 죽어갈 때 그때 꽃이 지는 거라고, 60~70 먹었다고 해서 꽃잎 진 것처럼 살지 말라고, 착각하지 말라고, 지금이 가장 예쁠 때라고 그렇게 말해요. 소비를 많이 안 하니까 자본주의 체제에서 이미 죽은 것처럼 취급받는 것뿐이라고요. 당연하죠. 떨어지기 직전의 벚꽃만큼 아름다운 것이 어디 있나요. 바람에도 비에도 애닯게 꽃잎이 흔들리니, 그만큼 이제 타자의 움직임에도 민감하기만 해요. 자신의 고통과 쾌락에만 매몰되는 이기적 개인이 더 이상은 아니죠. 이제 성숙한 거예요. 타자의 고통에도 민감할 수 있으니까요. 곧 지려는 찬란한 벚꽃, 미세한 바람에도 떨리는 벚꽃이 노쇠함과 죽음이 아니라 성숙함과 삶을 상징하는 것도 이런 이유에서예요.

혼자 먹는 밥, 나눠 먹는 밥

○ 예전에 방송에서 식사와 사료의 차이에 대해 말씀하신 적이 있잖아요. '혼자서 끼니를 때우기 위해 먹는 것은 사료'라는 말에 많은 현대인들이 공감을 했던 것 같아요.

음식을 한다는 것은 환대예요. '입맛 난다'는 말, 참 예쁘잖아요. 입맛 나는 사람이 있어요. 어떤 사람하고 같이 밥을 먹으면 밥이 참 맛있는, 그런 사람이 있잖아요. 입맛이 난다는 건 함께하는 타인이 내게 의미가 있다는 얘기예요. 입맛 나는 사람, 그러니까 밥맛 나는 사람과 함께할 때, 사료는 식사가 되는 기적을 낳죠. 혼자서 먹는 밥은 발터 벤야민Walter Benjamin, 1892~1940이 《일방통행로Einbahnstraße, 1928》에서 한 이야기이기도 해요. 중년을 넘긴 독신남의 생활 방식에 이의 제기를 한다면서, "음식은 나누고 함께할 때만이 비로소 음식다워진다"고 말한 부분이 있어요. 그 당시 베를린에서도 도시 생활이 발달하다보니까 혼자서 밥 먹는 사람이 많았을 거 아녜요.

○ '혼밥'도 그렇고 '더치페이'도 그렇고, 이제 일반화되었잖아요. 요즘은 여럿이서 밥을 먹어도 각자 카드로 계산하는 모습을 흔히 보게 돼요.

누군가를 먹이기 위해서 음식을 했을 때 행복하잖아요. 친구들이 놀러오니까 맛있는 음식을 해서 환대를 하는 거죠. 그런데 요즘은 가급적 오지 않았으면 좋겠다고 생각을 하는 거예요. 그 바닥에는 나의 쾌락과 불쾌가 있는 거죠. 손님들이 많이 오면 너무 힘들고, 바깥에서 사 먹는 것이 낫다고 계산을 하는 거예요. 내가 기꺼이 수고를 해서 밥을 차려주는, 그런 잔치와 환대의 문화가 없어진 거죠. 우리 사회가 전반적으로 그렇게 된 거예요. 문제는 더치페이가 식사 정도면 괜찮아요. 그렇지만 여행을 함께 가고픈 친구가 있다고 해봐요. 만약 돈이 없다면 친구는 바쁜 일이 있어서 자기는 못 간다고 하게 되겠죠. 이렇게 더치페이는 '기브 앤 테이크give and take'의 논리이자 자본주의의 논리일 뿐이에요. 더치페이 문화가 사랑과 우정을 담는 그릇은 분명 아니에요.

기브 앤 테이크라는 자본주의적 관계의 만남만 남았어요. 한쪽에서 받은 만큼 주지 못한다, 받기만 하고 주지 않는다, 이것을 법적으로 보면 사기꾼이 되는 거예요. 이런 사회를 만들었어요. 더치페이의 논리대로라면 부모님이 아팠을 때 부모님을 돌보지 않아도 되죠. 아픈 부모는 나한테 줄 게 없으니까. 엄마가 와서 애들 돌봐주고 우리는 용돈 주면 되는데, 아픈 어머니의 상태는 전적으로 나한테 모든 것을 다 해달라고 하는 거잖아요. 사랑도 겉보기에는 주고받는 것처럼 보이지만 완전히 다르죠. 우리 어머니가 우릴 돌봤을 때 나중에 받으려고 해서 돌본 것이 아니잖아요. 아이가 나중에 나이 들어서 엄마가 지금까지 돌봐준 대가를 돈으로 갚겠다고 대차대조표를 엑셀 파일로 만들어 보여주면, 엄마가 행복할까요? 엄마한테 돈으로 돌려준다고 해서 젊음이나 희생 같은 것들이 회복이 되나요? 그때 어머니가 한마디 하겠죠. 네 자식이나 잘 돌봐라, 하고요. 사랑해서 받는 것은요, 그 사람한테 100퍼센트 돌려주지 못해요. 그런데 기브 앤 테이크 관계는 돌려주면 끝났다고 생각하는 거예요.

기억나요? IMF 때 '아나바다 운동'이라는 걸 했었잖아요. '아껴 쓰고, 나눠 쓰고, 바꿔 쓰고, 다시 쓰자'는……. 그 운동을 가장 싫어한 것이 자본주의였겠죠. 형이 입던 옷을 동생한테 주면 자본주의 입장에서 한 벌이 덜 팔리는 거잖아요. 그때 강조했던 것이 개성의 논리였어요. 사람한테는 각자의 개성이 있다고.(웃음) 언니 것을 물려받지 않아야 새 물건을 사죠. 가족이 서로 돌보지 않게 해야 보험이나 연금이 장사가 되는 것처럼. 보험회사 없다고 우리가 못 살았어요? 다 돌보면서 살았어요. 거꾸로, 보험회사가 발달하면 할수록 가족 관계는 훼손되는 거잖아요.

○ **당근마켓이나 중고나라, 번개장터 같은 중고 거래 플랫폼이 아나**
바다 운동과 비슷한 거 아닐까요?

그건 나눠 쓰는 것은 아니고, 쓰다가 파는 거죠. 돈이 오고 가잖
아요. 아나바다 운동의 나눠 쓴다는 얘기는 그냥 준다는 거고요. 스
마트폰에서 하는 거의 모든 행위는 상행위예요. 자본주의적인 활동
인 거죠. 필요 없는 물건을 처분하겠다는 것과 저 사람한테 이것을
주겠다는 것은 완전히 다른 거예요. 책을 한 권 샀는데 당장 안 볼
것 같아서 팔려고 하는 거하고, 어떤 모임에 갔더니 그 책에 관심이
있는데 책을 못 구한 사람이 있어서 주는 것과는 다르잖아요. 중고
거래 플랫폼은 방금 얘기했던 그 맥락은 아니죠. 싸게 팔아먹는 거
지, 아껴 쓰고 나눠 쓰고 바꿔 쓰고 다시 쓰는 것과는 다르죠.

세 번째

팬데믹
그리고

언택트

만남 지승호
묻고

 강신주
답하다

유사 이래 어떤 세대는 전염병을 겪었고,
어떤 세대는 전쟁을 겪었어요.
지금 40~50대가 전쟁을 겪지 않은
거의 유일한 세대고, 이제 전염병을
한 번 겪은 거예요.

자본의 속도는 인간의 시간을 넘어선다

○ 코로나 이후의 세계에 대해서 사람들이 두려움도 있고, 어떤 바람
도 가지고 있는 것 같은데요. 코로나가 기존의 팬데믹과 어떤 점
이 다르다고 생각하시나요?

전염병의 원인은 세계화에 있어요. 흔히 '해가 지지 않는 제국'이
라고 하면 대영제국을 떠올리지만, 16세기 스페인이나 포르투갈이
최초라고 할 수 있어요. 그게 영국으로 가고, 미국으로 가고, 이렇게
되는데요. 그 자본주의적 패권이 슬슬 중국으로 갔어요. 전염병은
이런 흐름하고 관계가 있는 거예요. 유사 이래로 전염병은 항상 있
어왔어요. 흑사병에서 천연두, 홍역, 콜레라, 스페인독감까지 끊이
지 않고 있었는데 마치 처음 일어난 일처럼 말들을 하는 거죠. 제국
주의가 득세하는 순간, 전염병은 불가피해요. 수많은 상품과 인력이
오가는 만큼 질병도 오가는 셈이죠. 이런 경향은 자본주의적 제국주
의에서 더 심해져요. 노동자들이 자의 반 타의 반 일자리를 찾아 움
직이니까요.

가깝게 우리가 팬데믹 상황을 겪었던 건 1918년부터 2년 동안

유행했던 스페인독감이었어요. 제1차 세계대전 때 최초로 참호 전쟁이 시작돼요. 이전의 전쟁과는 완전히 다른 형태였던 거죠. 그 참호를 파고 교량을 건설하는, 후방을 지원하는 일에 중국인 노동자들이 동원됐어요. 이 때문에 스페인독감이 확산됐다고 말들을 하는 거죠. 전염병은 전적으로 자본주의적 팽창주의 정책 탓이고, 거기서 많은 사람들이 피해를 봐요. 유럽 사람들이 북미나 중미에 이주할 때를 생각해봐요. 이주민이나 원주민 모두 풍토병에 걸렸어요. 이주민이 원주민에게 그리고 원주민이 이주민에게 병을 옮기는 셈이죠. 특정 지역에 오래 살면 그 지역의 바이러스에 대해 면역체계를 갖잖아요. 그렇지만 이주민들은 그런 면역체계가 없죠. 그러니 풍토병과 전염병이 이주민 사이에 창궐하는 거예요. 그 반대도 마찬가지죠. 이주민들이 자신은 면역이 된 바이러스를 원주민들에게 퍼뜨리니까요. 결국 생활 환경의 차이, 지역의 차이가 중요해요. 지리적으로 위도의 차이가 중요하다고 말할 수 있죠. 그래서 백인 이주자들은 위도가 비슷한 데서 노예를 구했고, 아프리카 사람들 1200만 명을 노예로 만들어서 아메리카 대륙에 팔았어요. 이 과정에서 많은 수가 노예선 안에서 죽어요. 노예 하나라도 더 실으려고 상품처럼 차곡차곡 쌓아서 날랐던 거죠. 그러니까 세계사적 문맥에서 보면 자본주의적 팽창정책으로 타민족을 공격했을 때 전염병이 돌았어요. 몽골제국도 그랬잖아요. 몽고인들이 강력한 기마술과 궁술로 유라시아를 점령했는데, 그때 전염병 걸린 시체를 투석기로 던진 거예요. 그때 유럽에 흑사병이 퍼졌어요.

세계화에 따른 정책으로 공격적으로 빠르게 교류가 이루어지고 있어요. 이걸 고산병에 비유할 수 있을 거예요. 히말라야 같은 높은 산에 급하게 오르면 고산병에 걸리잖아요. 실질적으로 고도의 문제지만, 위도를 수직으로 세워놓은 것과 똑같잖아요. 위아래가 기후도 다르고 식생대도 달라요. 그런데 패키지여행을 가면 2~3주 안에 돌아와야 하잖아요. 그러니까 급하게 속도를 내서 올라가게 되고, 그러면 산소가 부족해서 고산병에 걸려요. 천천히 몸이 적응을 하면서 올라가면 괜찮은데. 그러니까 자본의 속도가 몸의 속도를 추월한다는 것이 문제예요. 상품을 구입하면 입금은 빠르게 되잖아요. 그러면 상품도 빠르게 공급해야 되는데, 그 속도를 조절할 수 있을까요? 잉여가치를 줄일 수 있을까요? 자본주의가 인간의 몸을 너무 빠른 속도로 끌고 가고 있다는 게 문제예요.

유사 이래 어떤 세대는 전염병을 겪었고, 어떤 세대는 전쟁을 겪었어요. 지금 40~50대가 전쟁을 겪지 않은 거의 유일한 세대고, 이제 전염병을 한 번 겪은 거예요. 《조선왕조실록》에도 역병에 대한 기록이 1400건이 넘게 기록되어 있어요. 팬데믹은 언제든 다시 올 거예요. 이런 조건 하에서 생기지 않을 수가 없는 거죠. 몸이 약한 사람은 해외여행을 가면 굉장히 피곤하잖아요. 그러니까 전염병이 오면 노인이나 기저질환이 있는 사람들이 병에 취약해요. 공공의료가 발달하면 치료를 받기가 조금 쉬울 것이고, 미국 같은 경우에 초창기 때 전염병이 광범위하게 퍼진 이유는 의료보험을 신자유주의 논리로 민영화해버린 탓이 크고요. 여기서 우리는 의료가 공동체성, 사회성을 가지고 있다는 것을 배워야 하고, 누구나 치료를 받을 수 있는 권리가 있다는 것을 배워야 해요. 좌파든 우파든, 민주당 계열이든 공화당 계열이든 간에 신자유주의적 정책, 자본주의 우호 정책을 펴잖아요. 그러면 민영화 얘기가 다른 말로 교묘하게 포장돼서 나온단 말이에요.

다 떠나서 의료보험 체계에 대한 고민도 많이 해야 할 것 같아요. 케인즈John Maynard Keynes, 1883~1946 때 강화됐던 공공의료 체계를 대처 Margaret Thatcher, 1925~2013 수상 때 다 날렸잖아요. 그러다 보니까 영국에서 초기 코로나가 발생했을 때 치료가 굉장히 힘들었던 거예요. 인류의 과학기술이 발달을 했다고 하지만, 실질적으로 전 세계적인 문제라고 하면 대비를 해야 된단 말이에요. 이득을 추구하는 의약회사가 미리 준비할 리 없잖아요. 자본주의가 발달하면 이득이 되는 약만 대량생산하면 되니까 의료기술이 발달하지 않아요. 이런 준비들을 하지 않으면서 세계화를 얘기하는 것은 무책임한 것이고, 세계화를 주도한 세력들이 책임을 져야 되는 문제예요. 20세기까지 탄소를 배출하면서 경제발전을 이룬 OECD 국가들이 제3세계 국가에 공장을 옮겨놓고 지금 와서 탄소 배출을 규제해야 한다고 얘기한단 말이에요. 자본과 권력이 포스트 팬데믹을 얘기하고, '세계는 변할 것이다'라고 홍보하고, 비대면을 얘기하잖아요. 스마트폰이나 인터넷 기반의 업체들을 키우고, 장비 업체들한테 돈을 벌게 해주겠다는 거예요. 그러면 사람과 사람 사이의 관계는 더 멀어지겠죠.

누군가를 만난다는 것은 시각적으로 보는 것만이 아니라, 그 존재 자체를 오감을 통해서 만나는 거예요. 오감 중에 하나라도 빠지면, 그건 현실이 아니에요. 인간이 가진 최고의 감각이 촉감이에요. 어머니가 갑자기 병이 들어 누우면, 옆에 다가가서 얼굴도 만져보고 손도 잡아보는 거잖아요. 애완견 동영상 찍어놓고 재생해서 쳐다보는 게 행복인가요? 봐요. 코로나 상황에서 카카오나 네이버가 포스트 코로나, 새로운 시대를 얘기하는 것은 자기네 시장에 들어와서 자기네 콘텐츠를 구입하라는 얘기인 거예요. 사람들이 거기에 휘둘리고 따라가고 있는 거죠. 권력에 대해서, 자본주의 체제에 대해서 문제를 삼아야 되고, 경고를 해야 할 지식인들도 마찬가지예요.

여기서 잠깐 스마트폰의 세계, 액정 화면에 압축된 세계에 대해 생각할 필요가 있어요. 시각적으로 세계가 액정 화면으로 응축되는 거예요. 터치 한 번으로 프랑스의 파리를, 아르헨티나의 부에노스아이레스의 풍광을 볼 수 있죠. 세계화globalization의 논리는 바로 스마트폰으로 구현된 압축된 세계가 없다면 불가능했을 거예요. 더군다나 교통수단의 발달로 하루 만에 영국 런던에도 갈 수 있죠. 100여 년 전이라면 상상도 할 수 없을 정도로 지리적 거리가 압축된 셈이에요. 세계화, 혹은 세계의 압축을 통해 부정되는 것이 바로 몸이에요. 몸은 로컬리티locality, 지역성을 가지고 있어요. 아르헨티나도 가고 덴마크도 갈 수 있는데, 몸은 긴 적응 기간이 필요하잖아요. 천천히 여유롭게 가면 시차 적응의 문제는 발생하지 않아요. 그러니까 세계화의 논리는 우리의 몸을, 우리 삶의 지역성을 고단하게 만들어요. 빛의 속도로 움직이는 자본의 흐름에 저항할 수 있는 희망을 바로 몸의 긍정이나 지역성의 인정에서 찾을 수 있는 것도 이런 이유에서죠.

팬데믹은 다시 온다, 자본을 통제하지 않으면

○ 서양에서는 개인의 프라이버시를 보장하는 쪽으로 발전을 했는데요. 코로나 사태를 맞으면서 고민에 빠졌지 않습니까? 마스크 착용에 거부감을 가지고 있다가 어느 정도 통제의 필요성도 느꼈고요. 우리나라는 통제에 모범적으로 잘 따랐는데, 이제는 개인정보를 제공하는 데 아무런 저항도 느끼지 못하는 상황까지 됐어요. 어떤 사건이 벌어지면 일각에서는 해결책으로 'CCTV를 더 달아야 된다'고 할 정도예요.

플랫폼 기업들이
나보다 나를 더 잘 아는
사회가 됐어요.

내가 남긴
소비의 흔적들이
플랫폼 기업의
자본이 되는 거죠.

서구권이 개인주의 문화가 강하다고 보는 것은 동아시아의 피상적인 시각이에요. 서구 사회가 개인주의적이기도 하지만, 지역성도 강해요. 그래서 지역을 기반으로 프로축구 리그가 발달한 거예요. 바이에른 뮌헨, 맨체스터, 바르셀로나, 굉장히 지역성이 강해요. 상대적으로 개인주의는 자본주의로 인해서 발달하게 된 거예요. 자본주의가 쾌락과 불쾌, 혹은 이익과 손해를 계산하는 기계적인 개인을 양산했어요. 아직도 공동체와 지역성에 사로잡혀 있던 동아시아 사람들의 눈에는 서구인들의 개인주의가 부각되었던 거예요. 그러나 그 개인주의는 자본주의의 산물이니, 동아시아 사람들이 본 것은 사실 서구에서 발달한 자본주의라는 생경한 체제였던 거죠.

역사적으로 유럽 자체가 갈등이 굉장히 많은 곳이에요. 프랑스, 영국, 독일이 패권을 잡는 과정에서 오래된 갈등이 생겼고, 로컬리티에 대한 싸움이 있었어요. 우리가 서구화가 됐다고 하지만, 그들이 가진 로컬리티까지 가져오지는 않은 거예요. 유럽연합은 경제적으로 묶여 있을 뿐, 언제든지 쪼개질 수 있어요. 이번 코로나 때 보세요. 국경을 폐쇄하고, 로컬리티가 강하게 작동되잖아요. 우리가 착각에 빠져 있는 거예요. 유럽은 로컬리티가 굉장히 강한 곳인데, 멀리서 보면 개인주의와 합리성만 보이죠. 가까이서 보면 자본주의 발달로 인해 자신의 쾌락과 불쾌만을 들여다보는 개인, 타인을 부단히 의심하고 저울질하는 개인, 대도시에서 고독감을 느끼는 개인이 보이죠. 자본주의가 파편화한 이기적 개인이에요. 데카르트가 '코기토

Cogito'를 발견한 곳은 프랑스가 아니라 네덜란드 암스테르담에 있을 때였어요. 당시의 자본주의 근대도시에서 너무 외롭고 고독했던 거예요. 정확하게 데카르트의 코기토는 암스테르담에서 느낀 '나'인 거죠.

자본주의는 공동체에서 쪼개진 개개인들이 생계를 걸고 참여하는 게임 같은 거예요. 여기서 중요한 것은 정보고요. 누군가에게 무엇이 필요한지, 어떤 필요를 만들 수 있는지를 분석해서 신제품을 만드는 것이 자본의 논리니까요. 그래서 빅데이터가 중요한 거예요. 노동자는 그 정보를 계속 빼앗기고 있고, 자본은 계속 그 정보를 축적하고 있단 말이에요. 플랫폼 기업들이 나보다 나를 더 잘 아는 사회가 됐어요. 내가 모르는 내 습관까지 알고 있어요. 내 나이와 가족 관계는 어떻게 되는지, 취미는 뭐고 관심사가 뭔지, 내가 언제 어디서 얼마나 머물렀는지, 방문했던 사이트에서 무엇을 검색하고 구매했는지……. 내 흔적들이 당신이 좋아할 만한 책과 영화, 상품으로 광고 창에 뜨잖아요. 내가 남긴 소비의 흔적들이 플랫폼 기업의 자본이 되는 거죠. 소비자, 곧 노동계급이 필요로 하는 것을 알고, 사치품이 필수품이 되도록 강요하는 것이 자본주의의 핵심 팽창 전략이에요.

과거 감시와 통제는 국가권력의 핵심 기능이었죠. 그러나 지금 감시와 통제를 주도하는 것은 국가라기보다 자본일 거예요. 자본주의는 이를 통해서 소비자의 욕망을 읽는 거죠. 자본주의도 전반적으로 감시하고 통제하는 방향으로 갈 것 같아요. 소비자들이 무엇을 검색하느냐를 수집하는 것도 감시하고, 그 데이터로 충분히 통제가 가능하니까요. 물론 그렇다고 해서 국가가 감시와 통제의 기능을 등한시한다고 생각해서는 안 되죠. 오히려 국가는 소비자를 감시하고 통제하는 자본주의의 은밀한 방식을 벤치마킹하고 있다고 해야 할 거예요. 문제는 감시와 통제를 대부분의 사람들이 당연하다고 받아들이고 있다는 거죠. 이제 더 이상 국가는 자본과 마찬가지로 노골적으로 국민을 감시하거나 통제하지 않으니까요.

○ 정부에 반대하는 목소리를 차단하기도 쉬워지겠네요?

그렇죠. 노골적으로 저항하는 목소리를 차단하는 것이 아니라 은밀하게 하니까요. 국가, 즉 권력은 소수 지배계급을 보호하는 역할을 해요. 3P의 논리, 기억하시죠? 권력과 재산 그리고 가난. 코로나 정국을 보세요. 다수의 사람이 왕래하는 차원, 즉 소비 영역에서는 전염병을 예방한다고 격리와 통제를 시행해요. 광장도 막고, 식당이나 카페에 출입하는 인원을 제한하기도 하잖아요. 그러나 자본이 통제하는 회사나 공장 등 생산 영역의 통제는 상대적으로 느슨하죠. 이건 국가가 자본의 편의를 봐준다는 살아 있는 증거죠. 팬데믹에 자본이 위기감을 느낄 필요는 없어요.

자본의 팽창과 세계화 그리고 이어지는 상품과 인간의 이동 등, 이것이 팬데믹의 조건이죠. 대량 생산, 대량 이동은 전염병 전파를 가속화해요. 노동계급에게는 '자본을 통제하지 않으면 전염병은 또 온다'는 교훈을 준 거예요. 전 세계적으로 다른 생명체들이 살고 있는 곳까지 자본이 퍼져나가고, 사람들이 퍼져나갔어요. 그리고 계속 가속화되겠죠. 그 변경선을 이루게 될 국가는 OECD 국가들이 아니라 저개발 국가들일 것이고, 거기서 전염병이 시작되면 그것이 부유한 국가 쪽으로 옮아가겠죠. 제가 앞에서 로컬리티를 얘기했는데, 오히려 이 연결이 제대로 끊어져야 된다는 거예요. 그러면 자본은 이득을 남기지 못하죠.

코로나가 처음 유행할 때 공장이 멈추면서 인도에서 히말라야가 보였다고 그래요. 이게 상징적인 거죠. 거기서 배워야 돼요. 그런데 새로운 아파트를 구입하고 신제품을 구입하는, 자본에 포획된 21세기의 소비자들이 있어요. 자신들이 소비자라고 착각하고 있는 노동계급이 존재하잖아요. 이들이 소비에 대한 욕구를 꺾어야 되는데, 그걸 할 수 있을까요? 2020년 초에 이탈리아가 이동 제한 조치를 했을 때 베네치아 운하에 물고기 떼가 돌아다니고 돌고래가 헤엄쳐 다녔어요. 아름다운 풍경이잖아요. 그동안 여행 자본이 곤돌라에 관광객들 태우고 다니면서 운하를 오염시키고 엄청난 소음을 만들면서, 물고기가 다닐 수 없게 됐죠. 자본의 흐름이 순간적으로 멈추자, 생태계가 살아난 거예요. 물고기하고 새들이, 산짐승들이 '자본주의

괴물이 되어버린 인간들이 어디 갔지?' 하면서 나오는 거죠. 거기에서 희망을 봐야 해요.

내 손 안으로 들어온 시장

○ **코로나 사태 이후에 노동의 형태도 많이 바뀔 텐데요. 어떻게 변하리라고 예상하세요?**

일단은 국내에 남아 있는 생산 노동, 블루칼라 노동은 큰 변화가 없을 거예요. 반면 화이트칼라 노동 쪽에서는 여러 가지 형태로 고민을 하고 있겠죠. 어쨌든 아무리 스마트폰이 발달하고 자동화가 된다고 해도 결국 인간이 노동을 해야 가능한 거예요. 겉으로 보이지 않게 해놓았을 뿐이고, 그 안에 감춰놓은 생산 현장은 똑같아요. 벤야민이 자본주의 생산 현장 앞에 붙어 있는 '관계자 외 출입 금지'라는 팻말을 주목했어요. 생산 현장에서 자본이 노동을 억압하고 지배하고 있잖아요. 그러니 이걸 보지 말라는 거예요. 그렇지만 소비 현장에서는 누구나 자유로운 소비자처럼 보이잖아요. 생산 현장에서의 억압, 소비 현장에서의 자유! 그러니 두 영역 사이에 칸막이를 두는 거예요. 그래야 자본주의사회는 자유로운 사회라는 환각이 유지될 테니 말이죠.

혼히 스타트업으로 스마트폰을 기반으로 한 오픈마켓이나 배달앱을 개발하고 운영하잖아요. 정보와 물류가 오가는 온라인 플랫폼을 만드는 거죠. 배달앱으로 주문을 받지만 음식을 만들고 배달을 하는 건 변하지 않았어요. 가장 큰 변화는 전통적인 식당들이 집합금지로 손님들이 줄어드는 거겠죠. 스마트폰에 노출되지 않은 전통적인 식당들은 없는 거나 마찬가지예요. 스마트폰이 전체 소비시장이 돼버린 사람들한테 그 집은 검색되지 않으니까요. 온라인 플랫폼에 들어오지 않는 식당, 카페, 상점은 있어도 있는 것이 아니죠. 얼마지나지 않아 이런 곳들은 문을 닫을 거예요. 코로나 팬데믹이 이런경향을 더 가속화한 거죠. 온라인 플랫폼이 공유라는 이름으로 만들어지기는 하지만, 시장에 불과한 거예요. 내가 몸으로 가서 만져볼수 있는 시장이 아니라 스마트폰이 매개가 되는 시장인 거죠. 코로나로 스마트폰이 지배하는 시장이 촉진됐어요. 한편으로 배달 노동자들의 노동환경이 열악해지는 문제가 있고, 반대로 배달 노동자를 많이 필요로 하니까 노동력이 몰리게 되는 거죠.

여전히 한국 사회 도처에 비정규직이나 하청 노동자들이 공장을돌리고 있다는 사실을 잊지 말아야 해요. 거기서 노동자가 죽었을때 말고는 언론에서도 보도를 하지 않죠. 공사 현장에서 철골 세우거나 벽돌 쌓는, 그런 전통적 의미의 노동자들은 그대로 있는데, 스마트폰이라는 플랫폼에 들어오기 힘든 이런 노동들은 점점 우리 눈에 띄지 않아요. 감시가 소홀한 틈을 타서 자본은 더 노동을 착취하고, 그 결과가 잔혹한 산업재해 사고죠. 스마트폰이라는 단말기가 묘수예요. 생산 현장이나 노동 현장을 증발시키고 소비 현장만을 부각시킬 수 있으니까요. 극단적으로 말해서 스마트폰은 우리 몸에 이식된 체제의 칩chip과도 같아요. 이 칩을 거치지 않고는 세계와 접속할 수 없게 된 거예요. 결국 국가나 자본이 검열한 정보는 우리에게 들어오지 않죠. 이처럼 스마트폰은 있는 그대로의 세상을 우리에게 안겨주기보다는 체제가 보았으면 하는 검열된 세상만을 보여줘요. 무서운 일이죠.

○ **책도 인터넷 서점에서 광고를 해야 노출이 되는 상황이고, 배달앱에서도 돈을 더 내야 맛집 상위 랭킹에 노출되잖아요. 업체는 과당경쟁을 하게 되고, 돈은 플랫폼이 버는데요. 그걸 나눠 주지 않아요. 그 성과를 사람들이 공유할 수 있는 방법은 뭘까요?**

스마트폰으로 하는 중개업을 공유경제라고 하고, 4차 산업혁명, 정보혁명이라고 하는데 말도 안 되는 소리예요. 택시 기사와 이용자들을 연결해준 것이 아니라 그 중간을 차단해서 양쪽에서 이윤을 얻는 거예요. 스마트폰을 쓴다고 새로워진 건가요? 그러니까 새로운 것이 하나도 없어요. 코로나 정국에서 게임 업체, 플랫폼 업체들이 많은 이득을 얻었잖아요. 그렇게 많지 않은 초기 투자금으로 만들 수 있고요. 실질적인 노동에 비해서 엄청난 이득을 얻고 있는 거예요. 불로소득에 가깝죠. 그런데 누군가는 노동을 해야 하잖아요. 실제로 누군가는 음식을 배달하고 물건을 배송하고 철골 구조물을 세워야 돼요. '로켓배송', '총알배송'이라고 홍보하고 배달 노동자들을 옥죄서 죽기 직전까지 부리는 거예요. 내가 그렇게 빨리 물건을 받기 위해서는 그걸 나르는 누군가가 로켓이나 총알처럼 먹지도 않고 자지도 않는 딱딱한 기계가 돼야 되잖아요. 그걸 이용하는 우리는 그 착취 구조에 이바지하는 거죠.

'노동만이 새로운 가치를 창조한다'는 마르크스의 입장에서 보면 기본적으로 거기서 얻은 소득을 나누자는 논의는 수정주의적일 수밖에 없어요. 자본과 땅만 가지고 소득을 얻는 사람들한테 사회에 좀 더 환원하고, 소작농과 노동자들에게 좀 더 공평하게 나눠 주라는 거잖아요. 그 바닥에는 물적 생산수단을 독점한 자본가를 긍정하는 논리가 있는 거예요. 20세기 초반에 로자 룩셈부르크 같은 사람들이 말한 것처럼 기회주의고 수정주의예요. 플랫폼 업체들에게 수수료를 적당하게 받으라고 하는 이런 식의 논의는 변형된 자본의 논리일 뿐이에요.

사치품에서 필수품으로

○ 스마트폰을 통해 만들어진 사회가 어떻게 보면 파시즘적 요소도 있고 포퓰리즘적인 요소도 있는 것 같아요. 앞으로 그게 더 강화되지 않을까 걱정도 되고요.

자본주의에서 상품의 역사는 사치품이 필수품이 되는 역사예요. 자동차가 예전엔 사치품이었잖아요. 자동차가 생기면 일터와 거리가 먼 곳에 아파트나 전원주택이 생겨요. 이제 자동차 없이 양평이나 일산 쪽에서 출퇴근하기 힘들어진 거죠. 그러면 어느 사이엔가 자동차가 필수품이 된 거예요. 그만큼 삶은 복잡해지고 쓸데없는 것에 시간을 낭비하게 되죠. 삶의 로컬리티도 훼손되고, 버리는 시간도 많고 환경도 오염돼요. 출퇴근 때 서울과 시외 사이에 정체된 차량들을 보세요. 엄청난 시간 낭비와 매연……, 삶의 질이 좋을 리 없죠. 흥미로운 것은 새롭게 필수품이 되어버린 상품을 토대로 또 다른 사치품이 생산된다는 거예요. 물론 이 새로운 사치품도 얼마 지나지 않아 또 새로운 필수품이 되죠. 이것이 자본주의 체제에서 강조하는 문명의 발달 혹은 진보의 맨얼굴이죠.

스마트폰도 마찬가지예요. 처음에는 사치품으로 출발했어요. 당시 전화도 있었고, 인터넷도 있었죠. 그런데 얼마 지나지 않은 지금 스마트폰이 필수품이 되어버렸어요. 은행 업무, 결제 등 스마트폰이 없다면 하기 힘든 일이 많아졌죠. 코로나 정국 때 이런 경향은 더 강화되었어요. 식당이나 카페에 출입하려면 스마트폰을 이용해서 QR코드를 찍어야 하니까요. 이제 스마트폰이 없으면 밥도 먹을 수 없게 된 거예요. 이런 식으로 점점 스마트폰은 더 복잡한 사치품으로 진화하고, 곧 새로운 버전의 스마트폰으로 대체되는 거죠. 예를 들면 지금 A사의 스마트폰 제품 번호가 13까지 나왔다면, 13은 사치품일 수 있지만 12는 필수품이 되는 식이에요.

자동차와 스마트폰만이 아니라 모든 것이 그래요. 사치품이 필수품이 되는 과정, 이것이 자본주의 문화를 이해하고 해명하는 열쇠예요. 옛날에 지방으로 강연 갔을 때는 강연료도 많이 받고, 그랬던 시절이 있었어요. 한번 가면 하루를 묵어야 하니까. 그래서 강연을 두 개씩 묶어서 가기도 했어요. 지금은 KTX 타고 갔다가 당일 날 올라와요. 그러니까 선생 귀한 줄도 모르고……(웃음) 기차나 교통이 발달하니까 외곽에서 살게 되는 것이고, 그러면서 그게 연쇄 파동을 낳는 거잖아요. 수도권이 팽창한 거 봐요. 길거리에서 보내는 시간이 얼마나 많아요. 여러 가지 문제가 되니까, 도심 제한속도도 낮췄잖아요. 환경이나 안전 문제로 더 낮춰야 된다는 얘기도 나오고요. 자전거 바퀴 빠르게 굴리는 거하고 비슷해요. 자전거 빠르게 타면

속도가 40여 킬로미터 정도 나오잖아요. 이제 자전거 시대가 열린 거죠.(웃음)

○ **달리기 잘하는 사람의 속도하고도 비슷하네요.**(웃음)

그런데 어느 사이엔가 속도와도 상관이 없게 됐어요. 스마트폰이라는 매체가 시장이 됐잖아요. 벤야민이 예리하게 지적했어요. '혁명은 폭주하는 기차가 멈추도록, 이 기차를 타고 가는 사람들이 잡아당기는 비상 브레이크다'라는 거예요. 결국 중요한 것은 사치품이 필수품이 되는 자본주의적 운동을 통제할 수 있느냐의 여부죠. 스마트폰 기능을 향상시킨다, 앱을 개발한다, 통화료를 없앤다, 배터리 용량을 늘린다, 이런 문제가 아니라 이것을 어떻게 멈춰 세울 것인가의 문제인 거예요. 폭주하는 기차를 멈추는 혁명이 가능하려면 두 가지 과정이 필요할 거예요. 첫째, 필수품이라고 믿는 상품이 사실은 사치품에 지나지 않는다는 걸 자각해야죠. 둘째, 사치품은 필수품이 아니니 가급적 가까이 하지 않으려는 노력이 필요해요. 하지만 인간에게 사치품을 소유하려는 욕망은 정말 끊기 힘든 거예요. 이 사치품을 쓰는 순간만큼은 당신은 고귀한 사람이고, 눈에 띄는 몇 안 되는 도드라진 사람이 되는 거예요. 본능적으로 자본주의에 적응한 사람들, 새로운 제품과 소수만 손에 넣을 수 있는 제품에 민감한

이기적 개인이
자신의 이익을 위해
교환하는 것이
자본주의적 교환이라면,
이타적 개인 혹은
사랑에 빠진 개인이
타인의 행복을 위해
교환하는 것이
사랑의 교환이자
공동체적 교환이에요.

사람들이 생겨나요. 흔히 말하는 얼리어답터early-adopter들이 좌절하는 상황이 있잖아요. 한정품으로 나온 옷을 어렵게 구입해서 입고 갔는데, 누군가 똑같은 옷을 입고 있는 거죠. 남들하고 다르지 않으면 교복이나 군복처럼 생각하게 되는 거예요.(웃음)

허영vanité이라는 말은 '비어 있다'라는 말에서 유래했어요. 허영盧榮은 '비어 있다'는 뜻을 가진 '허盧' 자에 '꽃이 피다', '영화'라는 뜻을 가진 '영榮' 자가 붙어 있잖아요. '영' 자는 나무에 불이 붙은 형태인데, 단풍을 연상하면 돼요. 그러니까 불이 붙은 것처럼 화려하게 물든 나무가 있는데 속은 텅 비어 있는 거예요. 인간은 허영의 동물이에요. 아름답다는 말을 들으면 좋아하고, 지적이라고 하면 좋아하고, 부유해 보인다고 하면 좋아하고, 미소가 예쁘다고 하면 좋아하고, 남이 하는 칭찬에 그냥 붕괴되잖아요. 그러니까 지적인 척도 하고, 부유한 척, 고상한 척도 하는 거예요. 파스칼Blaise Pascal, 1623~1662도 《팡세Pensées, 1670》에서 그랬잖아요. '허영은 사람의 마음속에 너무나도 깊이 뿌리박혀 있는 것이다. 그리고 내가 인간의 허영에 비판하고 글을 쓰고 있는 것도 훌륭한 저자라는 영예를 얻고 싶어서인지 모르겠다' 이렇게 말해요. 허영을 지적했다는 칭찬을 받고자 하는 허영에 빠질 수도 있다는 거죠. 파스칼은 자신을 포함해서 모든 인간이 무의식적인 허영의 노예라고 말하는 거예요.

폭주하는 기관차를 멈추게 하는 것은 그런 거예요. 귀족사회에서는 귀족만이 잉여생산물을 소비하고 누릴 수 있었잖아요. 지금은 노동계급에게 임금을 주고, 노동계급은 그 임금으로 자기나 동료 노동자가 만든 상품을 사는 거죠. 그리고 일을 하고, 또 소비하는 거예요. 이 매커니즘 속에서 자본주의가 발달을 하잖아요. 임금, 노동, 임금, 노동…… 그 사이에 계속 소비를 하는 거예요. 우리는 우리가 만든 제품을 소비하고 있어요. 애플의 스티브잡스가 스마트폰을 만드는 것이 아니라 스마트폰 공장 노동자들이 만든단 말이에요. 복잡한 얘기일 수도 있지만, 그렇게 다 연결이 되어 있다는 거예요.

○ **예전에는 TV 하나를 사도 10년, 20년 썼잖아요. 이제는 승용차도 몇 년 타면 새것으로 바꾸는데요. 기술은 더 발전했는데 상품의 수명은 점점 짧아지는 것 같아요.**

낡아서 바꾸는 것이 아니고, 낡기 전에 바꾸니까요. 새로운 제품을 구매함으로써 자신의 삶이 여유롭고 나아가 행복하다는 걸 과시하려는 허영 때문이죠. 상품이 되는 순간 사물은 사용가치만 있는 것이 아니라 교환가치도 있어요. 이게 얼마에 팔리느냐가 바로 교환가치예요. 비쌀수록 사람들은 사려고 하잖아요. 또 상징적인 가치도 있고요. 어떤 상품을 구매해 사용하느냐는 구매자의 사회적 위상이나 신분을 과시하는 효과가 있죠. 이것이 상징적 가치예요. 보드리야르 Jean Baudrillard, 1929~2007가 《소비의 사회 La Société de consommation, 1970》

에서 말한 것처럼 소비를 하는 이유는 그 물건의 사용가치 때문이 아니라 그 제품을 샀을 때의 만족도 때문이죠. 제품을 광고하는 연예인이나 모델들이 성능에 대해서 설명을 하나요? 풍요롭고 쾌적한 삶의 이미지들을 사는 거죠. 일종의 사치품을 구매하는 거란 말이에요. 충분히 사용할 수 있는 상품을 두고 새로운 상품을 사니, 결과적으로 보면 중고 시장이 커져 있는 거죠. 새로운 상품이 마구 쏟아져 나오고, 버리고 사고 버리고 또 사니까. 집집마다 충분히 사용가치가 있는데도 방치되어 있는 것들은 또 얼마나 많아요.

파스칼의 《팡세》는 굉장히 재미있어요. 앞부분은 철저하게 인간의 있는 그대로의 모습을 보여줘요. 우리 인간은 만물의 영장도 아니고, 그저 허영 덩어리라는 거죠. 인간을 이성적인 사유주체로 봤던 데카르트와는 반대였어요. 파스칼은 인간을 이성적이고 합리적인 존재라고 보지 않았고, 그저 무의식적 충동과 허영에 지배되는 존재라고 봤어요. 그래서 《팡세》의 후반부는 이런 인간은 구원될 수 없기 때문에 신을 믿어야 된다고 하는 거예요. 그런데 데카르트 같은 철학자들은 인간을 지적인 사유 존재라고 보기 때문에 인간에게서 희망을 찾을 수 있죠. 그러니까 조금 재미가 없어요. 파스칼은 인간을 낙관적으로 보지 않기 때문에 더 이상 신성을 긍정하지 않는 근대인들의 허영과 부조리함을 섬세하게 들춰내요. 그 모습들이 지금과 별 차이가 없어요. 《팡세》를 보면 인간의 잔인함, 이기적 욕망, 허영심을 이해할 수 있어요.

○ 스마트폰의 부작용을 많이 말씀하셨는데요. 스마트폰은 교체할 때까지 거의 꺼지지도 않잖아요. 옛날에는 잘 때는 꺼뒀는데, 이제는 잠들기 전까지 보다가 눈뜨면 바로 짚는 것이 스마트폰이 됐어요. 아무튼 스마트폰은 잠들지 않아요.

사람을 통제할 수 있는 생체 칩 같은 것이 되어버렸어요. 스마트폰이 꺼지면 불안할 정도까지 이르렀으니까요. 스마트폰 충전 용량이 다될까봐 보조 배터리를 들고 다니잖아요. 중독을 만든 거죠. 그리고 스마트폰은 시장이 되어버렸어요. 이 시장으로부터 자유로울 수 있는 것이 없어요. 예전에는 마트나 백화점이나 TV 광고에서 시장이 열리고 욕망을 자극했는데, 지금은 24시간 내내 우리하고 같이 있어요. 스마트폰을 사용할수록 건강에도 문제가 생기고, 타인과 관계하는 형태도 바뀌고, 밖에 나가서 하늘을 보거나 바람을 느끼는 자연과의 접촉도 멀어져요. 협소해지는 거죠. 스마트폰이 열려 있어야 세계가 열린다고 느끼는 거예요. 옆에 피어 있는 꽃 하나도 유심히 바라보지 않고 그저 스마트폰만 들여다보는 사람들이 많죠. 진짜 세계가 아니라 편집된 세계에 빠져 점점 진짜 세계를 망각하게 되는 것은 아닌지 걱정이 돼요.

생텍쥐페리Antoine de Saint-Exupéry, 1900~1944의 《인간의 대지Terre des Hommes, 1939》를 보면 '사랑은 마주 보는 것이 아니라 함께 같은 방향을 보는 것'이라는 말이 있는데, 과연 그럴까요? 사랑은 마주 보는 거예요. 같은 종교를 가지고 있고, 같은 지향을 가지고 있다고 사랑이 깊어지나요? 여행 가서 바다를 같이 본다고 깊어져요? 그건 다른 거죠. 사랑은 죽을 때까지 마주 보는 거예요. 어느 사이엔가 관계가 서먹해지니까 TV 틀어놓고 온 가족이 같은 방향을 바라보고 있어요. 그러다가 TV가 고장이 나버리면 각자 방으로 흩어지는 거죠. 그렇게 살고 있는 모습을 당연하게 받아들이고 있는 거예요. 서로 얘기하고, 산책하고, 너와 내가 마주 보는 관계가 사랑의 관계잖아요. 스마트폰을 들여다보고 있는 우리, TV를 시청하고 있는 우리, 같은 방향을 바라보고 있는 우리, 그걸 사랑이라고 착각하는 거예요. 공통의 방향이라는 것이 사라지면 바로 부서지고 흩어져요.

사랑은 서로 마주 보는 관계예요. 공통된 방향, 공통된 이해로 유지되는 관계는 사랑이 아니죠. 조금이라도 공통의 방향이 사라질 때 흔들리는 관계가 어떻게 사랑일 수 있겠어요. 그래서 공통된 관심사를 통해 이루어진 만남은 위태로울 수 있는 거예요. 이 점에서 인터넷 상의 만남은 불편한 데가 있어요. 예를 들어서 스마트폰이나 인터넷에서 결혼중매업체를 매개로 해서 사람을 만나잖아요. 연봉이 얼마고, 대학은 어디 나왔고, 키가 몇이고, 조건을 서로 맞춰보잖아요. 그렇게 만나도 잘들 살아요. 왜냐면 취업하는 거하고 비슷하니까. 일종의 거래 관계니까 한쪽이 경제적으로 붕괴가 되지 않는 이상 유지가 돼요. 마치 직장 생활인 것처럼, '우리 잘 살아요' 하는 거예요. '우리'가 하나의 직업이 돼버리는 거죠. 자본주의는 그런 식으로 들어와요. 저 사람이 나한테 줄 것이 없으면 더 이상 관계 조성을 할 필요 없이 해고 통고를 하면 돼요. 나한테 도움이 되지 않는다고 해서 관계를 끊으면 되는 그런 관계에 사랑은 있을 수 없죠.

○ **결혼 생활도 그렇고, 사람과 사람의 관계가 거래 관계 비슷하게 되어버렸다는 말씀이네요.**

자본주의가 기본적으로 거래잖아요. 그 안에서 모두 '기브 앤 테이크'의 관계가 되는 거예요. 그런데 그게 동등한 교환도 아니에요. 동등한 교환은 이론으로만 존재하는 거죠. 생각해보세요. 누군가에게 무언가를 준다는 것은 더 많은 것을 얻겠다는 거예요. 바로 이것이 '기브 앤 테이크'죠. 상점 주인이 상품을 소비자에게 주고 돈을 받는 것이 얼핏 동등한 교환인 것 같지만 그렇지 않아요. 동등한 교환이면 이윤이 생기지 않잖아요. 그러니까 상점 주인은 상품의 가치 이상을 받고 있는 거지요. 반면 가족이라든가 사랑으로 맺어진 공동체에서의 교환은 개인의 이기성에 기반한 거래 관계가 아니에요. 더 많은 것을 '테이크'하기 위한 '기브'가 아니란 이야기죠. '테이크'를 염두에 두지 않는 '기브'가 이루어지니까요. 물론 받은 측도 상대방의 '기브'를 의식해 상대방에게 무언가를 '기브'하는 것도 아니죠. 이것이 사랑의 교환 관계의 본질이에요.

이기적 개인이 자신의 이익을 위해 교환하는 것이 자본주의적 교환이라면, 이타적 개인 혹은 사랑에 빠진 개인이 타인의 행복을 위해 교환하는 것이 사랑의 교환이자 공동체적 교환이에요. 그런데 어느 사이엔가 공동체가 거래 관계가 되어버리면 교환이 동등하지 않다는 생각이 드는 거예요. 혼자 살 때보다 같이 살 때가 힘들고 이득이 안 된다고 생각되면 같이 살 필요가 없는 거죠. 아이가 생기면 생활이 더 힘들어지는데 아이를 낳을 필요가 없는 거죠. 그러니까 자본주의가 가족공동체와 지역공동체를 와해시킨 거예요. 가족 구성원을 자본주의적 인간형으로 만들어버리니까 공동체를 유지하지 못하는 거죠. 사랑의 관계를 맺게 되면 나한테 한 사람이 더해지고, 자신이 가진 것을 나누어 주게 되잖아요. 이것을 자신에게 손해라고 생각하는 거죠. 그러니 취업도 힘든 요새 젊은이들은 결혼도 피하고, 결혼을 했어도 출산을 피하는 거예요. 자본주의적 인간으로 길러졌기 때문이죠. 자본주의가 발달한 국가일수록 사회가 고령화되는 것도 이 때문이에요. 자신만 생각하는 자본주의적 개인이 어떻게 가족이나 공동체를 만들려고 하겠어요. 우울하고 슬픈 일이죠.

네 번째

스마트폰

사회경제학

만남 지승호
묻고

 강신주
답하다

초기 자본주의 시대 경성 지식인들이 북적대는 미쓰코시 백화점에서 물건 사고, 자기가 마치 진열된 상품처럼 번쩍대는 양 돌아다니고, 그리고 거기 옥상에서 이상처럼 '날자, 날자, 한 번만 더 날자꾸나' 하고 탈주하는 놈도 있는 것처럼….
겉보기에 트렌디한 것은 좀 변했지만, 신상품을 강조했던 자본주의 메커니즘은 똑같아요. 자본주의는 매번 새롭게 변하는 것으로 유지되는 유일한 체제예요.

4차 산업혁명과 스마트폰

○ **스마트폰이 인류 문명에 가져올 변화가 앞으로도 엄청날 거라는
예상을 하잖아요. 스마트폰이 혁명일 수 있을까요?**

그런 광고 있잖아요, 자동차가 자율 주행을 하면 사람은 자도 된
다는. 왜 잠을 차에서 자죠? 잠은 집에서 자야지.(웃음) 그게 4차 산업
혁명이라고들 하는데 제 눈에는 아무것도 아니에요. 4차 산업혁명
의 핵심은 스마트폰이에요. 스마트폰으로 통제하는 거죠. 그거 없으
면 안 돼요. 이 정도면 체제에서 스마트폰 쓰라고 공짜로 줘야 되는
거예요. 그런데 그걸 우리가 산다는 거죠. 심지어 통신료 등의 요금
도 내면서요. 실제로 우리가 스마트폰을 쓸 때, 엄청난 이득을 얻는
측은 자본가들인데 말이죠. 디지털 혁명이라는 것은 스마트폰을 매
개로 새로운 상품들이 나오는 걸 말해요. 겉으로는 우리 삶이 편해
진 것 같아 보이지만 그렇지 않죠. 물론 기계에 적응이 되면 편해지
는 것도 많아요. 그런데 건강하지는 않은 거죠, 움직이지 않으니까.
청소기가 자동으로 움직이면 사람은 안 움직여요. 육체적 능력 이상
의 것에서 기계가 도움을 주는 것은 괜찮은데, 인간의 노동과 인간

의 건강한 움직임 자체도 줄어버리잖아요. 예를 들어, 자동차를 계속 타면 다리가 약해지고, 자동차가 다니는 곳만 다니게 되고, 중간에 경치 좋은 데를 걷지 못하고, 주차장 있는 공간에서만 머물게 되는, 그런 문제들이 벌어지잖아요. 그런데 인간이라는 존재는 움직이면 움직일수록 건강해지죠. 모든 기계는 그래서 순간적으로 쓸 때만 정당화되는 것 같아요. 어떤 무거운 것을 들 때나 인력이 부족할 때 포클레인 같은 기계를 쓴다든가 하는 정도. 인간의 노동을 대체하는 식으로 가면 인간은 기계에 의존하게 되어 있어요.

4차 산업혁명은 그리 거창한 것이 아니고, 그냥 스마트폰 혁명이라고 보면 돼요. 스마트폰, 즉 휴대용 인터넷 단말기 안에 세계 전체의 시장이 들어온 거예요. 나아가 스마트폰에 어울리는 시장마저 만들어졌죠. 이제 상품이나 서비스를 사려고 몸소 시장에 갈 필요가 없어요. 가상의 시장에서 결제를 하면 어느 사이엔가 상품이나 사람이 문앞에 도착할 테니까요. 물론 과거 전통시장의 호객 행위도 사이버화돼요. 정치도 경제도 문화도 모두 자극적이고 선정적으로 변화하죠. 그래야 사람들이 스마트폰을 들여다볼 테니까요. 그 자극적인 문자나 영상 사이사이에는 엄청난 광고가 붙죠. 광고의 유혹이 아니더라도 무언가를 구매하려면 다양한 상업 포털 사이트에 접속하는 것이 이미 대다수 사람들의 행동 아닌가요? 스마트폰으로 흡수되지 못한 시장이나 자본은 반대로 도태될 거예요. 스마트폰 사용자에게 검색되지 않는 것은 있어도 있는 것이 아니니까요.

흥미거리와 사이버 금융 그리고 사이버 시장은 서로 시너지 효과를 일으켜요. 스마트폰으로 상품과 서비스를 구매하는 사람들은 스마트폰에서 흥미거리나 필요한 정보를 접하기 쉬워요. 영화관에 가는 사람은 점점 줄어들고 넷플릭스와 같은 OTT 기업이 득세를 하는 것도 이런 이유에서죠. 웬만한 소일거리나 정보는 이제 스마트폰을 이용해 다운로드 받으면 돼요. 점점 더 스마트폰의 사이버 세계는 실재 세계를 대신하게 되죠. 이런 경향이 강할수록, 그리고 심화될수록 우리는 세계를 관조하는 구경꾼이 되고 말아요. 편집된 문자나 영상에 몰두하는 순간, 우리는 실재 세계를 등한시하게 될 거예요. 주변을 둘러보세요. 많은 사람들이 길을 걸으면서 스마트폰을 들여다보고 있지 않은가요? 스마트폰이 알려준 카페를 찾느라 검색되지 않는 정말 근사한 카페는 지나치고 있는 것은 아닐까요?

중요한 사실은 이거예요. 시장이 스마트폰을 통해 지역적 한계를 돌파해 편재하게 되었어요. 시장에 가거나 백화점에 갈 필요가 없죠. 스마트폰을 켜는 순간, 전 세계의 모든 시장이 기다렸다는 듯 내 손 안에 펼쳐지니까요. 이제 우리는 자본주의 상품 경제, 즉 시장으로부터 벗어날 길이 없어요. 스마트폰은 거의 언제나 작동하고 있으니까요. 이제 시장이 스마트폰에 의해 편재하니, 이를 이용해 자본은 다양한 사이버 서비스도 상품으로 출시하죠. 생각해보세요. 스마트폰이 없으면 소카나 타다 같은 운송 중계업이 가능하지 않죠. 차를 가진 기사와 이동이 필요한 손님 사이를 매개해서 돈을 버는 거예요. 이런 걸 4차 산업혁명이라고 떠들면 안 되죠. 그냥 스마트폰이 확장시킨 시장일 뿐이에요. 젊은 친구들한테 앱을 만들어라, 콘텐츠를 개발해라, 크리에이터가 돼라, 용어만 세련되게 변한 것뿐이에요. 4차 산업혁명 다 좋은데, 사실 철학자 입장에서는 혁명도 아니고 뭣도 아니에요. 젊은 세대에게 스마트폰 시장에 뛰어들라는 이야기일 뿐이죠.

○ **스마트폰 경제가 인간과 사회에 미칠 영향이 염려가 되는 상황이네요.**

스마트폰 경제가 발달할수록, 혹은 전자 기계들이 인간의 노동을 대신할수록, 그런 기계나 스마트폰에 익숙하지 않은 노령 세대의 삶은 위축돼요. 주변을 둘러보세요. 인터넷망으로 연결된 터치 패널을 갖춘 전자 기계들이 늘어만 가잖아요. 음식점도 그렇고 기차역도 그렇고, 심지어 은행이나 병원도 그래요. 주문도 티케팅도 예약도, 모두 기계를 거쳐야 해요. 물론 스마트폰 패널을 능숙하게 터치할 수 있는 사람들은 현장의 기계를 만날 필요도 없죠. 하지만 노령 세대는 사회생활이 점점 힘들어져요. 스마트폰뿐만 아니라 키오스크도 낯설기만 하니까요.

자본주의에서는 할아버지가 가진 삶의 지혜가 필요 없어요. 손

시장이 스마트폰을 통해
지역적 한계를 돌파해
편재하게 되었어요.

스마트폰을 켜는 순간,
전 세계의 모든 시장이
기다렸다는 듯
내 손 안에 펼쳐지니까요.

네 번째
만남

주가 할아버지 스마트폰 조작을 가르치잖아요. 아이가 더 잘난 거죠. 그래서 자본주의는 젊은 세대를 좋아해요. 노인들에게 말을 건다는 것은 삶의 지혜를 되묻는다는 거예요. 이 사람이 몇 번의 계절을 느꼈으며, 이 사람이 몇 번의 죽음을 경험했으며, 이 사람이 몇 번의 헤어짐을 겪었는지 아는 거죠. 그래서 물어보는 거예요. 처음 이혼을 앞둔 사람이 '어떻게 하면 좋을까' 하고. 그렇지만 이제 더 이상 젊은 세대는 노령 세대에게 조언을 구하지 않죠. 스마트폰으로 검색하면 되니까요. 블로그도 좋고 유튜브도 좋아요. 수많은 정보를 아주 쉽게 얻을 수 있죠. 문제는 그 정보들이 표피적이고 선정적이고, 심지어 자극적이라는 거예요. 블로거들이나 유튜버들은 고뇌에 빠진 사람들을 유혹해 조회 수를 높이려고 하는 거죠.

4차 산업혁명, 디지털 혁명, 정보 혁명 등등, 혁명이라는 말을 함부로 쓰면 안 돼요. 러시아혁명 초기라든가 파리코뮌 때라든가 갑오농민전쟁 때, 이 억압체제를 멈추겠다는 혁명들이 있었어요. 좋은 사회로 진보하자는 것이 아니었어요. '이 억압을 그치자'는 거였죠. 그렇다고 해서 오해하면 안 돼요. 수렵채집 생활로 돌아가자는 게 아니에요. 갈 수는 없지만 수렵채집 사회 등 전자본주의 사회로부터 여러 아이디어는 배울 수 있죠. 자유인의 정신, 공동체적인 것, 이런 것들은 배울 수 있어요. 그래서《오래된 미래 : 라다크로부터 배우다 *Ancient Futures : Learning from Ladakh*, 1991》같은 책들이 옛날에 유행했었죠. 그쪽이 다 불교 공동체잖아요. 그렇다고 노골적으로 라다크로 들어가면 살기 힘들어요.(웃음) 우기 때는 강이 범람해서 고립되기 때문에 라다크로 들어가기 힘들죠. 강이 다시 얼 때 들어가야 해요. 라다크로 한번 들어가면 나오기 힘들어요. 그래서 보호가 된 거예요. 빼도 박도 못하고 6~7개월 있어야 되니까. 지금은 너무 유명해져서 라다크로 사람들이 많이 찾아가요. 그러면 자본주의가 가만히 있겠어요? 물건도 팔아야 되고 하니까 업체들이 들어서죠. 스페인 산티아고 '순례자의 길'도 마찬가지죠.

어쨌든 4차 산업혁명이든 정보 혁명이든, 이걸 '진보'라고 선전하는 쪽은 자본주의 체제라는 사실이 중요해요. 그 결과를 보세요. 전자 기계들이 인간의 노동력을 빼앗고, 세대 간의 갈등과 단절을 초래했죠. 고용이 늘었다고 체제는 설레발을 치지만, 스마트폰 경제에 시종을 드는 저임금 임시직 노동자들의 수가 는 것뿐이죠. 더군다나 개개인이 스마트폰을 들여다보느라 심지어 가족끼리 서로 마주 보는 일도 힘들어지고 있어요. 피지배계급이 이렇게 깨알처럼 흩어지니 소수의 기배계급은 쾌재를 부를 일이에요. 벤야민은 혁명이 폭주 기관차를 멈추는 것과 같다고 말했어요. 정보화와 네트워크의 확대에 맞서는 혁명적 해커가 필요한 시대예요. 정보화된 자본을 해킹해 잔고를 영으로 만들거나 네트워크를 무력화해서 사람들이 스마트폰이 아니라 꽃과 바위를, 그리고 동료 인간을 바라보도록 만드는 일은 정말 근사하지 않나요?(웃음)

116

게임, 자본주의와 개인주의의 학습장

○ 게임산업이 커졌잖아요. 옛날에는 게임 중독에 대한 비판도 많이 나왔던 것 같은데요. 지금은 게임산업에 대한 비판이 없어지고, 신산업이라고 칭찬 일색이지 않습니까?

과거 오락실이나 게임방도 이제 스마트폰으로 들어온 거예요. 치열한 입시 경쟁에 주눅이 든 학생들에게 일종의 해방구가 되었던 것이 게임이었어요. 현실 세계에서는 일등이 되기 힘들지만, 게임 세계 속에서는 그보다 쉽게 일등이 될 수 있으니까요. 아이러니한 것은 게임에 능숙할수록 학업 등 현실과는 더 멀어진다는 점이죠. 당연히 부모나 선생 등 기성세대는 게임을 하는 아이를 못마땅하게 여겨요. 그래서 아이들은 PC방이나 게임방으로 스며들었던 거예요. 그런데 스마트폰이 대중화되면서 아이들은 더 이상 집 안의 PC나 게임방의 PC를 찾을 필요가 없게 됐어요. 조금만 요령을 배우면 언제 어디서든 스마트폰으로 게임을 할 수 있으니까요.

스마트폰으로 시장을 촉발하고자 했던 자본주의 체제로서 스마트폰 기반 게임산업 발달은 쌍수를 들고 환영할 일이었죠. 더군다나

20세기 후반 게임에 노출되었던 아이들은 이제 성인이 되었잖아요. 그러니 게임에 대한 거부반응도 상대적으로 약해요. 21세기 현재 게임산업은 이제 스마트폰 경제와 분리 불가능한 지경에 이르렀어요. 얼마나 다양한 게임들이 소비되는지 보세요. 자본주의사회에서 누가 이걸 비판해요. 버라이어티가 굉장히 많잖아요. 여성들도 아이들도 즐길 수 있게 아기자기한 게임도 만들고, 고양이 키우는 게임도 만들고, 한글 배우는 게임도 만들고, 전투적인 게임도 만드는 거죠. 심지어 게임 아이템을 사고 파는 시장도 나왔어요. 시간을 투자하고 노력해서 아이템을 모으는 것보다 한꺼번에 사고 팔 수 있게 되면, 게임은 더 이상 단순한 소일거리가 아니라 누군가에게는 시장이 되어버리죠. 시장을 확대하고 심화하려는 자본주의의 탐욕이 무서울 정도예요. 인간이 가지고 있는 온갖 탐욕, 사적인 욕망을 이용하는 거예요. 스마트폰은 기본적으로 음란의 공간이기도 해요. 대중을 지배하는 '3S', 스포츠sports, 섹스sex, 스크린screen이 모두 들어 있잖아요. 거기에 이제 게임이 포함된 거죠. 게임도 'S' 자로 시작돼서 '세임'이라고 하면 좋을 거 같아요. '4S'라고 부를게요.(웃음)

젊은 친구들한테 게임은 무엇보다 중요한 거예요. 자본주의 교과서이기도 하고요. 현실 사회에서는 억압과 지배가 통용되지만 이곳에서는 노력하면 아이템을 얻을 수 있으니, 공정한 세계라는 느낌도 들죠. 자기 노력으로 승자가 될 수 있다는 느낌, 게임의 세계일망정 타인에게 존중과 인정을 받는다는 느낌. 그래서 각오를 다져요.

'일등이 되자, 가장 높은 상위 클래스에 있자.' 게임 세계에는 등급이 있잖아요. 그게 계급이에요. 아이들한테 자본주의 교육을 하는 데 게임 만한 게 없죠. 삶이 게임으로 보일 테니까. 경쟁하고, 알파고처럼 바둑만 두는, 그런 세계를 학습하는 거니까요. 아이들을 그렇게 만드는 거예요. 게임이 스포츠라고 해서 스타크래프트 대회에서 이기면 고액 연봉을 주고, 국제 대회도 만들고 그러잖아요. 자본에 이익이 되면 뭐든 만드는 거예요. 그러니까 게임은 스마트폰으로 상징되는 현대 자본주의의 이윤 체계나 가치관, 정서적인 것, 논리, 쾌감, 이런 것들을 심어주는 연습인 거예요. 물론 연습에 드는 모든 비용은 체제가 부담하는 것이 아니라 자기가 내죠.(웃음)

게임이라는 말의 어원 아세요? 파스칼의 《팡세》에는 무서운 이야기가 하나 나와요. 프랑스에서 근대사회가 발달하고 도시에 부르주아 귀족들이 많이 생기잖아요. 파스칼이 살던 17세기에 상류층 계급의 수가 늘면서, 지금 골프 치는 것과 비슷하게, 나는 귀족입네 하면서 여우 사냥을 즐겼어요. 그런데 여우가 한계가 있잖아요. 여우를 너무 많이 잡아서 거의 전멸하는 상황까지 갔어요. 그래서 어떻게 했냐면 여우 가죽 옷을 입힌 농노의 아이들을 들판에 풀어놓았어요. 그리고는 아이들을 사냥하는 거죠. 그것을 '게임'이라고 한 거예요. '사냥감'이라는 뜻으로요. 농노의 아이들을 출발시키고 개를 풀어서 사냥을 했어요. 그러면 아이의 피가 묻은 여우 가죽을 가지고 오는 거예요. 피 흘리며 죽어간 아이를 데리고 올 수는 없잖아요. 사냥을 도와주는 농노들이 자기들과 같은 계급의 아이들을 근처 땅에 묻어주는 거죠. 그들의 가슴속에는 아마도 피눈물이 그치지 않았을 거예요.

도박판에서 막장으로 가면 손목도 걸고, 집문서도 걸고, 아내도 걸잖아요. 게임장이 거대해진 이유는 카지노와 주식시장을 생각해 보면 알죠. 그 안에 떼로 몰려서 돈을 따려고 혈안이 된 모습들을 보면 알아요. 도박장은 도박꾼들이 몰려들어야 도박이 가능해져요. 수많은 도박꾼들의 돈을 몇몇 사람들 수중으로 몰아주는 거니까. 그런데 결국 이득은 도박장 주인이 보는 거죠. 그게 게임이에요. 아이템을 얻으려고 하는 것과 잭팟을 노리는 것이 뭐가 달라요. 발터 벤야민이 얘기했던 것처럼 합법적 투기가 투자고, 불법적 투자가 투기예요. 그 경계선은 체제가 정하는 거죠. 도박장에 노름꾼들이 몰려들어야 장사가 되는 것처럼 자본가들 입장에서는 주식시장, 부동산시장에 투자자들이 몰려들어야 돼요. 스마트폰 경제가 게임산업을 육성하는 것도 마찬가지예요. 게임을 하려고 스마트폰을 자주 켜야 게임 이용자들이 소비시장이나 금융시장, 혹은 투기시장을 더 많이 그리고 더 자주 접할 테니까요.

○ **담배나 술 같은 경우도 경고문이 붙지 않습니까? 기업에서 술 담배로 피해를 본 사람들을 위해서 기금을 마련하기도 하는데요.**

게임도 그런 게 필요하지 않을까요?

게임을 건드리면 삼성이나 애플도 공격하는 거예요. 언택트^{untact} 시대에 이득을 얻는 산업들이 다 스마트폰과 관련되어 있어요. 그러니까 체제가 게임에 경고장을 붙이지는 않을 거예요. 반면 담배나 술은 스마트폰 경제와 어울리지 않아요. 오히려 그것들은 스마트폰 경제의 성장에 장애가 된다고 할 수 있죠. 담배나 술을 통해 기분을 전환하거나 스트레스를 해소한다면, 그만큼 스마트폰에 접속해 외로움과 우울함을 해소하려는 사람들도 줄 테니까요. 극단적으로 말해서 친구와 술을 마시거나 취한 상태에서 게임을 이용하기는 어렵잖아요. 오히려 상황은 반대로 해석해야 할 거예요. 담배나 술로 가는 길을 막아야 사람들은 게임 같은 소일거리를 찾아 스마트폰의 길로 몰려들 테니까요.

소프트웨어가 없으면 하드웨어가 팔리지 않죠. 컴퓨터가 있으니까 프로그램을 만든다고 하는 말은 맞지 않잖아요. 오히려 새로운 프로그램이 컴퓨터, 특히 스마트폰이란 하드웨어의 발전을 촉진하는 경향이 커요. 사실 새 컴퓨터나 새 스마트폰을 사는 이유는 새로 생긴 프로그램을 작동하지 못하기 때문에 그래요. 그러니까 어떤 '게임을 터치한다'는 것은 '스마트폰 생산 버튼을 누른다'는 것과 같은 말이 되는 거예요. 게임은 쾌감을 이용한 훈육 효과가 있어서 미래 세대 스마트폰을 사용할 수 있는 유저들을 양산하는 데 도움이 되죠. 전통적 자본주의든 스마트폰 자본주의든, 자본주의도 교육이 필요하니까요. 그러니 절대로 자본주의 체제는 게임에 경고문을 붙이지 않을 거예요. 붙여도 일부분에 붙이겠죠. 게임만큼 지속적으로 스마트폰을 켜도록 유혹하는 것도 없으니까요.

스마트폰에 익숙한 디지털 세대, 즉 MZ세대라고 불리는 젊은 세대의 보수성을 생각할 필요가 있을 것 같아요. 스마트폰을 응시하는 시간이 많기 때문에, 그들은 '고독한 개인'일 가능성이 크죠. 게임이 지향하는 공정한 경쟁에 익숙하니, 그들은 경쟁 자체를 거부하기보다는 공정만을 추구해요. 당연히 그들은 경쟁을 유도하는 억압체제의 맨얼굴을 보기 힘들어요. 디지털 쇼핑에 익숙하니, 그들은 명품에 쉽게 노출돼요. 당장은 그 명품을 살 수 없다고 해도 '보관함' 혹은 '장바구니'에 담아두면 돼요. 직접 사지는 않았지만 산 것 같은 느낌이 드니까요. 그리고는 돈을 벌어야 한다고 각오를 다지죠. 보관함에 들어 있는 그 상품을 사기 위해서요. 그들은 조회 수가 높은 기사에 민감해요. 그리고 거기에 자기 입장을 표명하는 댓글을 달고, 자신과 같은 입장의 사람들에 '좋아요'를 눌러요. 고독한 개인이나 무력한 개인이라는 느낌이 가시고 무언가 참여하는 개인이나 연대하는 개인이라는 정신 승리가 가능하니까요. 그들은 카페에서 무언가를 먹기 전에 그 음식을 사진으로 남기고, 매장에 옷을 사기 전에 그 옷을 입고 사진을 찍어요. SNS에 올려 자신의 행복을 과시하고 남의 인정을 받기 위해서예요. 타인의 시선에 연연해하는 만큼 그들은 스스로 욕망하고 스스로 의지하고 스스로 결단하기 어려워요.

앞에서 우리는 살펴봤어요. 전문가, 혹은 특정 스펙으로 취업하는 사람들은 아무리 진보적으로 보여도 자신이 속한 체제에 대해 보수적일 수밖에 없다고요. 자신이 부품으로 들어가 있는 기계가 망가지면 자신도 버려진다는 느낌이 드는 거예요. 마찬가지로 MZ세대도 자본주의 체제에 상당히 보수적이에요. 스마트폰이 외장형 심장이 되어버렸기에, 그들은 스마트폰으로 작동하는 자본주의 체제에 저항하기 힘들어요. 저항하기는커녕 그들은 자본주의적 합리성에 따라 움직이죠. 스마트폰으로 동일한 상품에 대한 가격도 합리적으로 비교하며 가성비를 따지는 것이 그 훌륭한 예가 될 것 같네요. 불행히도 그들에게 그 상품이 필수품인지 사치품인지 고민할 정치·경제학적 감각이 없어요. 자신의 쾌락과 불쾌, 혹은 이익과 불리를 계산하는 벤담적 자아, 이기적인 개인주의가 스마트폰에서 마침내 완성된 셈이죠. 어쩌면 제 말을 반드시 들어야 할 독자들은 지금 MZ세대 아닌가 해요. 동시에 제 이야기를 듣고 불편함을 느낄 독자들도 아마 MZ세대일 거예요.(웃음)

나이 듦, 꼰대 그리고 신제품

○ 이전부터 '꼰대'라는 표현은 많았지만 이것이 최근에는 더 노골적으로 드러나고 있는데요. 자본주의의 흐름과 연결되는 지점이 있을까요?

자본주의사회는 나이 든 사람이 권력이나 재력을 가지고 있지 않으면 배울 게 없는 존재로 만들어놨어요. 기계 조작도 서툴고, 데이터 분석 같은 일들은 젊은 직원이 대신 해줘야 돼요. 권력이 있기 때문에 해주는 거예요. 사실 기계는 초등학교 아이들이 가장 잘 다뤄요. 할머니 할아버지 스마트폰은 손주들이 다 세팅을 해주잖아요. 이 순간 손주들이 우위에 있고 할아버지 할머니는 열등한 위치에 있게 돼요. 권위적인 할아버지 할머니라면 자존심이 상할 일이죠. 어쨌든 할아버지 할머니는 얼마 지나지 않아 손주들에게 다시 아쉬운 소리를 해야 돼요. 새로운 스마트폰이 또다시 출시될 테니까요. 흔히 '꼰대'라는 말은 이런 배경을 전제로 만들어진 것 아닌가요? 최신 트렌드도 모르고 사이트에 들어가서 물건을 주문할 줄도 모르는데, 권력을 가지고 있고 자꾸 가르치려고 들어요. 새로운 사치품을 만들어 이윤을 남기려는 자본주의의 충동은 이렇게 젊은 세대와 기성세대 사이의 갈등을 격화시켜요. 권력과 재력을 갖춘 기성세대가 자본주의의 속도를 따라가지 못할 때, 그리고 과거의 경험을 중시할 때, 젊은 세대는 나이 든 세대를 '꼰대'라고 조롱해요. 물론 여기에는 권력과 재력이 없다는 젊은 세대의 열등감이나 불만도 단단히 한몫을 하죠.

젊은 세대는 자본주의 시스템이 가장 소중하게 생각하는 존재일 수밖에 없어요. TV에서 시청률 높은 시간대 프로그램 광고를 봐봐요. 다 젊은 사람들의 욕망을 자극하는 광고예요. 자본주의 체제가 젊음을 찬양하는 것과 신상품을 찬양하는 것은 같은 맥락인 거예요. 모던modern이란 말은 '새롭다'라는 뜻을 가진 '모데르나moderna'에서 유래한 말이에요. 그러니까 모더니즘은 새로움을 추구하는 경향을 뜻해요. 자본의 생리는 모더니즘 취향인 거죠. 낡은 것은 버리고 새로운 것을 추구해야 한다는 취향을 우리 사회는 끊임없이 각인시키고 있어요. 자본주의는 계속 신제품을 만들어서 사용가치가 다하지 않은 제품을 버리고 새로 사도록 만들어야 하니까요. 산업자본주의가 작동하기 이전 시대에서는 어땠을까요? 낫이 다 닳아서 쓸모를 다했을 때 바꿨어요. 당연히 낫을 다량으로 소유할 필요가 없었죠. 집에 옷이나 신발이 쌓여 있지도 않았어요. 옷이 해지거나 신발이 닳을 때 옷이나 신발을 구하면 되니까요. 대조적으로 자본주의사회에서는 낫이 사용가치를 다하지 않아도 새로운 낫을 구매하도록 해

낡은 것은 버리고
새로운 것을
추구해야 한다는 취향을

우리 사회는 끊임없이
각인시키고 있어요.

야 돼요. 비슷한 사용 용도의 물건이 있어도, 그걸 낡아 보이게 해서 새 제품을 사도록 만들어야 하는 거죠. 대량 생산된 상품을 빨리 팔아야 하니까. 유행을 만들고 전파하는 것이 소비를 선택이 아닌 필수로 만드는 효과적인 전략인 거예요. 그런데 사람들은 유행이 어떤 스타일을 집단적으로 선호하거나 선택해서 만들어졌다고 착각을 해요. 사실은 거꾸로 산업자본이 유행을 만들어서 사람들로 하여금 필요하지도 않은 상품을 소비하도록 만드는 거예요.

그러니까 '새로움'과 '낡음'이라는 시간 관념은 산업자본주의 시대가 만든 거예요. 리오타르Jean-François Lyotard, 1924~1998는 포스트모던postmodern이 모던 다음post에 오는 시대라고 하는 통념을 거부해요. 모던이 계속해서 새로워져야 한다는 강박증적 운동을 전제하고 있기 때문에 포스트모던은 모던을 극복한 것이 아니라고 지적한 거죠. 포스트모던에서 중요한 것은 '모던'이 아니라 '포스트'에 있어요. 자기를 낡은 것으로 뒤로 보낼 수 있어야 진정한 새로움일 수 있는 거예요. 그래서 리오타르가 "어떤 작품도 일단 포스트모던해야만 모던할 수 있다"는 말을 한 거죠. 우리도 부단히 새로움을 강요하는 사회 속에서 살고 있잖아요. 신제품이 나오고, 뒤로 밀어내고, 또 신제품이 나오는 거예요. 우리 시대의 젊은 세대가 세계와 연결되어 있고 소통하고 있다는 것은 신제품을 잘 사용하고 있다는 거예요. 새로움을 강박적으로 좇다보면 나이 든 사람들이 낡아 보이기만 하는 거죠.

지금 젊은 세대들이 살아가고 있는 환경하고 나이 든 세대가 살아온 환경이 다르잖아요. 그 환경이 변했다는 것을 알아야 돼요. 옛날에는 자살까지는 생각하지 않았던 상황에도 지금은 사람들이 쉽게 좌절하고 자살이 아니면 선택지가 보이지 않는 환경에 처했어요. 나이 든 세대도 부끄럽고 미안해야 되잖아요. 다음 세대가 살아갈 수 있는 사회를 만들어놨느냐면, 그러지 못했잖아요. 그러면서 무슨 지적질을 해요. 어디 가서도 미안하다고 해야 되는 거죠. 1997년 IMF 이후에 자본주의적 교육, 스펙 쌓기 교육을 강화하고, 노동자들은 정리해고 하고 기업은 외국 기업에 팔아먹고, 비정규직 하청 노동자로 불안하고 위험한 노동환경에 몰아놓고, 자본 규제를 완화해서 청년들이 배달 노동이나 알바 노동 아니면 일자리도 없는 이런 사회로 만들어놓았잖아요. 그런데 그 전에 대학 다녔던 사람들은 대개 정규직이거나 연금이 보장된 직장에 있잖아요. 그러면서 젊은 세대들한테 지적질을 하면 안 되죠. 우리 때는 어렵다고 좌절하지 않았어, 젊음은 극복이고 도전이고 이겨내는 거야, 이렇게 얘기하면 안 되죠.

나이 든 사람들이 모두 갑질을 하지는 않잖아요. 세대 간 갈등은 유사 이래로 있었던 일이에요. 기성세대의 경험과 젊은 세대의 패기는 항상 충돌했으니까요. 그런데 자본주의 체제가 들어서면서 세대 간 갈등은 더 조장되고 더 심화돼서 적대적으로까지 악화됐어요. 생계 문제에 빠진 젊은 세대는 기성세대에게 모든 탓을 돌릴 수 있죠.

취업이 힘든 것도, 고용이 불안한 것도 모두 기성세대가 자리를 꿰차고 있기 때문이라는 거예요. 젊은 세대는 기성세대도 명예퇴직과 정리해고의 위험에 노출되어 있다는 걸 보지 못해요. 제 코가 석 자니까요. 자본이 노동계급을 착취하는 방법은 일정 정도의 실업률을 유지하고 고용 불안 상태를 유지하는 거예요. 그래야 임금을 억제하고 노동계급을 통제할 수 있으니까요. 결국 젊은 세대는 기성세대에 갖는 불만을 자본주의 체제에 돌려야 해요. 기성세대라는 인식보다는 늙은 노동자라고 보아야 한다는 이야기예요.

불행히도 젊은 세대, 즉 젊은 노동자들은 자본을 공격하기보다 늙은 노동자들을 적대시해요. 늙은 노동자들이 사라지면 자신들이 그 자리에 들어갈 수 있다고 착각하는 거죠. 그러니까 젊은 사람들이 나이 든 사람들을 '꼰대 일반'으로 놓고 바라보게 되는 거예요. 이런 시선은 나이 든 세대의 불행이라기보다는 젊은 세대의 불행이에요. 어떤 사람들의 경험을 간접체험할 수 있다는 것은 소중한 거예요. 그 경험을 통해서 무엇을 하고 무엇을 하지 말아야 할지, 어떻게 해야 할지를 그려볼 수 있잖아요. 그 배움의 기회를 날리는 거예요. 사람은 일종의 텍스트란 말이에요. 좋은 텍스트도 있고 좋지 않은 텍스트도 있어요. 모든 책이 좋은 책이 아니듯이. 그런데 그 텍스트를 활용하지 않는다면 인생이라는 여행길을 안내서 없이 걷는 것과 같죠. 여행서를 읽어보고 좋아 보이는 여행지도 고를 수 있고, 그곳에서 느낀 생각과 경험이 나와 어떻게 다른지 비교할 수도 있잖아요. 앞 세대의 역사를 알지 못하면 황망한 경우를 많이 겪을 수 있어요. 그러니 기성세대의 경험을 부정하는 것은 젊은 세대에게는 굉장히 불행한 일이죠. 역사를 꼰대라고 얘기할 수는 없잖아요. 청산해야 할 부끄러운 역사도 있지만, 기억해야 할 역사도 있어요. 선생이라는 존재도 그런 거죠.

꼰대와 관련된 이슈에서 피해를 보는 것은 젊은 세대예요. 젊은 세대가 과거 기성세대와 다르다고 주장을 하면 할수록 자본주의 세대에 포획되는 것이고, 자기들이 가장 모던하고, 세상과 소통하고, 트렌드를 정확하게 안다고 생각을 하는 거예요. 그런데 그 흐름을 조장해서 신상품을 만들어 파는 게 자본주의예요. 지금 이 시스템에서는 인간적 유대라든가, 인간적 교훈들은 사라지는 거예요. 그리고 그 자리에 새로운 자본가가 들어가고, 새로운 노동자가 들어가는 거죠. 젊은 세대의 불만이나 고뇌를 잘 알지만, 저는 그들을 위로하는 글을 쓴 적은 없어요. 젊은 노동자지만, 곧 늙은 노동자가 될 사람들로 보이기 때문이죠. '청년들에게 고함', 그런 글들은 한 번도 쓴 적이 없어요. 뭘 고해요, 고하기는.(웃음) 내가 봤을 때 지금의 우리나 일제강점기 경성 시내를 싸돌아다녔던 '모던뽀이'들이나 다 똑같아요. 초기 자본주의 시대 경성 지식인들이 북적대는 미쓰코시 백화점에서 물건 사고, 자기가 마치 진열된 상품처럼 번쩍대는 양 돌아다니고, 그리고 거기 옥상에서 이상李箱, 1910~1937처럼 '날자, 날자, 한 번만 더 날자꾸나' 하고 탈주하는 놈도 있는 것처럼……. 그때하고 지금하고 겉보기에 트렌디한 것은 좀 변했지만, 신상품을 강조했던 자본주의 메커니즘은 똑같아요. 자본주의는 매번 새롭게 변하는 것으로 유지되는 유일한 체제예요. 자본주의의 전대미문성은 거기에 있어요.

○ **말씀하신 것처럼 세대 간에 서로 인정하지 않는 부분이 있고, 생산적인 논쟁도 거의 사라져버린 것 같은데요.**

배우고 가르치는 관계는 논쟁하는 관계가 성립할 때 의미가 있어요. 일방향으로 어떤 사람은 가르치고, 어떤 사람이 배운다면 그들 사이에 어떤 논쟁이 벌어져도 의미가 없는 거예요. 선생이 아이를 가르치면서 배우기도 하는 것이고, 아이도 선생에게 배우면서 가르치는 거잖아요. 사실 건강한 논쟁은 그런 상호적인 관계가 지속돼야 가능하죠. 좋은 선생님들은 항상 자기가 제자들한테 배운다고 하잖아요. 《한 공기의 사랑, 아낌의 인문학》도 강연만 하고 질의응답 시간이나 대화하는 시간이 없었다면, 쓰이지 않았을 거예요. 그래서 '머리말'에 이렇게 썼잖아요.

"강연은 강연만으로 끝나지 않는다. 특정 주제의 강연이 끝나자마자 진정한 강연이 시작된다. 바로 대화의 시간이다. 질의응답 시간, 책에 사인하는 시간, 또는 사진 촬영 시간이 내게 더 긴장감을 주는 것도 이런 이유에서다. 강연에 참석한 분들은 한 사람당 채 3분을 넘지 않는 이 아주 짧은 틈을 놓치지 않고 자신의 고뇌와 의문을 쏟아낸다. 삶, 사랑, 행복, 인간관계와 관련된 아주 구체적인 질문들, 어떤 식으로든 해결해보려 했으나 개운치 않았던 애절한 질문들이다. 철학, 정치, 혹은 역사 등 거대하고 추상적인 주제에 대해서 이야기했던, 방금 마친 강연이 무색해지는 순간이다. '무언가 잘못되었다!' 그들의 애절한 마음은 이렇게 표현될 수 있다. (……) 지금까지 내가 썼던 많은 철학책들, 우리 이웃을 위해서 썼다는 철학책들은 표적을 맞추는 데 실패했던 것일까?"

마지막에 던진 질문의 문제의식이 그거예요. 항상 하는 질문이고요. 인간관계에 대한, 사랑과 자유에 대한 것들이 이웃들의 삶에 적중하고 있는지 점검하는 거예요. 사람들이 던지는 질문들을 통해서 저도 배우는 게 많아요. 내가 고민하지 않았던 문제를 던져주는 것이 선생이잖아요. 그러면 그들이 선생이고 나는 학생이 되는 것이고, 내가 또 그것을 고민하면서 또다시 선생이 되고 학생도 되는 거예요. 경험한 사람과 아직 경험하지 않은 사람, 나이 든 세대와 젊은 세대들이 서로 그렇게 가야 되는 거죠. 그런 관계를 맺을 수 있어요. 애정이 전제가 된다면요.

모든 것이 가능하지만, 모든 것이 불가능한

○ 2016년 이세돌과 알파고의 대결이 인류에게는 충격적인 사건이 었어요. 바둑 같은 게임은 인공지능이 당분간 이길 수 없다고 예상했고, 이세돌 기사도 인터뷰에서 자신이 진다고 생각하지 않는다고 말했는데요. 실제로 붙어보니까 알파고가 이겼어요.

인간이 기계에게 진 것이 아니에요. 단지 바둑을 진 거예요. 연애에서 진 것이 아니고, 산책에서 진 것도 아니에요. 알파고는 연애도, 산책도, 그리고 농담도 못 하잖아요. 그저 바둑만 둘 뿐이지. 자본주의사회에서 인간들을 기계처럼 부품화하고 분업화해서 전문가로 만들었잖아요. 전문가의 논리에서는 기계를 따라가지 못하죠. 당연한 거예요. 알파고는 자본주의가 강요하는 모델과 같아요. 정확하게 계산하고 빠르게 처리하고……. 바둑을 질 것 같으면 고민하지 말고, 바둑판을 뒤엎으면 돼요. 알파고는 못 하는 거죠. 잠깐 화장실 갔다가 온다고 하면서 바둑판을 엎는 일 말이죠.(웃음) 왜 알파고에 진 것이 이슈가 되는지 아세요? 자본주의가 요구하는 전문가가 되어야 한다는 강박관념 때문이에요. 우리는 기계만큼 합리적이고 신속하

자본주의는
가능성만은 줘요.

부르주아사회의 특징은
이론적으로
모든 것이 가능하지만,
현실적으로는
불가능하다는 거예요.

고 정확하지 않구나, 결국 기계만이 전문가가 되고 우리는 아무리 노력해도 전문가가 될 수 없구나, 결국 기계가 우리를 대신하겠구나, 뭐 이런 절망감을 갖는 거예요. 인간은 전문가가 되어서는 안 돼요. 하나의 분야만 잘하고 수많은 분야에 미숙하다면 우리는 불구가 되는 거예요. 컴퓨터만 잘 다루고 다른 일, 예를 들어 음악 감상이나 연애, 음식 만들기를 못하는 사람을 생각해보세요. 얼마나 매력 없는 사람인가요. 알파고는 바둑 전문가의 극단적인 형태일 뿐이에요. 바둑 전문가하고 싸우고 있는데, 답이 없는 거죠.

○ 사람이 자동차보다 느리다고 해서, 포클레인보다 삽질을 못한다고 해서 열등감을 느낄 필요는 없듯이요.(웃음)

그런 일로 설레발치는 것을 보면 철학자 입장에서 황당해요. 아무런 논쟁거리도 되지 않아요. 우리가 기계나 컴퓨터와 같다, 판단 잘하고 전문가 같다, 아까 얘기했잖아요. 수 하나 하나로 기억하는 것이 뭐예요? 이건 손해고 저건 이득, 자본주의적 인간을 모델화한 것이 컴퓨터예요. 한 수 한 수마다 계산을 하는 거죠. 거기에 다른 가치는 없어요. 바닥에는 기계가 우리를 대신할 거라는 두려움이 있는 거예요. 기계와의 노동력 싸움에서 내가 질 거라는 생각이 있는 거죠. 찰리 채플린Charlie Chaplin, 1889~1977의 〈모던 타임즈Modern Times, 1936〉

를 보면 컨베이어벨트에서 나사 조이는 노동자가 나오잖아요. 점점 속도가 빨라져서 나중에는 노동자한테 밥까지 먹여주는 기계가 나와요. 어떻게 하면 노동자에게 화장실 가는 시간과 밥 먹는 시간을 빼앗고, 어떻게 하면 기름만 넣으면 움직이는 기계처럼 만들까, 이런 거잖아요. 그러다가 망가져서 기계처럼 움직이고, 정신병원에 보내지고, 감옥에도 갇히고, 풀려나서 연애도 하지만 계속 길거리로 내몰리잖아요. 찰리 채플린이 나중에 매카시 광풍이 일 때 공산주의자로 몰려 쫓겨난 이유가 있어요. 자본주의를 그렇게 비판했으니……. 재밌는 건 레닌이 테일러 시스템Taylor System 전문가를 소련으로 데리고 온다는 거예요. 복잡한 분업 체계와 전문가 시스템으로 노동자에게 더 많은 노동력을 착취하려는, 한마디로 노동자 한 사람 한 사람을 알파고처럼 전문가로 만들어 생산성을 높이려는 생산관리 체제가 테일러 시스템이에요. 그러니 제도권 사회주의국가에서 인간의 해방을 이야기한다는 건 어불성설이죠. 제도권 사회주의국가는 그저 국가독점자본주의 체제였을 뿐이에요.

○ 그러면 어차피 기계가 사람을 능가하는데 사람이 바둑 두는 것이 무슨 의미가 있을까, 하는 질문을 할 수 있을 텐데요. 자동차가 훨씬 빨리 달리는데도 달리기 잘해서 선수가 되면 굉장한 명예와 부를 얻을 수도 있잖아요.

인간적인 가치가 스타라는 시스템이나 모델 형태로만 남아 있는 거예요. 모든 동네 아이들이 축구를 했던 시절이 아니라 축구를 구경하는 흐름으로 가는 거고요. 대신 자본주의는 가능성만은 줘요. 부르주아사회의 특징은 이론적으로 모든 것이 가능하지만, 현실적으로는 불가능하다는 거예요. 누구나 대통령이 될 수 있지만, 현실적으로 되는 사람은 없어요. 억울하면 소송을 걸 수 있지만, 시간이 굉장히 많이 걸리고 해결도 힘들어요. 오히려 소송의 절차 자체가 이길 수 없는 게임이기도 해요. 가난해서 유명 로펌을 쓰지 못하는 사람들한테는. 유리천장glass ceiling에 부딪히는 거죠. 옛날에는 위에서 무슨 일이 일어나는지 몰랐는데 지금은 보이기는 해요. 그런데 막상 올라가려고 하면 못 올라가요. 이게 자본주의사회예요. 모든 게 가능해 보이는데, 정작 할 수 있는 게 없어요. 세계일주도 할 수 있고, 많은 부를 축적할 수도 있고, 요트도 살 수 있어요. 돈과 시간만 있으면. 이론적으로는 가능한데 현실적으로는 불가능해요. 그게 모든 문화, 정치, 생활을 지배해요.

유리천장의 문제는 여성들에게도 적용이 돼요. '그럼에도 불구하고' 노력하면 된다고 얘기를 하고 있는 거죠. 이걸 받아들이면 부르주아적 인간이 되는 거예요. 그리고 내 탓을 하는 거죠. 더 열심히 연습했어야 되는데, 하고.(웃음) 그리고 프레임을 좁혀요. 전문가라는 논리로 보잖아요. 전문가가 된다는 것은 다른 분야는 젬병이 된다는 거예요. 그러면 사회나 체제에서 벗어나지 못해요. 그래서 전문가가 많아지는 사회에서 노숙자가 생겨요. 어떤 한 분야를 제외하고는 할 수 있는 일이 없는 사람, 어떤 전문가가 있다고 해보죠. 이 사람은 해고되는 순간 할 수 있는 일이라고는 없어요. 그러니 노숙자가 되는 거예요. 옛날 농경사회에는 노숙자가 나온다는 건 불가능했죠. 모든 일을 두루두루 잘했으니까요. 대도시 생활에서 노숙자가 나온단 말이에요. 전문가가 된다는 것은 스스로 기능적 절름발이가 되는 거예요. 하지만 자본주의 체제는 효율적인 착취를 위해 우리를 유혹해요. 인간적 불구, 즉 전문가가 되면 더 부유해진다고요. 그래서 우리는 스스로 체제의 작은 부품이 되려고 해요. 그래서 대학에 들어가고, 전공을 선택하고, 학위를 받는 거잖아요. 분업의 논리는 굉장히 위험한 논리예요. 이것을 어떻게 없앨까, 하는 것도 우리가 고민해봐야 돼요.

뭐든 할 수 있죠, 열심히 하면. 그런데 나머지는 포기해야 되는 거예요. 자기를 부품화하면 그 부품이 꽂혀 있는 전체에 대해서는 보수적일 수밖에 없죠. 그 전체가 변한다든가, 아니면 버려지거나 하면, 그에 따라 부품도 쓸모가 없어질 테니까요. 전문가들, 나아가 직장인들이 근본적으로 보수 성향을 띠게 되는 것도 이런 이유에서죠. 분업에 길들여진 사람이 분업 체계를 옹호하는 거예요. 대부분의 사람들이 그에 맞춰서 아이들을 키우고 있어요. 나머지 것을 버리고 전문화되면 될수록 너는 회사에 잘 팔릴 거야, 라고 강요하고 그렇게 믿으면서 말이죠.

바둑은 돌 가지고 하는 놀이고, 축구는 공을 가지고 하는 놀이예요. 공놀이로 먹고 사는 것에 대해서 고민을 해봐야죠. 노래를 하는 가수나 연기를 하는 배우도 마찬가지예요. 가장 잘해서 스타가 되어야 하죠. 그런데 바둑계에서, 축구계에서, 연예계에서 정말 최고의 스타가 되려면 다른 많은 것을 희생해야 돼요. 그래서 스타가 되면 스스로 불안해하죠. 바둑을 잘 두지 못하면, 축구를 잘하지 못하면, 인기가 떨어지면, 생계마저 위태로워질 것이라는 불안감이 들게 돼요. 나이가 들면 총기도, 신체적 능력도, 섹시한 젊음도 사라지죠. 스타라는 절정에서 추락하자마자, 그들은 대중들로부터 버려져요. 그리고는 지금까지의 삶을 되돌아보겠죠. 톨스토이를 읽거나 여행을 다닌 적이 없고, 친구하고 갈등한 적도 없고, 그것을 해결한 경험도 없고, 내가 도움을 준 어떤 사람이 행복해하는 모습을 본 적도 없고, 바위에 앉아서 구름을 바라보거나 시냇가에 발 담그고 간지러움을 느껴본 적도 없이 올인을 했어요. 어떤 분야에서 최고의 스타가 되려는 경쟁만 했던 거죠. 전문가의 논리, 특화된 논리에 속지 말아야 돼요. 내가 알파고나 AI 같은 사람이 되면 이 사회에서 버려지지 않을 거라는 느낌이 있잖아요. 그 느낌 때문에 아이든 어른이든 경쟁하고 시기하고 질투하는 거니까요. 그렇지만 잊지 마세요. 전문가만 되면 삶이 부유해지고 안전하리라는 느낌은 착각이라는 사실을. 오히려 사정은 반대라는 것을요.

다섯 번째

'작은 자본가'들의

세상

만남 지승호
묻고

 강신주
답하다

경쟁은 그만했으면 좋겠어요. 하루에
한 번쯤은 산책을 한다든가, 음악을 듣는
시간을 갖는다든가, 스마트폰 들여다보는
대신 사람들 얼굴 한 번 더 들여다보는,
이런 것에서부터 출발을 하는 거죠.

'작은 자본가'들의 세상   143

한 명의 승자, 그리고 다수의 패자

○ 보수는 선거 때가 되면 마치 배우자에게 가짜 반지를 사 가지고 와서 '여보 사랑해, 앞으로 잘해봅시다' 하는 식인데, 처음에는 속았다가 나중에 알고는 등을 돌리게 되잖아요. 그런데 진보는 '여보, 명품 가방 하나 갖고 싶어' 하면 '당신 속물이야? 세상이 이런데 명품 얘기를 해' 하고 혼을 내요. 처음에는 맞는 말이어서 주눅 들었는데, 알고 보면 자기는 명품 시계 차고 다니고, 비싼 음식 먹고 다니는 식이에요.(웃음)

거칠게 말해서 우리 시대 진보가 '공동체주의'에 기반한다면, 보수는 벤담적 '개인주의'를 따르고 있다고 할 수 있죠. 윤리적으로 말한다면 진보가 이타주의에 가깝다면, 보수는 이기주의에 입각한다고 할 수 있어요. 문제는 최근에 진보를 표방하는 인사들이 권력 중심부에 들어가면서 자신의 맨얼굴을 드러냈다는 데 있죠. 평소 그들이 주장했던 공동체주의나 이타주의는 그들 자신의 개인적 이익을 도모하기 위한 수단에 지나지 않았던 거예요. 지금 우리 사회에서 진보는 대부분 진보적이지 않고 '진보팔이'였던 거죠. 진보를 팔아서 권력과 자본을 추구했으니까요. 권력과 자본은 민주적 공동체에게 있어서, 혹은 민주적 연대에 있어서 암적인 계기죠. 권력과 자본을 독점한 소수는 몸소 노동하지 않고도 호의호식할 수 있어요. 결국 권력 수단과 생산수단을 다수 노동계급에게 돌려주지 않는다면, 아무리 진보를 떠들어도 그것은 진보일 수 없어요. 바로 이것이 진보의 상징 마르크스의 생각이기도 했고요.

생산수단을 독점하면 그것이 땅이든 공장이든 자본이든, 어떤 노동도 하지 않고 호의호식할 수 있어요. 생산수단을 빼앗긴 생산자들은 소작농이나 노동자로 전락해 생산수단 독점자를 부양할 테니까요. 이것이 마르크스가 1895년 〈고타강령 비판Kritik des Gothaer Programms〉을 통해 주장한 내용이에요. 그래서 진보를 표방했던 20세기 제도권 사회주의국가들, 소련과 중국 그리고 북한 등의 나라도 진보적인 사회와는 거리가 멀죠. 국가기구와 관료들이 생산수단을 독점했으니까요. 마르크스의 정의는 혹은 진보는 노동하는 사람만이 생산수단을, 예를 들어 농민만이 땅을, 그리고 노동자만이 공장을 가져야 한다는 거예요. 그래야 억압과 착취가 사라지니까요. 역사를 생각해보세요. 귀족과 왕족은 일을 하지 않잖아요. 유사 이래로 변하지 않았어요. 노동을 통하지 않고도 자본이 증식된다면 사람들이 일을 하려고 하지 않죠. 좋은 집에서 살면서 음식은 배달시켜 먹거나 가사 도우미를 쓰면 돼요. 마르크스를 진보 사상의 대부라고 본다면, 지금 우리 사회에서 진보라고 흔히 얘기하는 사람들 중 마르크스주의자가 정말 있을까요?

국가의 탄생과 함께하는 거대 문명에서는 모두 억압이 있었어요. 생산수단을 폭력적으로 독점했기에 고대국가는 다수의 노동계급을 동원할 수 있었어요. 동원이 가능하다는 것은 억압체제가 존재한다는 거예요. 그래서 벤야민이 "야만의 기록이 아닌 문화의 기록이란 결코 없다"는 얘기를 한 거죠. 국가가 탄생한 이래 전자본주의 시대든 자본주의 시대든 다르지 않아요. 타율적 복종이냐, 아니면 자발적 복종이냐의 차이만 있죠. 피라미드를 만들던 시대에는 노예가 도망갈 궁리는 할 수 있었어요. 지금은 돈이 없으면 살 수 없도록 훈육이 됐잖아요. 그래서 도망갈 생각도 못 하고 어떻게 하면 해고 당하지 않을까를 궁리하죠. 야근도 서슴지 않고 상사가 괴롭혀도 참아내요. 심지어 산재가 발생한 회사나 공장에 기꺼이 취업하려고 해요. 목구멍이 포도청이니까요. 노동자가 불타 죽은 자리에 또 다른 노동자가 들어간다고요. 그게 야비한 거예요. 어떤 노동자가 그 자리에 들어가기를 거부할 수 있겠어요. 옛날에는 억압자로부터 도망을 치기라도 했는데, 지금은 도망치려고 하지도 않아요. 전 세계 어디나 거의 모든 생산수단은 이미 누군가에 의해 독점이 되어 있으니까요. 진보를 표방하는 어떤 사람도 이런 얘기를 하지는 않아요. 사회주의와 마르크스를 얘기하고 진보를 자처하는 사람이 사모펀드에 투자한다고요? 말이 안 되죠.

한국의 진보 정당이나 혹은 중도 정당에서 활동하는 진보 인사들은 생산수단 독점이나 정치 수단 독점 문제를 언급조차 하지 않아요. 최소한 그들은 이제 정치 수단을 독점하고 있으니까요. 이를 통해 그들은 조용히 생산수단, 즉 자본의 증식을 도모하죠. 그들 옆에는 진보와는 아예 담을 쌓고 살았던 정치적 야심가들이 모여 있어요. 공천만 받으면 언제든 보수 정당에 발을 들일 사람들이죠. 진보 정당, 중도 정당, 혹은 보수 정당 옆에는 엄청난 수의 관료들이 있죠. 진보를 팔아서 사욕을 추구하는 진보 정치가들처럼 그들은 공공성 publicness을 팔아서 자신의 안위를 도모해요.

관료들 대부분도 신분을 보장해주니 공무원이 된단 말이에요. 그 사람들에게 공공적인 것을 어떻게 요구를 해요? 자기는 안정적이겠다는 거잖아요. 나치 정권의 공무원들은 나치 체제를 지탱하고, 스탈린 체제는 관료주의 국가였어요. 어떤 정권이 들어서면 관료 수를 늘리는데, 관료들이 주어진 체제에 대해 보수적이니까요. 공무원들이 부동산 투기를 한 'LH 사태(한국토지주택공사 직원 부동산 투기 사건, 2021)' 같은 것들이 왜 생길까요. 국가권력에 편승해서 공공의 것을 수탈한 거예요. 원래 경제적 안정을 도모하려고 공무원이 되었으니, 적극적으로 정책 정보를 이용해 이익을 도모하는 행위는 한 발짝만 디디면 충분히 일어날 수 있죠.

중세시대에도, 왕조시대에도 관료가 있었어요. 공복公僕, 퍼블릭 서번트public servant라는 말이 있잖아요. 대의민주주의 시대에 등장한 용어예요. 대통령이나 국회의원 등을 국민의 투표로 뽑게 되니, 관료들도 그에 맞게 자신의 지위를 국민을 섬기는 종이라고 포장한 거예요. 그렇지만 왕조시대든 독재 시대든, 아니면 대의민주주의 시대든 그들의 진정한 주인은 국민이 아니라 봉급을 주는 사람이죠. 김남주 시인이 〈어떤 관료〉라는 시에서 말한 것처럼 "관료에게는 주인이 따로 없"어요. "봉급을 주는 사람이 그 주인"이에요. 그러니까 일제 때 면서기를 한 '어떤 관료'가 미군정 때는 군주사, 자유당 시절엔 도청과장, 공화당 시절엔 서기관을 하고, 민정당 시절에 청백리상을 받을 수 있는 거죠. 그 관료가 그렇게 될 수 있었던 이유는 단지 '근면 성실'했기 때문이에요. 한나 아렌트^{Hannah Arendt, 1906~1975}가 《예루살렘의 아이히만^{Eichmann in Jerusalem, 1963}》에서 얘기하는 것처럼 수백만 명의 유대인을 학살한 아이히만도 평범한 이웃집 아저씨와 다름없었고 근면 성실한 관료였어요. 아렌트는 아이히만이 저지른 죄는 '철저한 무사유^{sheer thoughtlessness}'가 근본적인 원인이었다고 말해요. 사유한다는 것은 타인의 입장에서 생각하고 판단하는 건데, 그게 부재한 거예요. 그들은 한 번도 공복이었던 적이 없었던 거예요.

○ '아직도 배가 고프다'고 말하는 공복 아닌가요?(웃음)

그런 농담 좀 하지 말아요. 늙었다는 소리 들어요.(웃음) 아무튼, 매번 강조하는 말이지만 일하는 사람들이 생산수단을 가져야 돼요.

수렵채집 경제에서는 지배 관계나 수탈 관계가 생기지 않아요. 이런 억압적 관계는 농업경제에서 발생해요. 농사를 지으려면 비옥한 땅이 필요하죠. 압도적 힘을 가진 자가 그 땅을 독점하면, 농사꾼은 계속 농사를 짓기 위해 그에게 세금을 내요. 이렇게 해서 국가가 탄생한 거예요. 기원전 3000년경의 일이죠. 땅이라는 생산수단을 독점해서 일하지 않고도 호의호식하는 지배계급이 탄생한 거예요. 물론 농사꾼은 비옥한 땅을 떠나 척박한 곳에서 농사를 지을 수 있죠. 그럼 뭐하겠어요. 곧 국가기구가 들이닥쳐 그 척박한 땅마저 빼앗을 텐데요.

들뢰즈의 핵심 대립이 정주민과 노마드nomade, 유목민이에요. 유목민에 대해서 강조하고, 유목민론Nomadology을 얘기한 이유가 그거예요. 정주민, 즉 농사꾼은 땅을 떠날 수 없으니, 땅을 독점하면 그들을 지배할 수 있죠. 반면 땅이란 생산수단에 의존하지 않으니 유목민을 국가는 지배할 수 없는 거예요. 억압하고 착취하려고 하면 유목민들은 아주 멀리 도망가면 되니까요. 문제는 21세기 현재 유목민은 거의 불가능하다는 거예요. 지구 전체가 모두 어떤 국가의 영토로 분할되었고, 자본은 세계화라는 논리로 거의 모든 국가를 관통하고 있으니까요. 결국 인류 역사는 유목민이 정주민화되는 역사였던 셈이죠. 간혹 현존하는 시스템이 싫다고 해서 지방이나 산에 가서 공동체 농경생활을 이끄는 사람들이 있잖아요. 대안이 아니에요. 땅의 소유주가 누구냐로 결정이 나잖아요.

농경사회나 산업사회나 생산자가, 즉 노동계급이 생산수단을 갖지 않으면 억압이 생길 수밖에 없다고 보면 돼요. 그래서 진보의 공식은 '생산하는 사람이 물적 생산수단 갖기'예요. 겉으로는 자유로워 보여도 지금 사회도 여전히 억압사회죠. 빵집 하나도 그렇게 만들잖아요. 자본을 가지고 빵 굽는 사람들을 고용하는 거예요. 가게라든가 오븐이라든가 하는 자본을 자기가 공급했다는 이유만으로 더 많이 가져가는 거죠. 이 자본주의 구조가 그렇게 유지되고 있어요. 아주 작은 곳에서도 그런 일이 벌어지잖아요. 학생들이 아르바이트하면서 뭘 배울까요? 아르바이트생은 노동력을 공급하고, 사장은 자본을 공급하는 거고, 그래서 분배를 하는 거예요. 더 많은 임금을 줬다고 해서 공정한 분배가 아니에요. 장사가 잘되면 노블레스 오블리주noblesse oblige 차원에서 더 줄 수 있지만, 나빠지면 어떻게 할 것 같아요? 직원부터 잘라요. 그것은 어디든 마찬가지예요. 아주 세밀한 곳에서도 자본주의적인 불공정한 구조가 작동하고 있고, 대기업에서는 더 크게 작동하잖아요.

얼굴을 보면서 해고하는 것은 힘들어요. 레비나스Emmanuel Lévinas, 1906~1995라는 철학자가 얼굴의 형이상학, '타자의 얼굴face of the Other'에 대해 이야기를 하거든요. 그건 뭐냐 하면 그 사람 얼굴을 보고 총질을 해봐라, 얼굴 보고 해고를 해보라는 거예요. 거대 기업들은 그렇게 하지 않죠. 통계를 보고 해고를 결정해요. 그리고 해고 통고는 다른 사람을 시키든가, 아니면 메일이나 카톡으로 하면 되죠. 얼굴

볼 일이 없는 거예요. 해고가 불가피한 이유는 구조적이에요. 인건비를 아껴야 되니까. 전체 자본의 구조가 부채잖아요. 주식시장이든 은행이든 자금을 끌어들여 그걸 자본으로 이용하니까요. 한 기업의 부채가 몇 백 퍼센트 이상 된단 말이에요. 현금 유동성의 문제가 생기면 해고부터 하는 거예요. 정리해고를 줄이는 방법은 단순해요. 기업 부채 비율을 보유한 현금의 두 배 이상 쓰지 못하게 만들면 정리해고가 일어나지 않아요. 그게 높으니까 일어나는 거죠. 부채가 있으면 이자를 갚아야 되잖아요. 대출을 받아서 오든 투자를 받아서 오든 매번 빚을 갚아야 되고, 경기가 나빠지면 대출 이자를 못 갚아요. 그러면 정리해고를 해서 현금을 확보해야죠.

한 가지 더 지적해야 할 것이 있어요. 환경과 사회를 돌봐야 한다는 담론이 시끄럽게 번지고 있어요. 매연과 폐수를 배출하는 공장들이 주변에서 사라지고 있어요. OECD 국가다운 행동이지만, 사실 환경 파괴의 모든 부작용을 제3세계와 자연에 전가하고 있을 뿐이에요.(웃음) 우리가 가진 물건들을 보라고요, 어디에서 온 건지. 과연 그들의 임금이 우리 임금보다 높아서 자본이 거기에다 공장을 만들었을까요? 어디에 공장을 짓겠어요? 당연히 규제가 적은 데 짓죠. 규제가 많으면 단가가 올라가니까. 그러면서도 한국을 포함한 OECD 국가들이 모여서 지구 환경을 보호해야 한다고 떠들어요. 19세기부터 20세기까지 했던 방식을 똑같이 반복하고 있는 제3세계 국가들한테 '그런 방식으로 하면 안 된다, 환경을 지켜라'라고 하죠. 그러면 거기 물건 값이 올라가잖아요. 그러면 이쪽 자본이 가격 대비 경쟁률이 생기잖아요.

　간혹 가다가 진보를 표방하는 사람들이 자기들이 살지도 않는 집을 하나 더 가지고 있으면서 임대료를 얻어서 생활을 한다고 해요. 그러고선 다들 그렇게 산다고 얘기를 하잖아요. 노동을 하지 않았는데도 수익이 생긴다면, 그건 다른 누군가의 노동을 착취한 거예요. 임대료의 경우는 물론 주거가 불안한 사람들로부터 착취한 거죠. 작은 자본가고 작은 지주인 거예요. 그래서 속상하고 이런 사람들하고 만나고 싶지도 않아요. 큰 집에서 사는 건 상관이 없지만, 대신 집으로 임대료를 받으면 안 돼요. 그런데요, 집이 없는 사람들이 많잖아요. 간혹 월세 등을 받아서 노후를 유지하는 할아버지 할머니가 있죠. 이 경우는 조금 난감해요. 가족공동체가 와해되어서 돌봄이 필요한 분들이지만, 이것이 자본주의적 방식으로 이루어지니까요. 이런 서글픈 경우가 아니라면 진보를 표방하는 사람들은 부동산 투기나 주식 투자 등으로 이윤을 얻으려고 해서는 안 돼요. 자본가처럼 지주처럼 살면서 어떻게 노동계급을 아낀다고 떠들 수 있나요?

노동이 존중받는 사회를 위해

○ **좌파는 무엇을 지향하는 사람들이어야 하나요?**

공동체적 가치예요. 그러니까 막말로 예수랑 부처랑 비슷한 생각을 하는 사람들이 좌파예요. 노동자들이 아프니까 함께하려고 하는 거예요. 그들을 이용해서 권력을 잡고 유지한 레닌이나 스탈린 같은 경우가 좌파가 아닌 이유가 거기 있어요. 생산하는 사람들한테 생산수단을 주지 않았죠. 우리는 진보적이었던 적이 없어요. 그리고 많은 사람들이 마르크스를 떠들지만 진정한 마르크스주의자가 있을까요? 앞에서 얘기했듯이 지주와 소작농이 없는 사회에서는 억압이 생기지 않아요. 결국 좌파라면 생산수단 독점에 반대해야 해요. 여기서 한 가지 생각해야 할 것이 있어요. 생산수단을 독점해서 먹고사는 사람과 생산수단이 있어도 노동력이 약해 다른 사람의 도움으로 먹고사는 사람…… 전자가 억압사회의 지배계급, 즉 강자라면, 후자는 공동체가 돌봐야 하는 약자예요. 노동을 하지 않으면서 먹고사는 사람들이 약자라면 좋은 사회지만, 그들이 강자라면 부도덕하고 정의롭지 않은 사회죠.

좋은 사회는 자신이 생산한 것으로 노동하기 힘든 약자를 돌보는 사회예요. 당연히 이런 사회에서 노동자들은 존중을 받죠. 노동이 단순한 상품이 아니라 약자를 돌보는 힘이니까, 노동이 존중을 받아요. 역설적으로 말해서 노동하지 않아도 먹고살 수 있는 약자들이 있고, 그들이 우리 사회에 고마움을 느끼는 사회였으면 좋겠어요. 그런데 너무 많이 고마워하지 않는 사회였으면 하고요. 그 사람들이 젊었을 때 가난한 아이나 노인들을 돌봤던 사회였기 때문에 그래요. 내가 살아가고 있는 사회에게, 미래 세대에게 내가 노동한 대가, 내가 다 먹지도 못할 것들을 맡겨뒀던 거예요. 그것이 나중에 돌아오는 거죠. 높은 적립금을 부어서 나중에 받아먹으려는 것과 다른 거예요. 애초에 모든 보험은 공동체가 와해되어야 하고, 공동체가 돌보지 않아야 성립이 돼요. '자식들이 당신을 돌보는 시대는 지났어요. 스스로 노후를 관리하세요' 이렇게 홍보해야 돼요. 개인들을 깨알처럼 흩어지게 해서 내가 아파도 도와주는 사람이 아무도 없을 것이고, 내가 음식이 떨어져 집에서 죽어도 그 사실을 아무도 모를 거라는 느낌을 줘야 돼요. 그러면 계산을 하게 되는 거죠.

억압체제에서는 사회에 기생하는 계층이 있어요. 그들은 노동을 하지 않아요. 잡은 물고기의 반 이상을 선주船主가 가져가니까요. 배가 자본이라면 고용된 선장이나 어부들은 노동자가 되겠죠. 그런 구조로 유지가 돼요. 선주나 지주가 사라지고 그 자리에 자본가가 들어온다고 해서 바뀌는 것은 없어요. 그냥 억압체제가 세련되게 변한 거죠. 그러나 그 이면에는 하나의 공통점이 있어요. 바로 벤담이나 스미스Adam Smith, 1723~1790에 이르러 완성된 이기적 개인주의예요. 결국 사회 체제를 바꾸는 혁명과 함께 우리는 내면에서 끓어오르는 이기주의와도 싸워야 해요. 어떻게 해야 내 삶이 더 즐겁고, 어떻게 해야 내 삶이 추위로부터 더 멀리 벗어날 것인가만 생각하는 이 집요한 개인주의, 이기주의와 싸워야 해요. 불교적인 길일 수도 있어요. 소유 욕구에 대한 싸움이 인간에게는 필요하니까요.

프랑스의 정치인류학자인 피에르 클라스트르Pierre Clastres, 1934~1977는 '국가가 없는 사회' 혹은 '국가에 대항하는 사회'에 대해 연구를 해요. 그래서 나온 책이 《국가에 대항하는 사회La Société contre l'État, 1974》예요. 농경사회 이전의 수렵채집을 하는 전통이 중남미 인디언 사회에 남아 있잖아요. 1960년대에 거기 들어가 현지 조사를 진행한 거예요. 클라스트르가 보니까 인디언들이 성인이 되면 잔혹할 정도로 육체에 고통을 가하는 통과의례를 거치는 거예요. 칼로 새기고 불로 지져서 몸에 문신을 만들어요. 여기서 클라스트르가 성인이 되는 통과의례가 왜 이렇게 가혹할까, 의문을 품었던 거죠. 결국 클라스트르가 이해한 것은 그 고통의 인내가 자유인의 공동체로 살아가겠다는 강렬한 동의였다는 거예요. 타인이 약하다고 해서 지배해서도 안 되고, 타인이 강하다고 해서 복종해서도 안 되는 것이 자유인이에요. 지배와 복종 관계가 없는 공동체가 그들이 생각하는 문명사회예요. 복종하는 다수가 존재해야 유지되는 국가와는 다른 거예요. 그

자유롭게 살다가
자유롭게 떠났으면
좋겠어요.
약자라고 해서
지배하려고 하거나
부리려고 하지 말고,
강자라고 해서
굽신거리지 말고.

러니까 타인을 얕보고 무시하고 지배하려는 유혹에 빠지려고 할 때, 몸에 새겨진 흉터를 보고 마음을 다잡는 거죠. 만약에 내가 몸이 아프고 배도 고픈데, 부족의 누군가가 사냥감을 몰래 감춰놨다고 해봐요. 그러면 그 사람의 명령을 따를 수 있잖아요. 그럴 때 몸에 문신을 새겼던 고통스러웠던 기억을 떠올리면서 인내하고 싸우는 거예요.

그래서 불교적 사유에 대해서 돌아보게 돼요. 불교에서 여섯 가지 바라밀波羅蜜을 이야기해요. '저 멀리에 이르려고 한다'는 뜻인데, 즉 부처가 되는 여섯 가지 방법을 말해요. 육바라밀은 보시布施, 지계持戒, 인욕忍辱, 정진精進, 선정禪定, 지혜智慧 등 여섯 가지죠. 그중 첫 번째가 보시예요. 보시는 타자와 나누는 적극적인 행위죠. 부처가 되는 처음은 '교환'이 아니라 '보시'예요. 대가를 염두에 두고 타자에게 무언가를 주는 것이 아니니까요. 그 타자의 고통이 나의 고통인 듯 느껴져, 옷이나 음식을 주는 거예요. 이렇게 주다 보면 벤담적 이기주의는 잦아들어요. 나머지 다섯 가지 바라밀도 모두 자기중심주의, 소유욕, 탐욕 등을 억누르려는 의도에서 나왔던 거예요. 그러니까 이런 전통들을 살려야 된다는 생각이 들어요. 사실은 스님들도 잘 못하는 일이죠. 왕조시대에는 일하지 않는 계층이었으니까. 농민들의 자발적 착취에 기대 살았어요. '보살님, 고맙습니다' 해야 하는데, 자신은 법력이 높으니 중생들의 시주는 당연하다고 믿는 스님들이 많아요. 자비, 즉 사랑을 실천하려면, 자신이 노동을 해서 약자를 먹여 살려야 해요. 이게 원칙이죠. 그러니 최소한 시주를 받으면, 그 순간 자비의 주체라기보다 자비의 대상이 된 거예요. 받았으니 '고맙다'고 해야죠. 곳곳에 혼자서 텃밭을 일구며 사는 스님들 있잖아요. 그분들에게 희망이 있는 거죠. 중생들에게 도움이 되지 못할망정 짐이 되어서는 안 된다는 마음을 가지고 있으니까요.

복종하지도 지배하지도 않는 자유인의 정신

○ 우리 사회가 진보하기 위해서는 어떻게 해야 될까요?

기원전 3000년경 이후 인류에게는 억압체제가 들어서죠. 명령하는 자와 명령을 받는 자, 혹은 지배자와 피지배자가 나누어진 거예요. 생산수단, 폭력 수단, 그리고 정치 수단을 독점한 소수가 그런 모든 삶의 수단을 빼앗긴 다수를 지배하게 된 거죠. 여기서 억압받는 다수에게는 묘한 욕망이 길러져요. 상대적으로 자신보다 우월한 자에게 복종하려는 욕망과 상대적으로 자신보다 열등한 자를 지배하려는 욕망이에요. 흥미롭게도, 아니 슬프게도 상급자에게 복종하는 사람은 하급자에게 복종을 요구하기 쉬워요. 반대로 하급자를 지배하려는 사람은 상급자에게 지배당하는 것을 당연하게 여기죠. 결국 복종에의 욕망이나 지배에의 욕망은 동전의 양면과 같은 거예요. 억압체제에 저항하기보다는 거기에 순응해 자기 이익을 보전하거나 증가시키려는 이기적 욕망의 표현이기 때문이죠. 억압받는 다수 동료 인간들의 고통이 아니라 오직 자신의 안위만 마음에 있기 때문에, 복종에의 욕망과 지배에의 욕망이 싹튼 거예요. 진보, 그거 어려운 것 아니에요. 억압체제에 맞서 싸우는 것이고, 내면의 이기적 욕망을 극복하는 거예요. 억압체제와 맞서 싸우려면 연대와 유대가 필요하고, 이기적 욕망을 극복하려면 인간에 대한 사랑, 강한 공동체의식이 필요하죠.

우리가 연대를 하는 이유는 누가 나를 지배하려고 할 때, 그에 저항할 수 있는 힘이 생기기 때문이에요. 각자 삶의 구체적인 상황들, 구체적인 삶의 디테일이 다르잖아요. 대기업과 작은 기업과 자영업이 다를 거고, 농부와 어부가 다를 거고, 여러 가지 것들이 다 다르잖아요. 그때 가슴속에 품어야 할 하나의 가치가 누구의 지배도 받지 않고, 누군가를 지배하지도 않아야 한다는 거예요. 지배와 복종은 내가 편하려고 하는 거죠. 다른 사람을 지배하면 내 몸이 편하고, 복종을 하면 거기서 얻어먹을 것이 있으니까요. 자유롭게 살다가 자유롭게 떠났으면 좋겠어요. 약자라고 해서 지배하려고 하거나 부리려고 하지 말고, 강자라고 해서 굽신거리지 말고. 만약에 군대라는 조건이라면 상사 말 잘 듣고 하급자들 부리면 편하잖아요. 이런 조건에서는 누구도 지배하지 않고 누구한테도 복종하지 않으려는 자유인의 정신을 지키기가 힘들겠죠. 그러니까 그 정신을 지키는 것이 더 편안한 그런 사회와 제도를 고민해야 돼요. 하지만 어떤 제도가 있다고 해서 사람들이 자유로워지지는 않아요. 자유에의 의지와 자유인의 자긍심을 지키려는 신념이 뒷받침되어야 하니까요.

우리에게 소중한 사람은 자유인으로 키웠으면 좋겠어요. 제가 불교를 많이 다루는 이유는 별게 아니에요. 종교의 형태지만, 중요한 것은 불교는 우리 자신이 부처가 될 수 있다고 이야기한다는 점이죠. 불교는 신이 인간을 지배하고, 인간이 신에게 복종하는 종교가 아니거든요. 오히려 내 자신의 욕망, 소유욕, 집요한 이기주의, 이런 것들을 이겨내려는 담론적 전통이 바로 불교예요. 물론 현실적으로 불교에서 모든 신도가 자유인, 즉 부처가 되는 것을 원하기 힘들어요. 모든 중생이 부처가 되면, 그들이 사찰을 찾아 부처상이나 스님을 경배할 일도 없고 당연히 시주도 없을 테니까요.(웃음) 바로 이것이 불교라는 종교가 가진 위대한 아이러니죠. 부처가 되어야 해요. 그리고 자유인이 되어야 해요. 그래야 우리는 이기적 욕망에서 자유로워질 수 있어요. 바로 이 순간 우리는 남에게 복종하거나 남을 지배하려는 욕망에서 벗어날 수 있으니까요. 이제 타인은 존중의 대상, 그리고 아낌의 대상이 돼요. 결국 내가 부처가 되면 타인도 부처로 보이게 되죠. 돼지 눈에는 돼지만 보이고, 부처의 눈에는 부처만 보인다는 옛말이 떠오르네요.(웃음)

우리가 죽고 나면 사회도 많이 변할 거예요. 그런데 하나만은 가지고 있어야 할 것 같아요. 자유인의 정신이 바로 그것이에요. 아울러 그걸 제도화한 공동체의 형식을 고민해야 하죠. 국가가 아닌 사회의 형식. 물적 생산수단을 노동하는 사람이 가지는 사회가 자유로운 공동체의 핵심일 거예요. 19세기 이후 자본주의 체제가 완성된 후, 얼마나 많은 자본주의 이론, 다시 말해 자본주의 체제를 정당화하는 이론이 나왔는지 현기증이 날 정도죠. 협상이론이라든지, 게임이론이 발달하잖아요. 바닥에는 '죄수의 딜레마'가 있고요. 인간은 이기적으로 계산하는 존재라는 것이 전제가 되기 때문에 그런 논의가 나와요. 자본주의사회에서는 부르주아 대학에서 만든 경제이론이나 협상이론이 맞는단 말이에요. 이기적 합리성과 경쟁의 논리가 강요되는 곳이 바로 자본주의사회니까요.

아스팔트를 뚫고 풀이 자라듯, 경쟁 사회에서도 유대와 연대, 혹은 공존과 공생의 관계가 발생하기도 해요. 인간은 이기적 존재이지만 동시에 이타적 존재이기도 하니까요. 어느 순간 경쟁을 접어놓고 우정을 나누는 학생들, 족구도 하고 술도 마시며 동료애를 표현하는 노동자들, 자기 것을 나눠 주며 사랑을 만끽하는 젊은 연인들을 보세요. 바로 여기에 희망이 싹트고 있는 셈이죠. 경쟁은 그만했으면 좋겠어요. 하루에 한 번쯤은 산책을 한다든가, 음악을 듣는 시간을 갖는다든가, 스마트폰 들여다보는 대신 사람들 얼굴 한 번 더 들여다보는, 이런 것에서부터 출발을 하는 거죠. 그런 시간을 늘려야 되는 거예요. 지배계급과 피지배계급이 있고, 피선거권자와 선거권자가 있고, 이런 걸 당연하게 받아들이면 안 돼요.

○ **그럼 진보주의자들은 어떻게 해야 할까요?**

벤야민이 〈역사철학 테제〉를 쓰기 전에 적어둔 메모가 있는데, 거기에 "마르크스는 혁명을 역사의 기관차라고 말했다. 그러나 사정은 그와는 전혀 다를지 모른다. 아마 혁명은 이 기차를 타고 여행하는 사람들이 잡아당기는 비상 브레이크일 것이다" 이렇게 말해요. 벤야민은 최소한 국가가 생긴 이래 억압체제가 있어왔고, 타율적 복종에서 자발적 복종으로 시스템이 세련되게 바뀐 것뿐이지, 해방으로 가는 길은 아니었다는 것을 알았던 거예요. 미래에 대해 비관적인 거죠. 비관주의자는 미래를 어둡게 보기 때문에 현실에 개입하게 하지만, 낙관주의자는 때를 놓치게 만들고 실천의 기회를 박탈해요.

노동하는 사람에게 물적 생산수단이 주어져야 한다는 원칙을 가지고 있는 사람에게 진보라는 말을 쓸 수 있어요. 노동만이 새로운 가치를 만든다는 것, 직접 생산에 참여하지 않은 대표자나 정신노동자들은 숙련노동자의 평균임금 이상을 받을 수 없다는 것, 일방적으로 명령을 하는 상전을 뽑지 않는 것, 그리고 모든 대표자는 언제나 소환 가능하다는 것, 이것이 자유인들이 꿈꾸는 공동체의 이념이었어요. 일을 하지 않고 어떤 결과물을 얻는다는 것은 누군가에게 일을 시켜야 가능하잖아요. 사회성이라는 것을 망각하는 거죠. 내가 사랑하는 사람이 누구에게 착취당하지 않는 사회를 꿈꿔야 하잖아요. 노예나 소작농이 그랬던 것처럼 노동자가, 공동체가 어떻게 가야 하는지 자기 발언을 하지 못해요. 그러면 민주주의가 불가능해지는 거예요. 억압체제가 생산수단을 독점하고 생계 문제를 위협에 빠뜨리니까 정치적 발언을 할 수가 없는 거죠. 노동자들이 생산 현장까지 개입을 하고 결정을 해야 민주주의가 가능한 거예요. 자본가와 노동자 사이가 민주적이지 않은데, 이런 체제 안에서 민주주의가 어떻게 실현되겠어요. 지금 자유는 소비의 자유, 자본가의 자유, 땅 가진 사람의 자유밖에 없어요. 진보를 표방하는 사람들이 노동자 편을 든다고 하지만, 소작료를 낮추겠다는 수준밖에 안 돼요.

자율적 주체를 위한 교육

○ 코로나19로 인해서 언택트^{untact} 교육이 이루어지고 있잖아요. 역사상 처음으로 대규모 교육 실험이 이루어지고 있는 셈인데, 이 아

이들이 어떻게 자랄지는 아무도 알 수 없는 상황이에요. 이럴 때 일수록 교육의 중요성을 생각하게 되네요.

레비스트로스^{Claude Lévi-Strauss, 1908~2009}도《슬픈 열대^{Tristes Tropiques, 1955}》에서 '문자는 억압기구인 국가와 계급의 탄생과 관련되어 있다'고 얘기해요. 문자를 알아야 지배를 하고 노동을 시킬 수 있으니까요. 일제시대 일본인들이 조선 사람들에게 일본어를 가르친 것도 이런 이유에서죠. 일본어를 알아들어야 명령도 내릴 수 있으니까요. 18세기 이후 서양은 의무교육을 강화해요. 레비스트로스는 징집의 필요성을 느낀 근대국가의 조치를 그 원인으로 설명해요. 21세기 현재 우리 사회의 교육도 마찬가지죠. 국가기구와 자본주의 체제의 명령을 알아들을 수 있고, 국가와 자본에 도움이 되는 지식을 가르치는 거예요. 물론 그 대가로 안정된 지위나 풍요를 약속하죠. 이런 교육 환경에서 제대로 된 시인이 몇 명이나 나오고, 철학자가 몇 명이나 나올까요. 공동체적 가치에 대해서 주장하고, 정치에 대해서 말할 수 있는 사람, 법률을 해석할 수 있는 사람을 만드는 것이 교육의 목적이 아니에요. 삶의 주인을 키우는 것이 아니라 체제 유지에 도움이 되는 인성과 기술을 갖춘 순종적 인간을 키우는 것이 교육의 목적이죠. 그게 잘못된 거라고 가르쳐줘야 되는 거예요. 누구 위에 올라가는 것, 마름이 되는 것이 아니라고요. 소작농 중에서 마름 하나를 뽑잖아요. 마름이 지주 대신 소작료를 걷는 거죠.

다섯 번째
만남

지금 교육이 사랑과 공동체적 가치를 가르치고 있는지 되물어봐야 해요. 그런데 아니잖아요. 전문가가 돼서 분업 체계에 들어가고, 하이어라키hierachy 속에 들어가는 거예요. '보통 교육', '일반 교육'이 있잖아요. 어느 정도 나이까지는 반드시 교육을 받아야만 하는 의무교육, 레비스트로스의 이야기처럼 이런 제도는 근대사회에서 생긴 거예요. 왜냐하면 노동자가 많이 필요하니까요. 옛날에는 농노들을 교육하지 않았어요. 교육은 귀족들만 받았죠. 그런데 그다음에는 국민 전체를 대상으로 하잖아요. 징집을 해서 총을 어떻게 쏘는지 알려면 매뉴얼을 읽거나 명령을 들을 수 있어야 하니까요. 문맹률을 최소화해야 한다, 이게 징집의 역사와 관련되어 있어요. 여기에 자본주의 발달도 교육의 필요성을 부각시켰어요. 기술의 발달, 회계 기법의 발달 등등……. 자본은 전문직 노동자들이 필요했으니까요. 흥미로운 것은 교육의 이점을 얻는 쪽은 국가나 자본이지만 교육의 비용을 대는 쪽은 개개인들이라는 사실이에요. 달리 말해, 너희가 교육 잘 받으면 너희가 출세하고 이득을 얻으니까 개개인들한테 교육비를 내라고 하는 거예요. 재미있는 거죠. '너희들은 이 체제의 훌륭한 나사가 되어야 돼, 너희는 이 전체 체제의 조각들을 견고하게 거대하게 만드는 나사니까 거기 딱 맞춰야 해, 그리고 잘 들어맞으면 체제에서 너희들을 받아들일 거야' 이런 거잖아요.

내가 원하는 것이 아니라
타인이 원하는 것을
하는 것은
과거 노예제사회나
지금 자본주의사회나
마찬가지예요.

타율적 노예인가,
자발적 노예인가의
차이일 뿐이죠.

○ 공동체를 위한 기본적인 소양을 교육하는 주체가 있어야 될 텐데요.

공동체 의식이나 민주주의를 가르친다고 하면 학부모들도 싫어하고, 선생들도 싫어하고, 어쩌면 아이들도 싫어할지 몰라요. 이미 모두가 벤담적 합리성에 젖어들어 있으니까요. 전문가 교육, 전공 교육, 사회적 분업 체제, 억압체제는 복잡한 관료주의 조직으로 구성되어 있거든요. 기업은 CEO부터 아래로 내려가는 조직, 대학은 총장부터 내려가는 조직, 정부는 대통령부터 내려가는 조직, 다 관료제 조직이잖아요. 그 조직의 부품처럼 한 포션, 한 포션으로 들어가는 거죠. 그게 교육의 핵심 아닌가요. 그리고 거기에 들어가야 자기한테 이득이 되고, 안정이 된다는 식으로 만들어진 시스템이니까요. 공동체를 위해서 명문대에 가려고 하는 게 아니잖아요.

아리스토텔레스Aristoteles, BC.348~BC.322에 따르면 지배도 하고 지배도 당하는 주체가 민주적 주체예요. 그런데 지배하는 사람 따로 있고, 지배당하는 사람이 따로 있으면 민주주의가 아니잖아요. 대통령이나 국회의원들만이 정치의 주체이고 대다수 국민들은 그 정치가들의 임기 동안 정치의 객체가 된다면, 이건 민주주의가 아니죠. 국민들이 지배의 대상이 아니라, 지배자가 되어야 한단 말이에요. 아리스토텔레스의 민주주의가 재밌는 것이 그거예요. 모든 사람이 지배의 주체이면서, 동시에 지배의 객체가 되는 거예요. 여기서 핵심은 지배의 주체라는 개념이에요. 그걸 감당해야 되는 거예요. 자신은 지배의 객체, 즉 피지배자가 아니라는 선언이니까요. 내가 타인과 협의해 어떤 명령을 내렸기에 그 명령을 듣는 거예요. 물론 그 명령은 타인과의 새로운 협의를 통해 언제든지 수정 가능해요.

　내 말을 듣지 않는 사람, 합리적인 이유를 들어서 내 말을 듣지 않는 사람을 기르는 것이 진짜 교육이에요. 내 말을 잘 듣도록 가르치는 것이 교육일까요, 아니면 내 말을 거스르고 스스로 결정하도록 가르치는 것이 교육일까요? 불교에서 제자를 키우는 것을 보면 진정한 교육을 생각해볼 수 있어요. 결국 한 사람의 주인을 키우는 것이 교육이잖아요. 불교에서는 그런 강력한 주체를 키우는 것이고, 그래서 깨달음을 얻었다고 하는 거예요. 스승의 말을 어길 수 있을 만큼 강력한 주체가 된 거예요. 생각해보면 부모가 자식을 키우는 것도 그래요. 자기가 죽더라도 내 딸 내 아들은 자기 인생을 심사숙고해서 매 경우마다 스스로 결정을 하고, 또는 수정하면서 그렇게 살기를 원하지 않나요? 매번 부모한테 와서 '어떻게 해요? 어떻게 해야 돼요?' 이러면 잘못 교육한 거 아닌가요? 내 말을 듣도록 만드는 것이 아니라 주인으로서 자기 삶을 결정할 수 있도록 하는 게 교육 아닌가요? 그런데 지금 교육이 그런가요? 사회 시스템에 맞추도록 가르치고, 자본의 이익에 도움이 될 수 있게 만들고, '국가의 무궁한 영광을 위해 충성을 다할 것을' 다짐시키고, 분업 체계에 적용되는 정보들을 미리 숙달시키고 있지 않나요? 억압체제에 저항하기보다 억압체제에 잘 순응하는, 그리고 그 대가로 개인적 행복을 도모하는 벤담적 자아를 키우는 것이 과연 교육일까요?

○ 스승의 가장 큰 기쁨이 청출어람이라고 하는데, 지금은 말씀하신 것처럼 아이들을 박제화하는 교육을 하는 것 같아요. 그렇게 되면 사회가 계속 고인 물이 될 수밖에 없지 않을까요?

지금 공동체적 의식, 사랑과 관련된 과목들이 아이들이 생계를 유지하고 취업을 하는 데 도움이 되나요? 아니죠. 오히려 장애예요. 카프카의 소설을 좋아하고, 판소리를 즐기는 젊은이가 있다고 해보죠. 면접 보러 가서 저는 카프카를 좋아해요, 저는 판소리 완창을 해요, 이런 게 무슨 자랑이 되겠어요. 물론 면접장에서 카프카나 판소리가 좋다고 외칠 자유는 있죠. 과거 왕조시대와는 달리 표현의 자유는 있으니까요. 그러나 표현의 자유를 구가한 대가는 치명적일 거예요. 취업에 실패할 테니까요. 이런 식으로 우리 사회는 사람들을 지배해요. 자발적으로 복종하도록 유도하는 거죠. 그래서 면접장에서 젊은이들은 이렇게 말해요. 자신은 평소 AI나 파생금융상품에 관심을 기울이고 있다고……. 자신이 좋아하는 대상이 카프카인데, AI를 좋아하는 척해야 되는 거예요. '아버지를 아버지라고 부르지 못하는' 홍길동만큼이나 우리 시대 젊은이들은 불행하기만 해요.

자신이 원하는 것을 하는 사람이 주인이라면, 타인이 원하는 것을 하는 사람은 노예라고 할 수 있어요. 과거 노예는 쇠사슬과 채찍의 무서움 때문에 주인이 원하는 일을 했죠. 음식을 하거나 말을 돌보거나 포도농장에서 일을 하도록 만들기 위해 주인은 그들을 교육해야 했어요. 이것이 박제화된 교육이에요. 반대로 우리 시대 노예는 다르죠. 생계를 유지하기 위해 스스로 자본이나 국가가 원하는 노동력이 되고자 하니까요. 과거 강제로 사로잡혀 노예가 된 사람의 목에는 나무판이 달렸죠. 그리고는 노예시장에 끌려 나왔어요. 그 나무판을 노예의 목에 건 것도, 그 나무판에 노예의 특징을 적은 것도 모두 노예 주인, 혹은 노예 상인이었어요. 지금 자본주의 체제에서는 다르죠. 자신의 목에 스스로 나무판을 걸고, 스스로 자신의 쓸모를 기록하니까요. 바로 이것이 스펙, 즉 스페시피케이션specification이에요. 상품 명세서죠.

자본이나 국가에 팔 수 있는, 다시 말해 자본이나 국가가 원하는 것을 익히는것, 이것이 우리 시대의 교육이에요. 물론 의무교육 이상의 교육은 받지 않아도 되죠. 그 대가는 생계와 생존의 불안감이에요. 결국 지금 우리는 자발적 복종을 유도하는 간교한 억압체제에 살고 있는 셈이에요. 내가 원하는 것이 아니라 타인이 원하는 것을 하는 것은 과거 노예제사회나 지금 자본주의사회나 마찬가지예요. 타율적 노예인가, 자발적 노예인가의 차이일 뿐이죠. 그러니 우리 사회가 강조하는 자유는 얼마나 기만적인가요. 자발적 노예는 결코 자유로운 주체, 혹은 삶의 주인일 수 없으니까요. 자발적 노예가 될 수밖에 없는 서러움, 자발적 노예가 되면서도 그걸 자유로 생각하는 무지! 바로 여기서 우리는 가르침과 배움을 다시 숙고해야 해요.

○ 군사정권 시절에는 '체력장'이라는 것도 있었는데요. 체제 입장
   에는 자라나는 청소년이 기초체력이 있어야 '체력은 국력'이 되잖
   아요. 그런데 지금은 그것조차 개인한테 맡겨놓은 꼴이 됐어요.

'체력은 국력이다'라는 말의 핵심은 '체력'이 아니라 '국력'에 있어요. 한 개인의 체력이 왜 국력이에요? 턱걸이 못하면 국가의 배신자가 되는 거예요.(웃음) 중요한 것은 국력이라는 개념이에요. 국가라는 전체를 위해서 교육을 시켰다는 거잖아요. 그때는 여러 가지가 다 그랬어요. 군부독재는 묘한 거예요. 왕조 시스템이랑 비슷한 거란 말이에요. 왕조적 교육은 강제로, 여러 면에서 다각도로 후원을 하고, 훈육을 하고, 이렇게 해서 키웠죠. 군부독재도 마찬가지죠. 반민주적인 정권이니까, 그들이 자신의 권력을 정당화하기 위해 왕조시대의 가치를 인용하고는 했어요. '군사부일체君師父一體'를 강조하거나 '지덕체智德體'를 이야기했던 것도 이런 이유에서죠.

그중 흥미로운 것은 '체', 즉 '체육'의 강조였어요. 군대의 연병장 문화를 학교에 도입해, 상명하복의 반민주적 정신을 학생들의 몸에

각인시켰던 거예요. 여기에 교련 과목까지 가미되면 그야말로 군부독재에 저항하지 않는 내면을 만들려는 참담한 교육은 그 정점을 찍는 거죠. 그러니까 군부독재가 청소년의 기초체력에 신경을 쓴 건 아니에요. 오히려 학교에 육체의 강건함, 문文보다 무武를 강조하는 군사문화를 퍼뜨리려는 군부독재의 전략이라고 보아야 할 거예요.

1980년대 후반 드디어 군부독재가 사라지고 부르주아 정권, 즉 대의민주주의가 들어서게 돼요. 이제 벤담적 개인주의가 본격적으로 뿌리를 내리게 되죠. 당연히 전체주의, 혹은 군사주의를 훈육하는 데 이용되었던 체육 과목은 그 비중이 점점 줄어들죠. 학교는 치열한 입시와 취업 경쟁을 위한 스펙 전쟁터로 변해가요. 모든 선택이 이제 개개인들에게 주어지고, 그 결과의 책임도 개개인들이 져야 해요. 당연히 체력도 자신이 시간을 투자해 만들어야 되죠. 문제는 여력이 없는 사람들의 체력은 현저히 악화된다는 점이에요. 체력만이겠어요? 생계나 생존, 나아가 안정과 행복도 모두 마찬가지예요.

개인한테 다 맡기면 되는 거예요. 네가 노력하지 않으면 너는 취업이 안 돼, 이렇게 만들면 지배가 되잖아요. 자기 스스로 국가가 원하는 사람, 기업이 원하는 사람, 자본주의 체제가 원하는 상품이 되기 위해 치열해지는 거죠. 스펙이란 게 별게 아니잖아요. 내가 뭘 했고, 뭘 할 수 있는지를 나열한 거잖아요. 스펙의 논리는 자본주의적 인간형을 말하는 거예요. 남들보다 스펙을 더 쌓으면 잘사는 거잖아요. 거기에 공동체적 가치는 없어요. 취업을 위해서 교육을 받고, 그래서 대학에도 가는 거잖아요. 대학은 지성인의 전당이 더 이상 아니에요. 더 큰 쾌락과 이익을 얻으려는 투자의 장일 뿐이죠. 그런데 다 숨기고 있어요. 진짜 지성인이라면 공동체적 가치에 대해서 생각을 해야 되고, 권력자가 하지 말라는 정치에 대해서 고민을 해야 되고, 공동체가 어디로 가야 되는지 고민을 해야 되잖아요. '우리'라는 가치를 얘기해야 의미가 있는 거죠.

돌아가신 우리 아버지가 저한테 그랬어요. '신주야, 너 대학 가야 시멘트 가루 안 마시면서 산다.' 이 말의 바닥에 도저한 이기주의가 있는 거예요. 내 아들 만큼은 편히 살았으면, 하는. 공동체의 가치가 아니라, 신분 상승에 대한 욕망인 거죠. 그러니까 아이가 취업에 아무런 도움이 안 되는 강신주 책을 읽고 있으면 부모 입장에서는 짜증이 나죠.(웃음) 우리 어른들이 옛날에 그랬잖아요. 그걸 하면 쌀이 나오냐, 돈이 나오냐. 그러니까 그걸 생각해보시면 돼요. 교육에 대한 맹목적인 희망의 바닥에는 타오르는, 꿈틀거리는 이기주의가 있어요. '아빠는 실패했다, 어떻게 해서든지 간에 성공의 자리에서 스타트를 빠르게 해야 한다, 아빠처럼 노동하지 말고, 펜대 굴리면서 살아라' 이런 게 희망인가요? 그런데 지금 그렇게 교육하잖아요.

개인적으로 돌아보면 그래요. 대학이 나한테 준 것이 뭔가! 그런데 다행이다 싶어요. 최소한 휘말리지는 않았으니까. 사람들이 그래요. '선생님은 좋은 대학도 가고 박사학위까지 받고 그랬잖아요?' 그러면 제가 그러죠. '그것을 내가 상품으로 들이민 적은 없다, 최소한.' 그냥 철학자라고 할 뿐이잖아요. 철학자를 선택한 어떤 공대생. 사실 그때 공대 나오면 누구나 쉽게 취업할 수 있고, 아주 높은 연봉을 받을 수 있긴 했어요. 철학의 희망을 믿고 그걸 포기했던 거죠. 내가 철학과 대학원에 갔을 때 교수들이나 철학과 출신 대학원생들 눈에는 제가 바보로 보였을 거예요. 중간에 어학이 된다는 이유로 한의과에 편입하고, 경영학과에 편입하고, 이런 선배들을 많이 봤어요. 나는 거기에서 떨어져 나와서 들어온 거고. 그렇게 하라고 누가 가르쳐준 적 없고, 제가 결정한 거예요.

우리도 옛날에 그랬잖아요. 문과냐 이과냐, 전공보다도 먼저 대학을 보고 입학했잖아요. 대학 타이틀을 가지려고. 돌아보면 그래요. '교육이 희망이다'라고 얘기하기 전에 어떤 교육을 할지 고민해야죠. 그리고 우리가 지금 무슨 교육을 하고 있는지 돌아봐야죠. 체제 말 잘 듣고, 체제의 마름이 될 수 있는 중간관리자를 길러내고 있잖아요. 펜대 굴리는 삶, 여유가 있는 삶, 여가가 있는 삶을 누리라고 하고 있고……. 그게 잘 사는 건지도 모르죠. 그래도 교육은 희망일까요? 교육은 앞에서 얘기했던 그거예요. '내 말 안 듣는 사람으로 가르치자.' 진짜로 인간을 아낀다면 자본주의적 삶 말고 다른 사회를 만들 수 있는 사람들을 기르겠죠. 그런데 그러고 있는지 모르겠어요. 저는 이상하게 부끄럽다는 느낌을 대학 가서 받았어요. 제대로 된 교육의 핵심이 '내 말 듣지 말라'는 건데, 우리는 지금 '내 말을 듣는 것이 네가 행복해지는 길'이라고 가르치는 거죠. 아닌데. 그게 속상한 거죠.

자기 울음소리로 우는 아이

○ 1990년대 중반에 대안교육이 등장해서 말 그대로 교육의 대안이라고 생각하는 흐름이 있었어요. 지금 보면 성공하지는 못했다고 봐야 할 것 같은데요.

마르크스가 자본주의사회를 '보편적 매춘의 시대'라고 했어요. 내 노동력과 내 몸을 팔아야 되니까. 1970~1980년대 이후 자본주의가 고도로 발달하면서 노동자, 속칭 대학 나온 노동자들이 많이 부족했어요. 이 고급 인력들이 했던 역할은 외국 자본이 세운 회사나 공장의 매뉴얼을 독해하는 거예요. 예를 들면 지금 SK에너지는 대한석유공사로 출범했어요. 유공이라고 불렸는데, 1962년에 정부가 미국 걸프사Gulf社하고 합작해서 세운 거예요. 1980년에 선경그룹에서 걸프사 지분을 인수해서 민영화된 거죠. 그러니까 사람을 뽑을 때 걔네들이 남기고 간 매뉴얼과 데이터를 읽을 수 있는 사람이 필요하죠. 걸프사의 엔지니어들이 모두 떠났으니, 그 자리를 우리가 채워야 했어요. 그래서 1970년대부터 1990년대까지 공과대학 열풍이 대학가를 강타했던 거예요. 그때 대학이 많이 늘어요. 이렇게 늘어난 대학이 자본주의 이전, 1088년에 만들어졌던 이탈리아 볼로냐 대학 같은 데하고 같아요? 같지 않죠. 그런데 비슷하게는 보여야 되잖아요. 명색이 진리의 상아탑이 대학이니까요.

19세기 이후 자본주의가 발달하면서 서양의 대학은 중간관리자 양성소로 바뀌어요. 그 결과 우리가 3, 4학년 때 배우는, 흔히 전공이라고 부르는 교육이 새롭게 들어왔어요. 어차피 전공은 노동계급의 것이라서 명령하는 사람은 전혀 배울 필요가 없었어요. 그래도 중세 대학의 아우라를 남겨둬야 되니까, 전자본주의 시대 지배계급이 배웠던 철학, 문학 그리고 신학 등은 1학년 교양 과정으로 들어온 거고요. 신입생들은 1년 동안 교양과목을 통해서 자신이 지배계급인 듯한 착각에 빠지죠. 존재도, 우주도, 역사도, 사회도 고민하게 되니까요. 하지만 그들도 그리고 그들의 부모도 모두 알아요. 화이트칼라든 블루칼라든 대학은 중간관리자 양성소라는 사실을요. 마침내 전공으로 들어가면 지성인이라는 백일몽은 끝나요. 산업 체제가 요구하는 분화되고 전문화된 부품이 되는 교육이 시작되는 거죠.

대학 1년, 혹은 2년까지 사회와 역사 그리고 자신의 삶을 고뇌하던 지성, 전체 사회의 모순과 부조리를 폭로했던 지성을 부정하면서 3, 4학년 대학생들은 자신이 왜 대학에 왔는지 다시 기억하게 돼요. 경쟁에 이겨서 남보다 안정된 삶을 도모하기 위해서였죠. 자신의 모든 것을 역사와 사회에 바치려는 생각은 없었던 거예요. 그래서 1980~1990년대에 대학교 1, 2학년들이 학생운동을 하고 술 마시고 고민했던 바닥에는 발버둥 같은 것들이 있었어요. 대학생 내부에서 전향이라는 것이 벌어지는데, 묘한 전향인 거죠. 총체적으로 이 사회가 어떻게 될까, 이런 반자본주의적인 꿈들을 꿨다가 3, 4학년이 돼서는 전공에 집중한 거예요. 부모들이 왜 애들을 대학에 보냈냐면, 투자였다고요. 돈을 이만큼 투자하면 더 많이 버는 거라는, 바닥에 투자의 논리가 들어 있는 거예요. 그게 우리 대학의 모습이에요.

그런 맥락들을 보면 대안교육은 그에 대한 어떤 교양과목적인 저항이라고 봐야겠죠. 지성인을 꿈꾸었던 것이고, 좋은 사회를 꿈꿨던 거예요. 그런데 문제는 그 아이들이 대안교육을 마치고 세상에 나왔을 때 자본주의 체제는 여전히 공고했다는 거죠. 대안교육이 대학 과정까지 없잖아요. 고등학교 과정까지만 있죠. 대안교육이 입시에서 아무 의미가 없고, 아무 메리트가 없어요. 한마디로 대학의 교양과정만 이수한 상태였던 거예요. 분업에 기반한 전공 교육을 받지 않은 청년, 스펙이라고는 전무한 청년들은 자신 앞에 성곽처럼 도사린 자본주의 체제에 당혹스러울 수밖에 없게 된 거죠.

아이들한테 대안교육을 시키던 부모들은 1980년대 학번, 특히 명문대 다니고 학생운동도 좀 했던 어머니들 중심이었어요. 그분들이 대안교육을 시킨 것은 시간을 벌기 위한 거였어요. 대안교육을 받은 아이들이 커서 사회에 나왔을 때 잘 살아갈 수 있는 그런 체제로 바꾸는 시간이 필요하니까요. 그런데 부모 세대가 사회를 변화시키지 않았잖아요. 대안교육을 받았던 아이들도 어떻게 어떻게 해서

부르주아 체제에 편입이 되어 있을 거예요. 흔히 말해서 고사양의 스펙을 가진 아이들에 비해 상품 가치가 떨어지죠. 당연히 미루어 짐작이 되는 거예요. 어느 회사나 공장에 취직을 하는데, 봄에는 나비가 좋았고, 책 읽고 하는 토론이 좋았고, 이런 얘기들이 무슨 도움이 되겠어요. 빨리 전향해서 스펙을 쌓고 자격증을 따야죠. 그래서 대안교육은 실패한 거예요. 아이러니하게도 1980년대 학번 부모들은 자신의 소중한 아이들을 가지고 자기 이상을 실험했던 셈이죠.

○ **선생님이 생각하는 좋은 교육은 어떤 건가요?**

철학적으로 말해서 '좋은 교육'은 모순적인 표현이에요. 교육은 나쁜 거예요. 기성세대든 억압체제든 자신의 말을 잘 듣도록 하는 것이 교육이니까요. 더군다나 교육이 아이들을 '가르친다'는 의미라면, 교육은 인문주의자가 목숨을 걸고 없애야 할 대상일 거예요. 교육이라는 말을 없애고 차라리 '성장'이란 말을 써야 할 것 같아요. 정확히는 성장을 돕는 거죠. 예를 하나 들어볼까요. 책과 교재는 다른 거예요. 교재, 즉 교과서는 아이들을 졸게 만들죠. 반면 그 교과서 밑에 몰래 숨겨놓고 읽는 책은 그렇지 않잖아요. 선생님이나 부모가 읽으라는 교재와 자신이 읽고 싶은 책은 이렇게 차이가 있어요. 앞에서 저는 자신이 원하는 걸 하는 사람이 주인이고, 반대로 타인의 권위에 눌려 타인이 원하는 걸 하는 사람은 노예라고 말했어요. 결국 교재는 노예의 문자고, 책은 주인의 문자였던 거예요.

결국 아이들이 원하는 것, 사랑하는 것을 찾아주는 일, 아니 정확히 말해서 아이들이 자신이 사랑하는 것을 찾을 수 있는 기회를 제공하는 것이 중요하죠. 자신이 원하는 것을 찾기만 한다면, 아이들은 이제 자신의 삶을 주인으로 살아낼 수 있는 길에 들어선 거예요. 물론 그렇다고 해서 아이들이 아무런 저항도 없이, 그리고 노력 없이 주인으로 살아가게 된다는 이야기는 아니예요. 자신이 원하는 것을 하지만, 그걸로는 생계가 해결되지 않을 수도 있으니까요. 폭력 수단과 정치 수단을 독점했기에 국가는, 그리고 생산수단을 독점한 채 국가의 비호를 받기에 자본은 자신들이 원하는 것을 아이들에게 직간접적으로 강요할 수 있어요. 그렇지만 자신이 원하는 것, 사랑하는 것을 찾은 아이들은 이미 물을 만난 물고기와 같아요. 그러니 국가나 자본이 땅에서 살기를 요구해도, 그들은 가급적 물을 떠나지 않으려 할 거예요. 한편으로는 자신을 노예로 만들려는 경향과 맞서 싸우면서, 다른 한편으로는 자신이 원하는 것을 하면서 우리 아이들은 조금씩 아주 조금씩 모두가 주인으로 살아가는 사회를 만들어갈 거예요. 여기에 바로 인류의 희망과 미래가 있죠.

여섯 번째

가족공동체와

'기브 앤 테이크'의
세계

만남 지승호
묻고

 강신주
답하다

우정의 관계거나 사랑의 관계일 때,
우리는 '기브 앤 테이크'가 아니라
'선물'이나 '불가능한 교환'의 관계에
들어가요. 그래서 정상적인 부모는
아이에게 모든 것을 선물로 주죠. 또한
친구라면 아낌 없이 그에게 무언가를
주게 돼요.

가족, 자본주의가 남겨둔 마지막 공동체

○ 2020년에 16개월 된 정인이라는 아이가 양부모의 학대로 사망한 사건이 발생했어요. 이런 사건이 일어날 때마다 국민의 공분을 일으키면서 앞으로 같은 사건의 재발을 방지하겠다고 하는데요. 국회에서 법을 만들고 형량을 강화하면 뭔가 해결된 듯하지만, 실제로는 비슷한 사건이 계속 발생합니다. 이런 사건들은 왜 자꾸 일어날까요? 공동체의 붕괴가 원인일까요?

남한 사회에서 북한의 인권에 대해서 이야기를 하거나 미국에서 중동 지역의 인권에 대해서 이야기하는 것, 그리고 외부 사람들이 어떤 집안의 일에 대해서 '아이에게 그래서는 안 된다'고 말하는 것, 그 구조는 사실 여러 가지로 비슷해요. 자본주의의 윤리적 기초라고 할 수 있는 개인주의나 자유주의를 북한이나 중동 혹은 폭력적 가정에 적용하는 거예요. 그러나 사실 자본주의와 깊이 연루된 개인주의나 자유주의도 야만적이거나 미개하기는 마찬가지입니다. 결국 자유나 인권의 논리로 억압적 공동체를 공격할 때, 자본주의 체제의 억압성이 은폐될 수 있다는 것이 중요합니다. 똥 묻은 개가

겨 묻은 개에게 뭐라 하는 형국이죠. 공동체 혹은 공동체주의가 무조건적으로 나쁘지 않다는 걸 잊어서는 안 됩니다. 전자본주의사회에서는 억압적 공동체만 있었던 것이 아니라 소망스런 공동체도 있었으니까요.

전자본주의적인 공동체의 흔적이 가장 많이 남아 있는 곳이 가족이에요. 그 안에서는 최소한의 보호가 이루어져요. 마을 공동체에서는 어떤 집 아이가 혼자 남았다든가 하면 돌아가면서 같이 길러줬어요. 남의 애라고 생각하지 않았다고. 대신 개개인의 자유는 없죠. 그런데 최소한의 생계라든가 삶은 보장이 된 거예요. 그리고 거기에는 땅도 있고, 텃밭도 일구면서 모여 사는 거죠. 자본주의 체제는 자신의 노동을 파는 노동자가 필요해요. 당연히 전자본주의적 공동체에 속한 사람들을 빼내 와야죠. 그들에게 자유를 준다는 미명으로 말이죠. 그래서 도식적으로 도시적 생활, 자본주의적 생활은 문명적 생활, 인권적 생활이 됐어요. 전통적이고 공동체적인 삶은 전근대적이고, 자유를 구속하고, 문명화되지 않았다고 하는 거죠. 서구 사람들이 아프리카라든가 아메리카나 섬 같은 데를 식민지로 만들었을 때 그들의 논리가 그거예요. 문명화한다고. 조선의 개화파 같은 사람들도 우리 스스로 미개하다고 받아들이고 서구화하려고 했잖아요. 이 도식이 아직도 작동하고 있다고 보면 돼요.

서구화, 문명화, 그거 별거 아니에요. 고립된 개인들의 양산인 거죠. 이세 생존 경쟁은 불가피해요. 더 이상 공동체나 공동체적 유대감에 의존해서 살 수 없으니까요. 결국 이기적 개인, 합리적 개인은 이렇게 탄생해요. 정인이 양부모는 서구화된, 문명화된 자본주의적 인간으로 훈육된 사람들이죠. 그러니까 양부모는 자신의 이익을 도모했던 사람들었던 거예요. 자본주의적 인간관은 '나'를 기준으로 내가 평가를 내리는 거예요. 공동체, 즉 가족이라는 기준으로 쾌, 불쾌를 평가내리지 않아요. 그리고 아이를 입양하면 여러 혜택들이 있다고 들은 것 같아요.

○ 정인이 사건의 경우에는 다자녀 청약 혜택을 노렸을 거라는 의혹이 있었어요.

오히려 그게 핵심일 것 같아요. 우리의 이득이나 타인의 이득이 아니라 나의 이득이 기준이잖아요. 정인이라는 아이의 존재는 사랑을 필요로 하고 사랑을 요구하는 존재인데, 그 요구에 대한 거부가 폭력으로 나타난 걸 거예요. 아이가 사랑을 요구하는 것을 짐으로 여긴 거죠. 행복에는 두 종류가 있잖아요. 내 것이 늘면 늘수록 느끼는 행복과 내 것을 덜어낼 수 있어서 느끼는 행복. 벤담적 행복과 부처의 행복이라고 표현해도 좋을 듯하고, 아니면 소유로부터 발생하는 행복과 무소유로부터 생기는 행복이라 해도 좋을 듯해요. 내 것을 기쁘게 덜어낸다는 것은 사랑하는 사람이 있다는 거예요. 그 사람 짐을 내가 대신 들어주고, 아이가 아플 때 병구완을 하고, 휠체어를 밀어줄 때 뿌듯함을 느껴요. 자본주의적이고 벤담적인 행복과 공동체적인 행복은 전혀 다르죠.

사실 아이는 '기브 앤 테이크'의 대상이 아니에요. 내가 준 만큼 보답을 받을 수 없어요. 엄마가 젖을 먹여줬으니까 이제 내 어깨 좀 주물러, 이럴 수는 없잖아요. 내가 힘들어도 다시 피곤함을 감당하고, 내가 배고파도 다시 내 밥을 덜어 줘요. 나의 피곤보다, 나의 배고픔보다 아이의 피곤과 배고픔이 더 아프게 느껴지니까요. 정인이 양모는 아이가 나한테 이익이냐, 불이익이냐를 따진 거죠. 아이가 자라서 자기 몫을 하는 것, 시빌라이즈드civilized라는 것이 어떻게 보면 별게 아니라니까요. 강력한 개인적 합리주의, 빚을 졌으면 빚을 갚는 거잖아요. 정인이 양부모는 전통적인 의미에서의 가족 관계를 맺지는 않았던 것 같아요. 서로 기브 앤 테이크가 되고, 자본주의적 거래 관계로 부부 생활을 했던 것 같아요. 사람들이 이 사건을 천인공로할 일로 규정하고 분노하는 건 대부분의 사람이 자신도 그런 욕망을 가지고 있다는 걸 어렴풋이 느끼기 때문일 거예요.

○ 내 일부를 본 것 같은, 공포감 같은 걸까요?

정인이 양부모의 모습에서 괴물이 된 내 모습을 언뜻 봤는데, 괴물로 드러난 정인이 양부모를 공격함으로써 괴물이 아닌 것처럼 그걸 눌러보는 거죠. 그렇다고 그게 눌릴지는 모르겠어요. 언제든지 자신의 내면에도 나 자신의 쾌락과 이익만을 생각하는 벤담적 자아가 밖으로 튀어나올 준비가 되어 있으니까요.

○ 카톡 내용을 보면 남편도 학대 사실을 분명히 알고 있었고, 정인이 엄마도 자신들의 폭력에 대해 고민한 흔적이 보이긴 해요. 오늘은 안 때렸다고 하기도 하고, 내가 괴물이 된 것 같다고도 했는데요. 거기서 멈추지 못한 이유가 뭘까요?

거기에 뭐가 빠졌냐 하면요. 다른 사람의 고통이 느껴져야 돼요. 그러니까 양부모든 다른 누구든 간에 정인이의 고통이 느껴져야 되잖아요. 내가 그런 이야기를 많이 하는데요. 어떤 사람 목을 조르려면 내 손에서 숨 막혀 하는 그 사람의 고통이 느껴지지 않아야 하고, 물고기를 토막 내려면 파닥거리는 물고기의 고통이 느껴지지 않아야 해요. 아이와 어른의 차이, 정확히 말해서 미성숙한 인간과 성숙한 인간의 차이를 다시 생각해보세요. 미성숙한 사람은 자신만 생각하죠. 나의 고통, 나의 불리함, 나의 불행, 나의 고독, 그리고 나의 배고픔만이 중요한 거예요. 반면 성숙한 사람은 타인의 불행, 타인의 외로움, 타인의 헐벗음, 한마디로 타인의 고통도 아프게 느껴요. 당연히 성숙한 사람은 타인에게 폭력을 가하지 않죠. 아니, 가할 수가 없어요. 정인이 양부모의 고민과 반성이 피상적이고 무의미한 것도 이런 이유에서죠. 정인이라는 타자의 고통이 느껴지지 않는 상태에서 '아이를 때려서는 안 되는데'라든가 '내가 괴물 같다'라는 반성이 무슨 의미가 있겠어요. 그저 자신의 아름답지 않은 모습에 짜증이 날 뿐인 거예요.

정인이 양부모의 가혹행위, 그리고 그들에 대한 집착에 가까운 분노를 더 깊게 이해하려면 우리 시대 대부분의 부모들이 자본주의 체제에 살면서 그에 맞는 벤담적 자아를 갖게 되었다는 점에 주목해야 해요. 한마디로 말해서 전자본주의사회에서 살았다면 정인이 양부모가 그런 가혹행위를 저지를 가능성이 현저히 줄어들었을 것이라는 이야기예요. 생각해보세요. 전자본주의사회, 정확하게는 생산수단의 독점이 없던 사회에서는 굶어 죽는 사람들, 취업을 고민하는 사람들, 아이들이나 노인들 같은 약자를 방치하거나 공격하는 사람이 거의 없었어요. 전자본주의사회에서는 공동체의식과 타자에 대한 감수성이 가장 중요한 덕목이었으니까요.

전자본주의사회에서는 약자를 돌보는 것이 강자의 자부심이었죠. 마셜 살린스Marshall Sahlins는 《석기시대 경제학*Stone Age Economics, 1972*》에서 수렵채집을 했던 석기시대가 지금보다 오히려 풍요 사회였다고 말해요. 굶어 죽는 사람도 없었고, 노숙자가 있을 리도 없고, 권력도 없었어요. 살린스는 신고전파 주류 경제학, 그러니까 자본주의 체제를 비판하려고 했던 거예요. 자본주의사회가 풍요의 사회인데, 그걸 누리는 사람은 소수예요. 상대적 빈곤이라는 것이 있잖아요. 석기시대에는 상대적 빈곤이 없었고, 따라서 누가 더 우월하지도 않았어요. 여가를 즐기는 시간도 많았어요. 사냥이 끝나면 그다음에는 여가 시간이니까요.(웃음) 오히려 지금은 먹고사는 비용을 벌려면 깨어 있는 시간 대부분 노동을 해야 되고, 나머지 시간은 소비하는 데 쓰잖아요. 그리고 석기시대 때는 생계가 위태로워지면 옆마을 공동체에서 도와줬어요. 그 도움이 '교환'이 아니라 '선물'이었어요.

지금도 남아메리카나 남태평양에 있는 섬에서, 석유도 없고 석탄도 없어서 침략당할 이유가 없는 곳에서 석기시대처럼 살아가는 사람들이 있어요. 여유 있고 풍요로운 사회예요. 만약 자본주의가 이곳을 공격하려고 한다면, 제일 먼저 하는 일은 강한 공동체의식을 와해하는 것이죠. 그래야 공동체에 의존하지 않고 자신의 노동력을 팔아야만 먹고살 수 있는 노동자들이 만들어질 테니까요. 1970년대 개발독재 시절에 우리가 그랬잖아요. 시골 공동체를 해체하면 서울로 몰려들 수밖에 없잖아요. 바로 그것이 새마을운동이었죠. 그다음은 저임금노동자가 되는 거예요. 그리고 계속 노동력을 팔아야 돼요. 그래야 먹고살 수 있으니까요. 마르크스가 《자본론》에서 이런 과정을 굉장히 잘 분석했어요. 자본주의 이데올로그들은 진보라고 하고 번영이라고 하지만, 사실은 생계 수단을 가지고 있던 장인들과 텃밭을 일구며 살았던 사람들의 생산수단을 박탈하는 피의 과정이 있었다는 거예요. 그게 《자본론》 첫 번째 권 마지막 장인 '자본의 시초 축적 과정'에 나와요. 이 대목을 보면 자본가들이 어떻게 탄생을 했는지, 어떻게 전근대사회가 근대사회로 가는지, 나아가 상부상조하던 촌락 공동체가 어떻게 와해되었는지, 전자본주의 공동체로부터 어떻게 노동자가 되는지 등등을 알 수 있어요.

자본주의 이데올로그들은 자본화 과정을 문명화의 과정이나 자유의 과정이라고 찬양해요. 하긴 대도시에서 누구도 취업하라고 강요하지는 않아요. 그런데 먹고살기 위해서 자기를 팔아야 되는 그런 사회인 거죠. 물론 팔지 않아도 돼요. 그건 개인의 자유니까요. 그러나 자신의 노동력을 팔지 않으면 생계를 유지할 수 없고, 반드시 자신을 팔아야만 하는 사회가 어떻게 자유로운 사회일 수 있겠어요. 이미 퇴로는 차단되어 있어요. 주위를 둘러봐도 전통적 공동체와 상부상조하는 공동체는 자본주의에 의해 거의 궤멸되었으니까요. 그 흔적이나마 남아 있는 공동체도 여간 불편한 것이 아니에요. 이미 벤담적 개인주의에 적응된 우리는 혈연공동체마저도 불편하게 느끼니까요. 평소 자주 만나지 못한 친척들이 찾아오면, 우리는 무언가 개인의 프라이버시가 침해받고 있다는 느낌을 갖게 되죠. '지방에서 서울로 올라왔으니 잘 재우고 잘 먹여야지' 이런 생각보다는 '삼촌이나 고모는 언제 내려가지?'라는 생각이 먼저 드는 거예요.

살린스가 말한 '석기시대 공동체', 혹은 클라스트르의 '국가에 대

'가족'은
자본주의가 파괴했던
공동체의 마지막 형태라고
할 수 있어요.
아니, 정확히 말해서
자본주의가 파괴하지 않고
남겨둔
마지막 공동체라고
할 수 있죠.

항하는 사회', 아니면 전자본주의 공동체는 자본주의적 교환의 논리가 아니라 전자본주의적 선물의 논리에 따라 작동했어요. 개인주의나 이기주의보다는 공동체주의나 이타주의가 지배적이었던 것도 이런 이유에서죠. 이런 문맥에서 '가족'은 자본주의가 파괴했던 공동체의 마지막 형태라고 할 수 있어요. 아니, 정확히 말해서 자본주의가 파괴하지 않고 남겨둔 마지막 공동체라고 할 수 있죠. 가족이 미래의 노동자를 기르는 것이 자본주의 입장에서 더 효율적이었던 거예요. 그래서 남겨둔 거죠. 그러나 점점 가족마저도 와해되고 있어요. 가족을 제외한 모든 영역에 벤담적 개인주의가 범람하니, 가족이라는 공동체가 어떻게 이 흐름에 저항할 수 있겠어요.

그런 측면에 있어서 정인이 양부모는 자본주의의 첨병이었다고 보면 돼요. 그들은 정인이를 보호해야 할 약자가 아니라 '기브 앤 테이크'의 대상으로 바라봤으니까요. 역으로 가족을 유지하고 있었던 유일한 동력은 정인이였던 거죠. 아이를 왜 때렸겠어요. 요구를 하잖아요, 나를 안아달라고, 나를 사랑해달라고. 주지도 않으면서 달라고 하니, 양부모의 벤담적 자아가 분노한 거예요. 계속 손해를 보는 것은 자본주의적 합리성에도 맞지 않고요. 그런 문제들이 공공교육기관에서도 계속 벌어지잖아요. 내 이익을 위해서 보육교사나 사회복지사가 되는 사람들이 있으니까 그래요. 구조는 똑같은 거예요. 나의 쾌락, 나의 이득을 생각하는 거죠. 자본주의적 논리로 따지면 '돈을 받았으니 그만큼 일을 해야 된다'고 얘기를 할 수 있는데요.

이 사람들도 할 말은 있는 거죠. 저임금이라는 것. 저임금에 과도하게 감정노동을 요구한다고 되물을 수 있어요. 자본주의적 논리예요. 사회적 약자를 돌봐야 하는 사람들이 기본적으로 벤담적 자아를 가지고 있으니 답이 없는 거예요. 임금이 오르면 사회적 약자를 더 많이 돌보고, 그렇지 않으면 덜 돌본다는 논리니까요.

○ **자본주의 시스템에서는 해결될 수 없다고 생각하기 때문에 더 화를 내고 비판하는 걸까요?**

'야! 돼지야' 하고 놀리면, 뚱뚱한 사람은 화를 내지만 날씬한 사람은 그러지 않죠.(웃음) 정인이 양부모에 대한 과도한 비난은 우리 시대 부모들의 내면을 보여주는 시금석이 될 수 있어요. 과도할 정도로 지나친 관심과 비난은 자신은 결코 정인이 양부모처럼 자기만을 생각하는 이기적인 부모가 아니라는, 혹은 자신은 아이만을 생각했던 괜찮은 부모라는 정신 승리와 함께하는 것일 수 있어요. 그렇지만 그 이면에는 육아가 자신을 너무나 힘들게 한다는, 그래서 자기만의 삶에 장애 요인이 된다는 자본주의적 계산이나 합리성이 도사리는 것은 아닐까요?

구조적으로 생각해볼 필요가 있어요. 21세기 현재, 아이와 부모로 이루어진 가족이 있다고 해보죠. 가족 바깥 세계는 철저하게 이기적 개인주의의 세계, 무한 경쟁의 세계, 효율과 가성비만 따지는 자본주의적 합리성의 세계죠. 한마디로 '기브 앤 테이크'가 지배하는, 주기만 하는 사람을 바보로 취급하는 세계예요. 반면 가족 내의 아이는 이타주의와 공동체주의, 이익보다는 희생을, 교환보다는 선물을, 거래 관계보다는 사랑을 요구하죠. 바로 이 대목에서 우리는 우리 시대의 부모가 어떤 식으로 분열될지 직감할 수 있어요.

정인이 양부모를 포함한 모든 젊은 부모는 경쟁과 공존, 이기주의와 이타주의, 개인주의와 공동체주의, 교환의 관계와 사랑의 관계 등등 그 사이 어딘가에 존재하게 돼요. 문제는 가족 바깥의 세계가 우리 젊은 부모들을 날이 서 있는 벤담적 자아로 더 몰아붙이고 있다는 점이죠. 갈수록 무언가 손해를 보고 있고 불리한 입장에 몰린다는 느낌이 드니까요. 이런 상황에서 만신창이가 된 채로 우리 젊은 부모들은 집에 돌아와요. 육아에 전념하기에는 너무 심신이 지쳐 있죠. 바로 그때 아이는 자신을 돌봐달라고 요구해요. 젊은 부모들은 갈림길에 서게 되죠. 주는 것 없이 받으려는 아이에게 화가 나 짜증을 낼 수도 있어요. 아니면 사랑의 마음으로 내 것을 줄 수 있는 존재, 그냥 사랑을 줄 수 있는 존재가 있다는 것만으로 행복해할 수도 있죠. 잊지 않았으면 좋겠어요. 우리 젊은 부모들을 이런 갈림길에 세운 것이 바로 자본주의 체제라는 사실을요.

'교환'이 아니라 '선물'이다

○ 입양할 때 주는 혜택이 입양을 하려는 사람들은 적고, 입양을 기다리는 아이들은 많으니까 생겼을 텐데요. 입양 기관 입장에서는 일일이 감시하는 것이 쉽지 않다는 문제도 있을 것 같고요. 사회 전반적으로 인식이 부족한 것 같아요.

버려지는 아이가 생기면, 과거 전자본주의사회에서는 지역공동체나 촌락공동체가 하나의 가족처럼 그 아이를 부양했어요. 반면 자본주의사회, 이기적 개인주의 사회에서는 그 아이를 돌보기 힘들죠. '내 코가 석 자'니까요. 그러니까 자본주의사회는 결코 사랑의 공동체가 될 수 없어요. 지역공동체에서 버려진 아이를 돌보지 않는다는 사실이 그 증거일 거예요. 버려진 아이만이 아니죠. 독거노인도 그렇고 취업에 실패한 청년, 시집이 팔리지 않는 시인도 이웃의 무관심 속에서 굶어 죽어가는 일이 많아요. 바로 이 대목에서 복지국가나 사회민주주의를 표방하는 국가가 개입하죠. 자본주의 체제가 만든 구조적 상처에 작은 반창고를 붙이는 거예요. 물론 그렇다고 국가가 버려진 아이들을 직접 돌보지는 않아요. 그건 돈이 많이 들어갈 뿐만 아니라, 무한 책임을 져야 하는 일이니까요. 그래서 국가는 버려진 아이들을 입양 기관으로 보내는 거예요.

입양 기관을 포함한 다양한 복지 기관들은 정부의 지원을 받으며 운영되고, 사회적 약자를 보호하는 일차적 책임을 떠맡아요. 국가가 직접적인 책임을 지지 않으려고 그렇게 만들어놨단 말이죠. 신자유주의 정부에서 복지 기관들이 사영화, 민영화가 되어 있는 상태들이라고요. 정확하게 계산이 되어 있는 거예요. 문제는 복지 기관들도 자본주의적 논리로 움직인다는 점이죠. 그래서 주어진 예산에서 버려진 아이들을 전적으로 돌보지 못해요. 그러니 이제는 일반인의 선의에 호소하는 거죠. 마치 폭탄 돌리기 게임 같아요. 입양을 권장하는 문화는 그래서 생긴 거예요. 그러나 예비 양부모들은 이미 벤담적 자아를 갖춘 사람들이죠. 당연히 대가가 없다면 입양을 생각하지 않는 경우가 많아요. 그러니 입양 기관은 다양한 혜택, 예를 들어 주거 마련의 혜택 등을 내거는 거예요. 입양을 잘 안 하니까 주택 청약 혜택을 주면, 혜택 기간이 끝났거나 별 다른 혜택이 없다는 것을 알았을 때 아이를 어떻게 하겠어요.

벤담적 자아를 양성화했던 부르주아 정부에서 정인이 문제를 해결한다고요? 있을 수 없는 일이죠. 전자본주의사회에도 아이를 버리는 부모는 있었어요. 그런데 그것은 대부분 자신보다는 공동체의 다른 성원이 아이를 잘 기르리라는 판단 때문이었죠. 반면 자본주의 체제에서 벤담적 자아로 훈육된 부모들은 자신이 힘드니까 아이를 버리는 경우가 많아요. 결국 나의 쾌락과 이익이 모든 판단의 근거가 되는 순간, 우리는 사랑을 할 수도 없고 나아가 가족을 구성할 수도 없고, 마침내는 가족을 유지할 수도 없게 돼요. 이제 가족마저 이해관계로 맺어진 일종의 사업적 관계가 되고 만 거예요.

말년의 보드리야르는 '불가능한 교환^{échange impossible}'에 대해 이야기해요. 주고 받는 것이 불가능하다는 말이 아니라, 받은 것에 대해 완전히 등가적인 대가는 불가능하다는 거죠. 그러니까 이렇게 정리하는 것이 좋을 것 같아요. '사랑의 관계에서는 불가능한 교환이 이루어진다'라고요. 보드리야르의 논의는 마르셀 모스^{Marcel Mauss,} ^{1872~1950}가 쓴 《증여론^{Essai sur le don, 1925}》의 영향을 받은 거예요. 모스가 원시부족 사회를 보면서 교환하고는 다른 '선물'이 얼마나 중요한지를 설명해요. 답례를 받으려고 선물을 주는 건 아니죠. 물론 언젠가 선물을 받았던 사람이 자신에게 선물을 준 사람에게 다시 선물을 줄 수는 있어요. 그러나 받은 선물을 대가로 주는 것이 아니예요. 선물은 매번 새롭게 시작하는 거예요. 반면 자본주의는 모든 걸 교환 가능한 상품으로 만들어요. 한마디로 말해서 자본주의는 선물마저 뇌물로 만든다고 할 수 있죠. 대가를 바라는 선물, 혹은 '기브 앤 테이크'에 포획된 선물은 뇌물에 지나지 않으니까요.

우정의 관계거나 사랑의 관계일 때, 우리는 '기브 앤 테이크'가 아니라 '선물'이나 '불가능한 교환'의 관계에 들어가요. 그래서 정상적인 부모는 아이에게 모든 것을 선물로 주죠. 또한 친구라면 아낌

없이 그에게 무언가를 주게 돼요. 여기서 흥미로운 것은 선물을 받은 사람의 마음이죠. 예를 들어 선물 받은 것이 부담이 되어 무언가 대응하는 선물을 줬다고 해보죠. 아무리 대응하는 선물을 해도 다 갚았다는 느낌이 들지 않아요. 한마디로 '기브 앤 테이크'로 퉁칠 수 없는 관계가 사랑이나 우정, 부모와 자식 사이의 관계예요. 그걸 갚는 방법은 있죠. 살다보면 다른 어려운 사람이 나타나요. 그 사람한테 갚는 거예요. 그 사람이 너무 감동해서 뭘 해주려고 하잖아요. '그러지 마라, 나중에 그런 사람이 생기면 그 사람한테 갚으면 된다'고 하죠. 그렇게 교환이 이루어지는 게 재미있는 거예요.

사랑의 교환, 공동체적 교환⋯⋯. 자본주의에서는 불가능한 교환은 힘들어요. 따뜻한 보살핌으로 잘 자란 정인이는 나중에 어른이 돼서 다른 외로운 아이들을 돌볼 수도 있었겠죠. 그렇게 갚는 거예요. 반면 정인이 부모는 내가 너한테 에너지를 쓴 만큼 받지 못하고 있다는 생각을 한 거예요. 자본주의적으로 생각한다는 게 그런 거예요. 사랑이 놀라운 점은, 사랑을 준 사람한테 다 갚을 수 없다는 거예요. 갚으려고 시도는 할 수 있는데, 갚아지지가 않아요. 부모님이 지금까지 자신을 돌보느라 소진했던 유무형의 노력을 돈으로 계산하고, 엑셀 파일로 정리한 다음 부모님에게 돈을 입금한 자식이 있다고 해보세요. 입금하자마자 그는 부모님의 사랑을 완전히 갚을 길이 없다는 것을 알게 될 거예요. 입금액을 더 높여도 여전히 부모님의 사랑보다 부족하다고 느낄 테니까요. 뭔가 찜찜하고 더 적게 준 것 같고 그러니까 그런 짓을 안 하는 거죠. 더군다나 자식이 입금한 돈을 받은 부모는 무슨 생각을 할까요? 아마 자식이 관계를 끊으려 한다고 슬퍼할 거예요. 중년이 된 딸이 어머니를 돌보는 것은 옛날에 사랑을 받아서가 아니라 어머니를 사랑해서예요. 그러다가 이제 엄마가 '고맙다' 이럴 때 '엄마도 날 돌봐줬잖아' 이렇게 얘기를 하잖아요. 덜 미안하라고 하는 말이지, 핵심은 그게 아니에요.

○ **2021년 초에 '구미 3세 여아 사망 사건'이 있었잖아요. 외할머니가 빈집에 몇 달 동안 방치된 채 숨진 손녀를 발견했는데, 딸이 세 살밖에 안 된 아이를 남겨두고 이사를 가버려서 굶어 죽었던 거예요. 그런데 유전자검사를 해보니까 숨진 아이가 그 외할머니의 아이였고, 자기 딸이 낳은 아이하고 바꿔치기를 한 거였어요, 그리고 딸이 낳은 아이는 살았는지 죽었는지 행방이 묘연해요. 복잡한 사건인데, 결국 아이를 보호할 수 있는 시스템이 부재하다는 것을 보여준 사건이 아닌가 해요.**

자본주의 체제는 지금 막장으로 치닫고 있어요. 혈연에 뿌리를 둔 가장 원초적인 사랑의 공동체, 가족마저 와해시키고 있으니까요. 우리는 예수나 부처가 아니기 때문에 모든 인간을 사랑하지 못해요. 그래도 최소한 가족들을 사랑할 수 있는 힘은 있잖아요. 그런데 자본의 논리는 이 최소한의 힘마저도 고갈시키고 있어요. 부부가 나가서 맞벌이를 해야 되는데, 그러면 아이가 짐으로 느껴지는 거죠. 노동을 해서 임금을 받았는데 아이 맡기는 비용으로 다 들어가는 거죠. 그러니까 사회안전망이 부재하다는 식으로 접근하면 안 돼요. 사회안전망도 자본주의적 교환 관계로 만들어요. 그건 본질적인 해결이 아니죠. 그냥 눈 가리고 아웅 하는 식으로 넘어가는 거예요. 한번 생각해보세요. 먼저 사회 안전을 위한 입법을 하고 그에 따라 제도를 만들잖아요. 이어서 제도를 움직일 관료들을 선출할 거예요. 이 관료들은 원칙적으로 안정된 직장을 찾았던 사람들이에요. 약자를 사랑하고 보호하려고 관료가 된 것이 아니죠. 관료라는 지위가 자신에게 사회적으로나 경제적으로 안정을 제공하기 때문에 관료가 된 사람들이에요. 그들에게서 관연 사회적 약자에 대한 사랑을 기대할 수 있을까요?

선생님들을 상대로 강의할 때가 있어요. 아이를 사랑하고 아끼고 성장시키는 분들이죠. 또 그분들은 교육공무원이기도 해요. 그런데 생각해보세요. 고등학생들이 교육대학교나 사범대학교에 입학하려는 이유는 뭘까요? 자신의 심신을 수고롭게 해서라도 아이들을 행복하게 만들기 위해서일까요, 아니면 방학이라는 여유 시간도 있는 안정된 직장을 얻기 위해서일까요? 아이를 사랑하려고 선생이 되려는 걸까요, 아니면 자신의 안정된 삶, 다시 말해 자신의 이익을 위해 선생이 되려는 걸까요? 불행히도 점점 자신의 안정된 삶을 위

사랑이 놀라운 점은,
사랑을 준 사람한테
다 갚을 수 없다는 거예요.
갚으려고 시도는
할 수 있는데,
갚아지지가 않아요.

여섯 번째
만남

해 교직을 꿈꾸는 사람들이 늘어가는 것 같아요. 당연히 아이들을 사랑하는 수고를 기꺼이 감당하는 선생은 줄어들고 있고요. 봉급 받는 만큼만 아이들과 관계를 맺고, 자신의 삶이 침해되지 않는 범위에서만 선생의 업무를 수행할 뿐이에요. 점점 벤담적 자아로 무장하는 선생님들을 보면 저는 서글퍼져요. 그래서 제 강연을 듣는 선생님들에게 마지막에 물어봐요. '아이를 볼모로 삼아 돈을 버는 사람은 유괴범이죠. 여러분들은 유괴범으로 살아가시겠습니까, 아니면 선생님으로 살아가시겠습니까?' 아이를 사랑해서 봉급을 받는 것과 봉급을 받으려고 아이를 사랑하는 척하는 것은 다른 법이죠.

아이를 보호할 수 있는 시스템이라는 것은 부르주아 국가, 혹은 자본주의 체제에서는 아주 기만적인 생각일 뿐이에요. 아이로 상징되는 가족을 해체한 당사자가 어떻게 아이를 보호할 수 있겠어요. 중요한 것은 자본주의 체제가 성장하고 강화되면서 우리 이웃들이 점점 벤담적 개인이 되고 있다는 사실이에요. 사회보장과 안전을 담당하는 공무원도 그렇고 정부의 하청을 받는 복지 기관 종사자들도 마찬가지예요. 아이를 버리는 부모도 그렇고 아이에게 폭력을 행사하는 부모도 오직 자신의 쾌락과 이익에만 매몰되어 있어요. 그렇지만 이 젊은 부모들도, 이 젊은 관료들도, 그리고 이 젊은 복지사들도 자본주의 체제의 희생양이라는 사실을 잊어서는 안 돼요. 생계나 생존이 불안하니까 벤담적 인간형이 전염병처럼 번지는 거죠. 이런 조건에서는 사랑이든 가족이든 육아든 견뎌낼 수 없어요. 자본주의적 인간관이 팽배하고 생계까지 위협을 느끼면, 내 몸으로 낳은 아이라도 짐으로 느껴지는 거죠.

그렇다고 해서 이런 문제를 '힘들어도 사랑해야지, 더 힘을 내' 하고 특정 개인에게 강요해서는 안 돼요. 그건 누누이 얘기했지만, 제3자가 얘기할 수 있는 사안이 아니에요. 사랑은 당사자가 느끼고 실천해야 하는 일이죠. 사랑은 100퍼센트 자발적이어야 해요. 사랑은 강요가 되면 끔찍한 거예요. 아무리 자식들과 가족들을 잘 돌봐도 얼굴에 그늘 있는 사람들 많아요. '우리 며느리 같은 사람 없고, 우리 형님 같은 사람 없고, 우리 형수 같은 사람 없다'고 쉽게 말하지 마세요. 며느리는, 형님은, 그리고 형수는 자발적으로 우리에게 잘하는 것이 아니니까요. 반강제적으로, 혹은 사회적 시선 때문에 애정의 제스처를 취하는 것일 수도 있다는 얘기예요. 반대로 스스로 '내가 이들을 돌봐야지' 하는 마음을 가졌다면, 그들의 얼굴은 그렇지 않아요. 사랑은 자발적이어야 해요. 아무리 힘들어도 이런 사람들의 얼굴은 밝기만 하죠. 사랑이 타율적으로 강요되면 끔찍한 범죄예요. 사랑과 자유는 동전의 양면과도 같은 것이니까요.

타자의 고통을 느낀다는 것

○ 2021년 3월에 일명 '노원 세 모녀 살인사건'이라고 불리는 끔찍한 사건이 있었잖아요. 게임 동호회에서 만난 여성이 만나주지 않는다고 스토킹을 하다가 퀵서비스 기사로 위장해 집에 찾아가서 여동생을 죽였어요. 거기서 그치지 않고 귀가한 어머니를 죽이고, 또 기다렸다가 스토킹한 여성까지 살해한 사건이었는데요. 더 놀랐던 것은 그 집에서 3일간 머물면서 밥도 먹고 맥주도 마셨다는 얘기였어요.

우리가 누군가를 사랑한다는 것은 그 사람의 자유를 사랑하는 거예요. 나를 좋아할 수도 있고, 좋아하지 않을 수도 있는 자유가 온전히 주어졌을 때, 그때 나를 좋아해줘야 기쁘고 희열이 있죠. 스토킹은 그 사람의 자유를 제거한 상태에서 나만 좋아하게 만들면 되는 거잖아요. 그런데 살아 있는 사람의 자유를 박탈하는 것은 쉽지 않아요. 자유를 제거하는 방법은 그 사람을 죽이는 데서 정점에 이르는 거예요. 그리고 여기서는 타인의 쾌락과 즐거움은 중요하지 않고, 나의 쾌락과 즐거움만 있는 거죠. 개인주의적 자아는 자기 안에

간혀서 쾌와 불쾌만을 따진다고 했잖아요. 그러니까 누구를 사랑한다는 말은 그 사람의 자유를 사랑하는 말과 같아요. 사르트르가 《존재와 무》에서 한 말이죠.

실제로 사르트르는 보부아르Simone de Beauvoir, 1908~1986와 계약결혼 관계를 유지한 채 살았잖아요. 사르트르가 죽을 때까지 51년간 그렇게 서로 교류했어요. 제도적 구속으로 제약받지 않고 자유로운 상태에서 사랑을 한 거죠. 중요한 것은 상대방의 자유를 인정하겠다는, 아니 지키겠다는 두 사람의 의지죠. 계약에는 상대방이 다른 사람과 성관계하는 것을 제약하지 않는다는 조항도 있었다고 해요. 연애를 할 때 우리는 엄청난 행복을 느끼잖아요. 상대방이 나를 만나지 않을 자유를 가지고 있음에도 나를 만나러 오니까요. 반면 결혼을 하거나 아이를 낳게 되면 상대방에 대한 사랑의 강도는 떨어지기 쉽죠. 법률적으로나 경제적으로 상대방의 자유는 줄어들기 때문이에요. 혹은 줄어들었다고 우리는 쉽게 잘못 생각하기 때문이죠. 상대방에게 스토킹을 하거나 폭력을 행사하는 일은 상대방의 자유를 빼앗는 일이에요. 당연히 이런 폭력을 저지른 사람은 결코 최고치의 사랑을 경험할 수 없을 거예요. 비극적인 일이죠.

○ 얼마 전(2021. 5. 29.) 《경향신문》에 나온 한 기사가 작은 논쟁을 일으켰는데요. '종 차별적 언어를 바꾸자'는 취지로 열린 동물권보

호단체의 워크숍 내용을 소개한 기사였어요. 느끼고 살아 있는 존재에게 식용하는 동물의 살을 뜻하는 '고기'라는 말을 붙이지 말자, 가령 '물고기'라는 말 대신 '물살이'라고 하자, 동물의 수를 세는 단위도 '마리' 대신 목숨 '명命' 자를 쓰자와 같은 참가자들의 제안이 소개됐는데요. 이에 대해 한 역사학자가 자기 SNS에 이들의 주장대로라면 '알밴 물고기 잡은 낚시꾼'은 '임신한 여성 물살이 유인 살해자'로 불러야 한다면서 반론도 했어요.

타인의 고통을 느낀다, 타자의 고통을 느낀다는 것은 짐승까지도 포함이 되는 건데요. 고양이의 고통을 느낀다면 고양이의 눈을 빼거나 화살로 죽이지는 못해요. 고양이의 고통이 나의 고통처럼 느껴지는데 어떻게 고양이에게 고통을 가중시킬 수 있겠어요. 추운 겨울 길거리를 배회하는 고양이를 보고 안타까워하는 사람도 있고, 아니면 떨어지는 꽃을 보고 아파하는 사람도 있어요. 타자의 고통에 민감한 사람들이죠. 이런 사람들을 보고 '왜 그렇게까지 느껴' 하면서 투덜대는 사람도 있어요. 자신의 고통만 중시하는 사람일 거예요. 자본주의 체제가 강화되면서 타인의 고통에 둔감한 벤담적 인간이 늘어나는 것 같아 안타까워요. 당연히 이런 분위기 속에서 자연이나 생태는 보호받기 힘들죠. 자연이나 생태계의 고통스런 신음소리가 들리지 않을 테니까요. 하긴 자본주의 체제는 생태를 파괴하면서 성장하지 않았던가요. 결국 벤담적 인간의 증가와 자본주의의 발달은 함께해왔다고 할 수 있죠.

문제는 인간의 실존적 조건이 '생태를 보호해야지'라거나 '이제 다른 생명체를 파괴하지 말아야지' 같은 각오마저 힘들게 한다는 데 있어요. 다른 생명체를 파괴하지 않으면 우리는 살 수 없어요. 그래서 《한 공기의 사랑, 아낌의 인문학》에서 메를로 퐁티^{Maurice merleau-Ponty, 1908~1961} 얘기를 한 거예요. 우리는 '순진무구'와 '폭력'을 선택하는 것이 아니라, 중간 어딘가를 선택해야 해요. '폭력의 종류' 혹은 '폭력의 정도'를 선택하는 것뿐이죠. '무엇이 최소한의 폭력인가'의 문제란 말이에요. 간혹 채식주의자들 중에서 자신이 순진무구를 선택했다고 착각하는 사람들이 있어요. 물고기를 먹지 않으면 뭐해요, 식물들은 모두 뜯어 먹으면서. 스피노자^{Baruch Spinoza, 1632~1677}의 말에 따르면 어차피 우리는 신이 아니거든요. 다른 외적인 것, 타자적인 것에 의존할 수밖에 없어요. 자족성이 없다는 말이에요. 다른 것을 먹어야 되는데, 최소한으로 먹는 거죠. 그런데 자기가 식물을 먹었다고 자기를 순진무구로 본다면 문제가 있는 거예요. 식물을 먹는 행위가 최소 폭력이라는 걸 알아야 해요. 죽어가는 물고기에 대해서 고통을 느꼈던 사람이라면 물고기는 죽이지 않고, 최소 폭력을 행사하는 식으로 가겠죠. 죽여야만 고기를 먹잖아요. 식물 같은 경우는 잎사귀를 따도 죽지 않는 경우가 있어요. 그러면 뭐가 최소인지는 나오는 거죠. 그렇다고 식물 먹어서 당당하다, 이러나요?

그러니까 메를리 퐁티의 얘기처럼 최소 폭력을 선택한다는 것이 중요한 거예요. 우리가 선택할 수 있는 것은 없어요. 다른 생명체를 파괴하거나 훼손하지 않고는 우리는 살아갈 수 없을 테니까요. 그러니 '최소한의 폭력'이라는 생각이 중요하다는 거예요. 이 개념을 가지면 우리는 지혜로워져요. '아! 음식을 남기지 말아야. 음식을 남긴 만큼 나중에 다른 것을 또 죽여야 하니까'라고 생각하게 되죠. 나아가 이 발상을 가지면 놀라운 변화도 하나 생겨요. 죽을 때쯤 되면 죽음이 행복하게 받아들여지죠. 이제 다른 것을 파괴하지 않아도 되니까요. 최소한의 폭력만을 허락하며 살아온 사람은 고뇌에 사로잡힌 삶을 살아왔던 거예요. 생명체를 파괴하고 싶지 않으면, 자신이 굶어 죽어야 돼요. 이것도 일종의 생명 파괴죠. 그래서 최소한의 폭력을 실천하며 살아온 사람은 자신의 죽음을 행복하게 받아들이는 거예요. 이제 세상을 떠나니 소, 돼지, 물고기, 나아가 곡류나 채소 등을 파괴할 리도 없으니까요. 스님들이 발우공양을 할 때 남기지 않고 먹는 이유가 그거예요. 다 먹어야 그만큼 다른 것을 먹지 않을 수 있고, 그만큼 다른 생명체를 죽이지 않을 테니까요. 거기에서 자비가 보이는 거예요. 자비하는 마음이 있으니까 내가 굶어죽어야지, 이러지는 않아요. 자비는 타자의 고통을 최소화하고 동시에 나의 고통도 최소화하려는 마음이었던 거죠.

동물권을 주장하거나 이에 비판적인 사람들의 논쟁도 잘 보셔야 해요. 양측의 논쟁에 '최소한의 폭력'을 이야기했던 메를로 퐁티나 '고통과 자비'를 이야기했던 불교적 감수성이 있는지 말이에요. 이것이 없다면 자신을 포함한 생명과 관련된 논쟁은 말싸움에 지나지 않죠. 그런 것 먹지 마, 그거 먹는데 돼지고기는 왜 먹어, 채식주의자인데 달걀은 왜 먹어, 이러지 말았으면 좋겠어요. 인간이 가진 비극성들, 자기 살을 뜯어 먹고서는 살 수 없다, 자족적이지 않다, 먹는 것부터 타자에게 의존한다, 거기서의 문제죠. 잘 봐야 해요. 아, 사는 것은 치사한 일이다, 뭔가를 파괴하고 살아야 된다는 것을 아는 사람은 죽을 때 자유를 얻고, 죽는 것을 그렇게 힘들어하지 않아요. 이제 자연스럽게 죽으니 식물마저도 내가 파괴할 일은 없다, 이렇게 된다고요. 그런 사람들은 죽을 때 자유로워져요. 굉장히 도저한 인식에 이르죠. '너무 많이 해쳤다. 그래도 나이가 들어서 많이 안 먹어서 다행이다' 이렇게 생각하는 사람은 맛집 찾아다니면서 게걸스럽게 고기를 뜯는 사람과 다르죠.

먹기 위해 죽인 생명뿐만이 아니라, 나를 돌봤던 가족들한테도 내 삶이 폐가 되지 않아야 돼요. '나 때문에 아내는 더 좋은 사람을 만나지 못했다', '부모를 잘못 만나 우리 아이들이 힘들었다', '병든 남편 수발드느라 내 아내가 너무 힘들었다', 심지어 '나 때문에 지하철이 번잡해졌다'라고 생각해보세요. 내 존재 자체가 누군가에게 폭력이었다는 걸 알 거예요. 이런 사람은 자신의 삶이 마치 권리라도 되는 양 살아가는 사람과는 다르죠. 타인의 고통을 느낄 수 있는 사람은 이제 내 목숨이나 식욕을 위해 물고기나 식물이 죽지 않고, 나를 돌봤던 내 자식들의 삶, 내 아내와 내 남편의 삶이 덜 힘들어지겠다고 생각을 할 거예요. 그러면 목숨에 그렇게 연연할 수 없어요. 잘 살아온 사람들은 죽을 때 잘 죽어요. '아이고, 힘들게 살았다' 이런 생각을 하면서요. 그것이 나의 힘듦에 대한 이야기가 아니라, 내가 존재하기 위해 얼마나 많은 타인을 힘들게 했고, 얼마나 많은 생명체를 파괴했는지를 아는 거예요. 그렇게 생각을 해보면 되는 거죠.

진보의
전제는

타인에 대한
애정이다

우리나라 진보는 타인을 사랑한다고 말은
하지만, 정작 그러지 않아요. 말로라도
남을 사랑한다는 사람들이 나을까요,
각자가 열심히 노력하고 경쟁해서 이기는
사회가 좋다고 떠드는 사람들이 나을까요.

**일곱 번째
만남**

동등한 우정 나누기

○ 우리 사회에서 반복되고 있는 죽음이 있는데요. 군 복무 중 성전
환 수술을 하고 여군으로 군 생활을 이어가고자 했던 변희수 하사
가 2021년 3월에 자택에서 숨진 채 발견됐어요. 군이 변희수 하
사에게 '강제전역' 결정을 내린 후였습니다. 사회적 논쟁도 있었
고 많은 사람들이 변 하사를 지지하고 응원하기도 했지만 결국 홀
로 죽음을 맞았는데요.

자신을 인정받고 싶어했고, 용기 내서 앞으로 나왔던 건데요. 슬
프고 안타까운 사건이죠. 동성애만 하더라도 그리스 시절에는 문제
되지 않았어요. 억압적인 체제의 핵심 중 하나가 가부장제라고 한다
면, 가부장제가 강화될 때 동성애는 문제가 되고 음지로 숨어들죠.
억압당하니까요. 그리고 기독교 같은 종교와도 관련되어 있고요. 동
양에서는 유학이나 가부장적 질서가 패권을 잡기 전까지는 동성애
는 별다른 문제가 없이 이루어졌어요. 여성이면서도 남성인 사람,
남성이면서도 여성인 사람은 가부장적 이성애의 사회에서는 기피
와 거부, 혹은 혐오의 대상이 되기 쉬워요. 당연히 동성애자는 자신

을 숨기고 살아가죠. 타인에게 어떤 피해도 주지 않는데도 불구하고 전통적인 사회는 동성애자를 마치 없어져야 할 전염병균처럼 보기 때문이에요. 그렇지만 인간이라면 누구나 자신의 삶을 부정하려고 하지 않아요. 그러니 어느 순간 '나는 나야', '나는 남자의 몸이지만 여자야' 혹은 '나는 여자의 몸이지만 남자야'라고 외치고 싶지요. 자신을 부정하고 싶지 않으니까요. 남들에게 손가락질을 받을지언정, 스스로 손가락질을 하지 않겠다는 절절함이자 절박함이에요.

정치적 소수자, 사상적 소수자 등과 마찬가지로 성적 소수자는 스스로 자신의 소수성을 인정하고 동시에 사회로부터 인정받으려 하죠. 변 하사가 스스로 성전환 수술을 하고 여군으로 군 생활을 하려 했던 것도 이런 이유에서일 거예요. 군대 바깥 세계에서는 성전환 수술로 새로운 삶을 살아가는 사람들이 많으니까요. 변 하사는 이제 자신의 삶을 당당히 발언하고자 했던 거예요. 발언이 받아들여지는 분위기가 됐다고 생각했을 때 발언을 했는데, 아직은 아니었던 거예요. 내가 성소수자인 것을 이제 말할 수 있다고 생각해서 말을 했는데 공격을 당하는 거죠. 말을 한다는 것은 그 말을 하는 사람이 약자라는 거예요. 또 하나는, 인정을 받고 싶은 거죠. '괜찮아' 이 얘기를 듣고 싶은 거예요. 언젠가 내 삶에서 터져 나올 수도 있고, 누군가가 손가락질할 수도 있는데, 그 전에 당당하게 나를 인정받겠다는 거예요. 그 인정받겠다는 생각에는 성소수자에 대한 편견이 많이 사라졌다는 판단도 있었던 거죠. 힘도 없고, 말해봤자 자기가 완전히 짓뭉개질 거라고 생각하면 어떤 말도 하지 않아요.

원래 생명체는 자웅동체hermaphrodite적인 요소가 있어요. 시간이 지나면서 자웅이 육체적으로 완전히 분리되어도 여전히 모든 생명체의 깊은 곳에는 자웅동체가 내재하고 있는 거죠. 마르셀 프루스트Marcel Proust가《잃어버린 시간을 찾아서》4편 〈소돔과 고모라〉에서 말하는 '완전한 사랑'은 자웅동체적인 사랑이에요. 내가 남자인데 근사한 남자를 만났다면, 그때 나는 멋진 여성이 되는 거예요. 근사한 여자를 만나면 나는 근사한 남자가 되는 거예요. 이성애나 동성애 모두 자웅동체적 사랑보다 덜 근본적인 사랑의 형식이에요. '나는 영원히 이성애자야', 혹은 '나는 동성애자야'라는 생각은 사랑에 대한 일종의 고착 상태라는 이야기예요. 그렇기에 변 하사도 성전환 수술을 통해 자신을 여성으로 고정화한 거예요. 질 들뢰즈는《프루스트와 기호들》이라는 책에서 남녀라는 성차로부터 자유로운 사랑, 즉 자웅동체적 사랑을 강조해요. 모든 성소수자들이 반드시 읽어봐야 돼요. 아니 사랑에 관심을 가진 모든 사람이 봐야 할 책이죠.

프랑스의 어느 철학자가 했던 얘기인데, 비 맞는 것이 싫어서 세느강에 뛰어드는 남자 이야기……. 비가 오고 보도에 물웅덩이가 생겼다고 해보죠. 새 옷을 입은 남자는 옷이 젖을까 전전긍긍해요. 엄청난 스트레스를 견디지 못한 그는 세느강에 뛰어들죠. 이제 우산을 쓰지 않아도 되고, 물웅덩이를 피할 이유도 없어요. 마치 자유를 얻은 듯하죠. 그러나 중요한 것은 새 옷이 완전히 젖어버렸다는 사실

218

이에요. 변 하사의 비극에는 이런 메커니즘이 숨어 있는 것 같아요. 그만큼 변 하사는 여린 사람이었고, 동시에 자신의 성적 정체성이 부인될까 두려웠던 거예요. 여기서 중요한 것은 군이 변 하사를 강제 전역시킨 점은 아니에요.

군의 강제 전역이 변 하사를 죽음으로 몰고 간 것일까요? 아니에요. 어차피 군대는 변 하사의 성적 자기결정권을 부정하는 존재였으니까, 군대가 변 하사를 강제 전역시킨 것은 그다지 놀라운 일이 아니죠. 변 하사는 성소수자의 권리나 군 인권을 옹호하는 다양한 시민단체의 도움으로 군과 싸웠어요. 변 하사에게 그 단체들은 자신의 삶을 인정해주었던 강력한 타자였어요. 문제는 그들이 변 하사 자체가 아니라, 군인이면서 성소수자였던 특별한 사례에 관심을 가졌다는 거예요. 언론과 여론의 주목을 받는 변 하사와 함께하는 순간, 다양한 시민단체들도 덩달아 주목을 받겠죠. 그들은 진정으로 변 하사를 아꼈을까요? 변 하사의 죽음이 말하는 것은 '아니다'예요.

변 하사는 자신이 숨어 있어야 하는 이유, 가면을 쓰고 살아야 하는 이유에 대해 회의감이 들었을 거예요. 내 얼굴을 이제 보여야겠다고 다짐하고 드러내지만 나한테 애정이 없는 사람들에게 드러내면 뭐하겠어요. 진짜 중요한 사람은 나를 인정해줬으면 하고 바라는 대상이잖아요. 여기서 그 사람은 나보다 권력이 센 사람이 아니라, 동등하게 우정을 나누고 있는 사람을 얘기하는 거예요. 사회에 공개적으로 얘기하는 것은 조금 복잡하죠. 일부 사람들이 지지를 보내요. 내가 맨얼굴을 보였던 그 사람들이 나를 우정의 대상으로 생각하느냐, 아니면 자기들이 생각하는 이데올로기나 헤게모니와 일치하기 때문에 지지하느냐가 문제죠. 어떤 소수자운동을 하는 시민단체는 이슈나 화제가 더 중요할 수 있다는 거예요. 그러면 끝까지 함께하지 않아요. 주목 정도에 따라서 다른 이슈로 건너가겠죠.

변 하사 같은 경우는 외롭게 죽었잖아요. 성소수자의 권리를 보호하고 군 인권 문제를 옹호하는 사람들이 변 하사를 인정했고 변 하사 옆에 있어줬어요. 그런데 거기까지였던 것 같아요. 변 하사가 원한 것은 지속적인 관계 맺음, 지속적인 애정이었을 텐데요. 보통 누구를 인정한다는 행위는 그 사람과 지속적인 관계 맺음이 아닐까 하는 생각이 들어요. 사람들은 인정받기를 갈망해요. 나를 옹호했던 사람들이 유행이 지난 옷을 버리듯 나로부터 멀어져갈 때, 우리는 '내 존재 이유가 있을까?' 이렇게 생각하기 쉬워요. 그게 참 위험한 것 같아요. 차라리 계속 돌을 던지면 강해지기라도 할 텐데요. 이런 거 있잖아요. 안아줬다가 뺨 때리는 거랑 뺨 때리고 안아주는 거랑은 다르죠. 그래서 제일 나쁜 것이 같이 있겠다고 하면서 사라지는 거예요. 그래서 변 하사는 외로운 방에서 빈 소주병을 남긴 채 우리 곁을 떠났어요. 성소수자의 권리를 외치던 사람들, 군 인권을 요구하던 사람들은 변 하사가 진정으로 원했던 것을 주지도 않았고, 줄수도 없었던 거예요. 한 인간에 대한 사랑, 한 인간에 대한 우정!

'강남좌파', '좋은 지주', '따뜻한 자본주의'

○ 이런 죽음에 대해 진보 언론들도 다 똑같이 보도를 하잖아요. 혐오 세력에 의한 사회적 타살이다, 이러고 끝이에요. 끝까지 기억하겠다, 그때뿐이죠. 매번 똑같은 말만 반복하고, 사회는 정작 바뀌지 않는 것 같아요. 영화 〈보헤미안 랩소디〉가 공중파에서 방영될 때 프레디 머큐리와 매니저의 키스 장면이 삭제되었다고 하는데, 그런 일이 일어나면 진보적이라는 사람들의 논조가 뻔하거든요. 비판적인 글을 쓰고 나서, 나는 이런 문제의식을 갖고 있는 사람이야, 스스로 뿌듯해하고는 그게 끝이에요. 그리고 다른 이슈를 찾아서 또 같은 논조로 말을 반복하는 데 그친다는 거죠.

타인에 대한 애정이 없는 사람들에게 진보라는 말을 붙이는 건 적절치 않죠. 대부분은 자기를 더 아끼거든요. 그런 점에서는 보수와 별 차이가 없어요. 보수는 타인보다 자기 자신을 더 사랑하고, 사회 구조나 기득권 체제가 현재 상태로 유지되는 걸 좋아해요. 우리나라 진보는 타인을 사랑한다고 말은 하지만, 정작 그러지 않아요. 말로라도 남을 사랑한다는 사람들이 나을까요, 각자가 열심히 노력

방법을 가진 사랑과
방법을 만들어내는
사랑이 있어요.

진보는 후자여야 하고요.
새로운 방법을 창조해낼
만큼 사랑을 해야 돼요.

하고 경쟁해서 이기는 사회가 좋다고 떠드는 사람들이 나을까요? 예를 들면 '남편이 말로라도 나를 사랑한다고 하는 게 좋은가, 무관심한 게 좋은가'의 선택지 같은 거예요.(웃음) 말뿐만 아니라 '행동도 해라' 이럴 수도 있잖아요. 타인을 사랑한다고 말해놓고, 오히려 자기만을 사랑하는 행동을 하니까요. 이명박, 박근혜 같은 사람들한테 그런 것을 바라지 않아요. 그러려니 해요. 그게 또 슬픈 거예요. 결과적으로 '타인을 아끼고 사랑하고 기억한다'는 것이 '나를 기억해주고 우리 조직에 후원금을 주고 나를 대표로 뽑아달라'고 하는, 자신에 대한 애정의 형식이란 말이에요.

책을 볼 때 이런 느낌이 많이 들어요. 여성, 아이, 노동계급, 우리사회 약자에 대한 많은 책들이 출간되잖아요. 그런데 잘 읽어보면, 특히 책을 통해서 보면 저자가 약자에 대한 애정이 있는지 없는지는 금방 알 수 있어요. 애정을 가지고 있다면 절대 할 수 없는 말이 튀어나오거든요. 말이나 멘트, SNS 같은 경우는 해석할 수 있는 데이터가 충분하지 않아요. 책처럼 데이터가 많으면 누구를 사랑하는지, 그것이 자신인지 타인인지 알아요. 눈이 밝아야 되고, 속지 말아야돼요. 특히나 권력의 문제라면, 어떤 사람이 권력을 쥐느냐의 문제는 치명적이잖아요. 예를 들어서 남편이 애초부터 마초인 걸 알고사는 거하고, 말로는 페미니스트인데 알고 보니 아닌 거하고는 다르잖아요. 그런 관계가 왜 나쁘냐 하면, 상대방이 분열증에 빠져요.(웃음) 페미니스트이면서 동시에 페미니스트가 아닌 사람과 함께 사는

데, 어떻게 분열증이 없겠어요.

2005년에 강준만 선생은 흥미로운 개념을 하나 만들어요. '강남 좌파'. 여기서 '강남'이 성공한 자본주의적 삶을 상징한다면, '좌파' 는 자본주의 체제에 비판적인 입장을 나타내죠. 강준만 선생은 우리 시대 진보 세력의 허위의식을 비꼬고 있는 거예요. 1980년대 독재 와 싸웠던 대학생들은 신자유주의적 자본 질서에 성공적으로 안착 하면서, 2010년대를 전후로 해서 우리 사회를 이끄는 중심 세력이 됐어요. '재테크'라는 미명하에 부동산이나 주식으로 돈을 벌면서 도, 1980년대 대학 시절 군부독재에 저항했던 깃발을 여전히 휘두 르고 있죠. '노동', '민주주의', '평등' 같은 것들은 여전히 그들의 슬 로건이에요. 특히나 중요한 사람들은 정치계, 법조계, 학계에 몸담 고 있던 사람들로 이들은 진보적 이념을 표방한 다양한 시민단체들 에도 발을 담그고 있죠.

21세기 들어 세계화를 표방한 신자유주의적 질서가 뿌리를 내리 자, 우리 사회는 치열한 생존 경쟁의 전쟁터가 돼요. 그 결과 자살률 급증, 취업률 급락, 양극화 심화, 세대 갈등, 남녀 갈등 등등 크게는 전체 사회, 작게는 가족마저 그 공동체성이 뿌리부터 흔들리죠. 당 연히 벤담적 개인주의, 합리적 이기주의가 우리 사회에 범람하게 돼 요. 그에 따라 신자유주의 체제가 양산한 사회적 약자를 보듬는 사 회운동이 번성하죠. 시민단체를 결성해 이를 중심으로 펼쳐진 운동 이니, '시민단체운동'이라고 불러도 좋을 듯하네요.

문제는 시민단체운동이 신자유주의 체제 자체와는 맞서 싸우지 않는다는 데 있어요. 사회적 정의를 떠들면서 자본계급의 이익을 환수해 노동계급이나 사회적 약자에게 '재분배'해야 한다고 주장할 뿐이니, 시민단체운동은 20세기 초 독일에서 번성했던 사회민주주의 Social democracy의 21세기 버전에 지나지 않아요. 자본가든 지주든 생산수단을 독점한 사람들은 인적 생산수단만을 가진 노동자나 소작농을 착취하며, 어떤 노동도 하지 않고 부를 축적해요. 여기서 자본가 지주의 불로소득을 털어서 노동자나 소작농에게 주어야 한다는 것이 사회민주주의의 입장이에요. 중요한 것은 여전히 자본가나 지주가 존재하고, 당연히 불로소득은 없어지지 않는다는 사실이에요. 사회민주주의가 수정주의나 기회주의로 불리는 것도 이런 이유에서죠. 노동자가 물리적 생산수단을 가지고, 소작농이 땅을 가지면 그만이에요. 노동하지 않는 사람이 생산수단을 갖지 못하도록 하면 자본가도 그리고 지주도 사라지죠. 당연히 억압과 착취도 사라져요. 진정한 진보, 그리고 진짜 좌파의 입장은 바로 이거예요. 마르크스와 룩셈부르크의 생각이기도 하고요.

　어쨌든 강준만 선생이 '강남좌파'로 불렀던 인사들은 시민단체운동을 통해 정치권에 깊게 연루돼요. 사회 정의, 약자 보호, 재벌 감시 등등은 그동안 정당이나 국가기구만이 감당할 수 있었던 정치적 이슈였으니까요. 그래서일까요, 강남좌파들은 새로운 정당을 모색하거나, 아니면 기존 정당에 입당하면서 점점 더 정치적 영향력을 키워가요. 이 대목이 중요하죠. 자본주의 체제가 낳는 부정의와 불평등 그리고 착취의 문제를 해결하려면, 자본주의 체제를 폐기하면 돼요. 그러나 20세기 초 독일 사회민주주의자들이나 21세기 초 우리 강남좌파들은 부정의, 불평등, 그리고 착취만을 줄이려고 해요. 자본주의라는 괴물은 그대로 방치한 채 그 괴물의 똥만 치우는 식이죠. 마찬가지로 그들은 폭력 수단과 정치 수단을 독점하는 국가기구를 폐지하려고 하지 않아요. 단지 국가기구의 과도한 수탈이나 억압을 줄이고 재분배의 기능을 강화하려고 할 뿐이죠. 하긴 국가기구를 폐지하면 그들이 권력을 잡을 기회는 없어질 테니까요. 독일 사회민주주의자들이나 강남좌파는 자신들이 국가기구의 최상층부에 입성하면 '좋은 국가'가 작동할 거라고 떠들어대죠.

죄송해요. 말이 길어졌네요. 그냥 간단히 요약하면, '좋은 자본주의'나 '좋은 국가'를 떠드는 사람들이 사회민주주의자나 강남좌파고, '자본주의'나 '국가기구' 자체가 나쁘다고 보는 사람들이 진짜 진보거나 진짜 좌파라는 이야기예요. '강남좌파'를 그래서 '청와대 좌파'나 '여의도 좌파'로 불러도 좋을 듯하네요.(웃음) 그들은 자본주의 체제를 부정하지도 않고 국가라는 권력 독점 형식도 부정하지 않아요. 그래야 '좋은 지주', '좋은 자본가', 혹은 '좋은 대통령이나 국회의원'이라는 명분을 만들 수 있으니까요. 소작농에 관대한 지주, 노동자에게 높은 임금을 주는 자본가, 국민에게 재분배를 실시하는 대통령이나 국회의원……. 이렇게 그들은 자신을 지지해달라고, 자신에게 표를 달라고 이야기하죠. 선택된 소수 지배자나 명령권자의 자리에 올라가고 싶었던 거예요.

'강남좌파', '청와대 좌파', 혹은 '여의도 좌파'의 본질은 '좌파'에 있는 것이 아니라, '강남'이나 '청와대'나 '여의도'에 있어요. 그들은 명령하는 소수 지배계급, 무위도식해도 부를 불릴 수 있는 지주나 자본계급의 자리를 욕망하고 있으니까요. 결국 그들이 표방한 '좌파'나 '진보'는 제스처에 지나지 않죠. 경제적인 측면에서나 정치적인 측면에서 모든 권력을 피지배자나 노동계급에게 되돌려줄 생각이 애초에 없었으니까요. 그래서 어쩌면 '강남좌파'라는 표현보다 '진보팔이'라는 말이 더 맞을 듯해요. 국민이나 노동계급을 사랑한다고 말하면서도, 사실 그들이 진정으로 사랑한 것은 자기 자신이나 자기 가족이었으니까요. 진보를 팔아서 자신의 사리사욕을 채우려고 했던 거예요.

강준만 선생을 따라 조어 하나를 만들어볼까요. '강남우파'라고요. 직접적으로 이들은 박정희 군사독재 권력에 붙어 있던 사람들이죠. 강남우파의 기원은 사실 친일파나 미군정기의 친미파, 그리고 이승만 독재와 함께했던 사람들까지 이어져 있어요. 벤담적 자아가 정착되기도 전에 그들은 끓어오르는 이기주의를 권력과 결탁하면서 분출했던 사람들이죠. 행정 관료들, 사법 관료들, 나아가 친정부적 지식인들이 바로 그들이에요. 1990년대 이후 군부독재가 서서히 우리 역사에 사라지자 그들은 아주 적극적으로 자신들의 이기주의를 신자유주의적 이념으로 정당화해요. 강남우파는 물적 생산수단의 독점을 재산권의 논리로 정당화하고 그 독점한 자본을, 혹은 재산을 자유롭게 사용할 수 있어야 한다고 강조해요. 신자유주의 시대에 자유란 결국 자본가나 지주의 자유에 지나지 않았던 거죠. 당연히 그들의 국가관은 아주 전통적이에요. 국가는 재산과 자유를 보호해야 하는 거죠. 그리고 그들은 외쳐요. 누구든 자본가가 될 수 있다고, 적은 돈이라도 잘 굴리면 무위도식할 수 있다고, 공동체를 생각하지 말고 개인의 유불리를 따지면서 살아가라고.

　21세기 초반 한국 사회는 이런 모습이에요. '강남'을, '청와대'를, '여의도'를 장악하려는 강남좌파와 강남우파의 각축장이죠. 신자유주의로 무장한 강남우파의 무기가 기만적인 '자유' 개념에 집중되어 있다면, 강남좌파는 노동계급에 대한 애정, 사회적 약자에 대한 사랑을 표방해요. 사회적 양극화가 심해질수록 유권자들은 강남좌파에 표를 던지기 쉬워요. 강남좌파의 애정 공세에 넘어간 셈이죠. 그래서 강남좌파는 특히나 사회적 약자의 문제에 민감해요. 그들은 대중이 감정이입을 하며 분노하는 이슈에 대해서는 감정적이라고 할 만큼 개입을 해요. 그래야 여론의 지지를 받고 새로운 선거에서 승리를 해서 자신의 기득권을 유지할 수 있으니까요. 그러므로 강남좌파는 여러모로 '좋은 지주'를 닮았어요. 좋은 지주는 소작농의 집을 찾아가 그를 위로하는 말을 하고 쌀을 두고 가지만, 결코 자신이 독점한 땅을 주지는 않으니까요.

○ 사이비 진보가 하는 발언과 진짜 진보가 하는 발언을 구분하기가
   쉽지 않아요.

   그렇죠. 자본이든 땅이든 노동하지 않는 소수 사람들의 생산수
단 독점이 관건이에요. 강연할 때마다 청중들에게 묻곤 하죠. 조선
시대 지주라는 신분에 대해 어떻게 생각하시느냐고. 농사도 짓지 않
으면서 수천, 수만 평의 땅을 독점해서 그 땅을 소작농에게 빌려주
고 엄청난 소작료를 받는 지주가 존재하는 사회가 과연 정당하냐고.
나아가 한 줌도 되지 않는 지주를 지켜주는 조선이라는 왕조국가에
대해서는 또 어떻게 생각하시느냐고. 지주에 대해, 그리고 조선왕조
에 대해 '노'라고 한다면 진짜 진보예요. 반면 소작농의 삶을 아우르
는 '좋은 지주', 심한 소작료를 억제하는 '좋은 군주'를 꿈꾸는 사람
들이 사이비 진보죠. 땅 대신 자본을, 소작농 대신 노동자를, 왕조국
가 대신 대의제 국가를 도입해도 마찬가지예요.
   결국 사이비 진보와 진짜 진보를 구분하고 싶다면, 사이비 진보
의 발언과 진짜 진보의 발언이 헷갈린다면, 한번 물어보세요. 지주
에 대해, 자본가에 대해, 그리고 국가에 대해 어떻게 생각하시느냐
고요. 그렇지만 정말 심각한 문제가 뭔지 아세요? 1997년 IMF 구제
금융사태 이후, 우리 이웃들 대부분은 '작은 자본가'로 훈육되었다
는 거예요. 주식 투자, 부동산 투기, 임대 사업 등 노동하지 않고 수
익을 얻는 데 전념하고 있어요. 어쩌면 권력의 중심부로 들어간 '강

노동자들은
어떤 자본가에게
자기 노동력을 팔 것인지
결정할 자유밖에 없어요.
그건 자유가 아니죠.

노동력을 팔지 않으면
굶어죽는 사회에서
그게 어떻게 자유예요.

남좌파'의 이기적 행각을 비판하는 대중은 자신들의 이기성을 은폐하려고 그런지도 모르죠. 마치 정인이 양부모를 공격해 자신은 괜찮은 부모라는 것을 드러내려는 우리 젊은 부모들처럼 말이죠.

우파는 타인을 사랑하지 않고, 자본가는 노동자를 사랑하지 않아요. 그러니까 정리해고를 하는 거예요. 자신의 이윤이 제일 중요하니까. 그런데 이들이 ESG(환경, 사회, 지배구조) 경영이라는 미명하에 공동체를 사랑하고, 환경을 아끼겠다고 해요. 19세기 이후로 지구온난화를 낳았던 주범이 자본이라는 것은 누구나 아는 사실인데 환경을 얘기하고, 지배구조를 얘기하고, 사회 참여를 얘기해요. 4대 재벌 그룹 총수였던 SK 최태원이 대한상공회의소 회장을 맡고, 진보를 표방하는 현직 대통령도 '따뜻한 자본주의'를 얘기하잖아요. 자본주의가 어떻게 따뜻하죠? 우파가 진보의 제스처를 취하기 시작한 거예요. 지금은 2009년에 이명박 정부가 쌍용자동차 노동자들을 짓밟을 때의 모습과는 다른 거죠. 환경을 생각하고 고용을 생각한다고 해요. 그리고 재벌 총수가 전경련(전국경제인연합회)이 아니라 대한상공회의소에 들어가요. 이런 움직임은 우리나라에만 있는 게 아니에요. 전 세계적인 자본의 위기 시대이기 때문이에요. 노동자들은 계속해서 살기 힘들어지고, 취업도 더 어려워지고, 부익부 빈익빈도 심해지고 있고요. 그러면 저항이 불가피해져요. 그러니 자본계급과 국가는 선제적으로 환경, 지배구조, 사회를 먼저 이야기하는 거예요. 노동자들이 해야 할 이야기를 선점한 셈이죠. 굉장히 위험한 현상이에요.

자본이 그렇게 힘을 가질 때 한쪽은 사이비 진보들 때문에 삶이 힘들어요. 생산수단 독점의 문제를 우회하는 논의는 아무리 진보적으로 보여도 무력한 논의일 뿐이죠. 사이비 진보들은 부차적인 문제를 중심적인 것으로 만들어요. 정규직과 비정규직 사이의 갈등, 남성과 여성 사이의 젠더 문제, 그리고 기성세대와 젊은 세대 간의 갈등이 자본과 노동 사이의 핵심적 문제를 덮어버리게 된 거예요. 그래서 왜 이렇게 삶이 힘든지 고민해야 하는 사람들은 갖가지 논쟁에 빠져서 서로 반목하고 흩어져 있어요. 사이비 진보들의 진보팔이 때문이죠. 어쨌든 약자들이 깨알 같이 흩어져버리면 기득권 체제는 계속 유지되는 거예요. 그래서 슬슬 자본가들, 우파 계열들이 '우리는 공동체를 아끼고 타인을 사랑한다'고 나오고 있는 거죠. 이제 누구나 사이비 진보의 상태를 알게 됐잖아요. 공정을 외쳤는데 실제로는 공정하지 않았고, 청년들을 사랑한다고 말했는데 실제로는 자기 자식만 사랑했다는 사실이 확인된 거잖아요. 어쨌든 간에 진보라는 미명하에 권력을 잡았어요. 여론 주도 계층이고, 엘리트들이고, 일종의 소수 권력자란 말이에요. 이들이 진보였다면 '따뜻한 자본주의'라는 말을 하면 안 되죠. 따뜻한 자본주의는 '네모난 원'처럼 황당한 논의니까요.

진보의 핵심은 타인에 대한 사랑이에요. 진보의 가치는 그것밖에 없어요. 마르크스를 보면 노동계급에 대한 사랑이 절절해요. 그게 마르크스의 힘인 것 같아요. 자본주의가 어떻게 생산수단을 독점해 노동자를 양산하고 착취하는지 부단히 해명하면서, 마르크스는 노동자들이 노동자가 아닌 인간으로 살아갈 실마리를 제공하죠. 우리 사회 도처에 흔히 진보라고 말하는 사람들이 과연 약자를 사랑하는가를 봐야 해요. 진보적이라는 교수들도 논문을 쓰느라고, 혹은 학회에 참석하느라고 휴강을 하곤 하죠. 학생들도 휴강하면 좋아한다고 하면서.(웃음) 그렇지만 그건 자신을 아끼는 것이지 학생들을 아끼는 것은 아니죠. 타인보다 자기를 더 아끼는 사람은 선생의 자격이 없어요.

이성복 시인은 "방법을 가진 사랑은 사랑이 아니다"(《네 고통은 나뭇잎 하나 푸르게 하지 못한다》, 2001)라고 했어요. 왜냐하면 사랑에는 이미 방법이 포함되어 있으니까요. 사랑한다면 이렇게 해야 한다는 것은 자기 사랑이에요. 아버지가 생전에 짜장면을 좋아했다면 제사상에 짜장면을 올리면 돼요. 아버지가 짜장면을 아무리 좋아했어도 관습이 그렇지 않고 남들 보기에 민망해서 눈치를 본다면, 친척이나 어른들이 인정하는 사람이고 싶은 거죠. 혁명을 왜 하냐면, 법을 바꾸는 거예요. 제사상에 음식을 올리는 방법을 바꿔버리는 거예요. 그 음식을 아버지가 좋아하지 않으셨으니까. 그런 게 사랑이에요. 그러니까 방법을 가진 사랑과 방법을 만들어내는 사랑이 있어요. 진보는 후자여야 하고요. 새로운 방법을 창조해낼 만큼 사랑을 해야 돼요. '대책이 없네, 생각해볼게' 이렇게 해서는 사랑하기 힘든 거죠. 모든 사람들이 생각을 해봤으면 좋겠어요. 나는 누구를 사랑하는가, 그 사람을 외로움에 방치하지는 않는가.

생계 문제 빠진 인권은 의미 없다

○ '사회적 타살'이라고 볼 수 있는 안타까운 죽음이 반복되는데요. 고민해봐야 할 지점이나 대안은 없을까요?

중요한 것은 인권이잖아요. 인권을 생각했을 때 자꾸 망각하는 것이 생계의 문제예요. 생계가 힘들면 인권도 의미가 없어요. 한 사회와 공동체가 개인의 생계를 유지해주는 게 핵심이에요. 역사적으로 인권은 농노나 농민들을 노동자로 개조하는 과정에서 만들어진 개념이에요. 공동체의 간섭 없이 자신의 노동력을 자유롭게 팔 수 있어야 한다는 것, 이것이 바로 인권 개념 이면에 도사리고 있는 정치·경제학적 논리였죠. 미국의 경우에는 흑인 노예들을 노동자로 만드는 과정에서 인권 개념이 부각돼요. 남북전쟁 이후에 통과된 수정헌법 제14조에는 '어떠한 주도 정당한 법적 절차 없이 개인의 삶,

자유, 재산을 빼앗을 수 없다'고 말하고 있어요. 이제부터 흑인들의 인권을 보장해야 한다는 것인데, 그다음에는 어떻게 되었나요? 노예에서 풀려나서 저임금노동자가 되고, 소작농이 되고, 할렘가를 전전하게 됐어요. 노예제에서는 사람을 소유해서 그 사람의 노동력도 가졌어요. 그런데 자본주의가 그 사람의 노동력을 구매해서 그 사람을 지배하는 거예요. 그리고 그것을 '노동력을 판다'고 하고, 구직 활동이라고 얘기하고, 너는 자유롭다고 해요. 노동자들은 어떤 자본가에게 자기 노동력을 팔 것인지 결정할 자유밖에 없어요. 그건 자유가 아니죠. 노동력을 팔지 않으면 굶어죽는 사회에서 그게 어떻게 자유예요.

수정헌법 제14조에서 중요한 것은 '개인의 재산'이라는 개념이에요. 노동력이든 재산이든 개인의 소유물을 빼앗지 않는다는 주장은, 사실 흑인 노동자들에게는 유명무실한 주장에 불과하죠. 가진 것이라고는 몸뚱이밖에 없는 흑인 노동자에게 빼앗을 무엇이 있겠어요. 빼앗지 않아도 자기를 팔아야 되니 노동시장에 나올 수밖에 없어요. 아무리 배고파도 자기 몸을 뜯어 먹고 살 수는 없을 테니까요. 누구도 직접적으로 흑인들을 노동시장에 가도록 강제하지는 않았다, 흑인들이 자발적으로 자신을 팔았다, 뭐 이런 주장이 바로 흑인의 인권을 보장했다는 논리예요. 생계의 문제에 직면한 흑인 노동자에게 인권의 논리는 냉혹한 시장의 논리에 지나지 않았던 거예요. 반면 수정헌법의 인권 논리로부터 혜택을 받은 계급은 재산을 충분히 소유한 백인 자본계급이었죠. 이제 누구도 그들의 자본을 빼앗을 수 없게 되었으니까요. 실제로 수정헌법 제14조가 적용된 곳이 법인이잖아요. 실질적으로 회사들, 법적 인격체에게서 재산을 빼앗지 못하게 만들어뒀단 말이에요.

생계를 유지하는 데 위험을 느끼게 하고 구조적으로 비정규직 일자리를 만들어놓고, 그 사람들한테 인권의 논리를 이야기하는 게 옳을까요? 여성들, 청년들, 사회적 약자에게 생계가 충분히 유지되면 스스로 권리를 지켜요. 최고의 인권은 자기 자신을 팔지 않게 하는 거예요. 정치·경제학적으로 인권을 생각해야 돼요. 생계의 위협 때문에 일자리를 결정하게 하면 안 돼요. 수정헌법 제14조는 인디언 200만 명을 고사시켰던, 19세기 내내 인디언을 아메리카에서 멸족시키려고 했던 미국이 만들었어요. 노예로 경제를 움직이는 남부하고 노동자로 움직이는 북부하고 싸운 것이 남북전쟁이잖아요. 당시 흑인 20만 명이 그 꿈에 취해서 북부를 위해서 싸웠어요. 손해배상해야죠. 3~4대에 걸쳐서 노예로 살아왔는데, 해방만 시키면 어떻게 해요. 제대로 보상금을 지불하고, 원하는 사람들이 있다면 아프리카에 다시 데려다줘야죠. 그런데 미국은 그렇게 하지 않았어요. 그들을 생계가 불안한 저임금노동자로 만들었으니까요.

좋은 사회는 별게 아니라 생계에 걱정이 없어서 자기가 하고 싶은 일을 할 수 있는 가능성이 많아야 돼요. 그런데 생계가 걱정이 되면 하고 싶은 일을 할 수 없잖아요. 지금 우리 사회가 그래요. 이런 사회일수록 인권을 많이 얘기해요. 미국이 흑인 노예를 해방하면서 개인의 재산을 보호한다고 했어요. 재산이 없는데 무엇을 보호해요. 끝내 법인을 보호하고 자본가를 보호한다는 거죠. 똑같은 전략이 미국 주변의 스페인 식민지에도 적용돼요. 노예를 해방하듯 식민지 주민들을 해방하겠다는 의지를 수정헌법 제14조에 의거해 피력했던 거예요. 처음에 스페인으로부터 독립을 꿈꾸던 식민지 주민들은 환호했지만, 나중에 모두 미국의 바나나, 사탕수수 만드는 저임금노동자가 된 거예요. 채찍으로 때리지는 않죠. 그런데 노예제와 노동자제가 성격만 달라요. 노예제는 감시하고 때리면서 이 사람을 자기가 소유하고 있으니 이 사람 노동도 자기 거예요. 자기한테 노동력을 팔지 않으면 굶어 죽게 만드는 시스템을 만든 거예요.

노예와 노동자의 차이는 무엇일까요? 극단적으로 말해서 출퇴근 노예가 노동자 아닐까요? 이것이 사실 직장인은 모두 느끼고 있는 현실이죠. 아침에 출근할 때는 마음이 무겁고, 퇴근할 때는 마음이 편하잖아요. 그게 정확한 거예요. 물론 노예제에서보다는 잘살수도 있지만, 자기가 원하는 일을 못 하기는 마찬가지예요. 그래서 인권이라는 것이 그런 것 같아요. 갑질이지만 어느 정도까지 용인해야 하나, 하는 그런 식의 저항……. 자본가가 법적 절차를 지켜서 노동자를 해고하면 인권이 보호된 건가요? 존댓말을 쓰고 휴가를 보내주면서 최저임금을 주면 인권이 보호된 건가요? 모르겠어요. 저는 구조적 억압 상태, 구조적 반인권 상태라고 봐요. 인권을 구조적으로 보호하지 못한다면 공동체라고 할 수 없어요.

중학교, 고등학교 때 마르크스의《자본론》을 교재로 선택했으면 좋겠어요. 아니면 최소한 초등학교 때부터 대한민국 헌법을 교과서에 실어서 배웠으면 하고요. 인간의 모든 기본권이 헌법에 나와 있거든요. 문제는 그 하위 법률들, 노동법부터 해서 모든 법률이 그걸 제약하거나 무력화하고 있다는 점이죠. 20세기 초반에 나온 바이마르 헌법Weimarer Verfassung은 노동자들 중심의 헌법이었어요. 많은 헌법이 바이마르 헌법의 영향을 받아 만들어졌단 말이에요. 그런데 언론·출판·집회·결사의 자유를 하위 법률인 도로교통법으로 막아요. 말이 안 되는 거죠. 자유가 있다고 하는데, 신고를 해서 허가를 받아야 한다니요. 집회의 자유를 허가하지 않으면 어떻게 할 건데요. 불법이 돼버리는 건데. 자유가 있으면 있는 거지, 왜 허가를 받아요. '아들아, 잠잘 자유가 있긴 한데, 대신 허가를 받아라' 이러고 있다고요.

○ **자본이 이제는 겸손한 척하면서 사람들의 마음을 얻고 있는 상황인데요.**

'좋은 왕'과 '나쁜 왕' 중 누구를 선택해야 할까요? 이 질문은 '좋은 지주'와 '나쁜 지주'를 선택하거나, 혹은 '좋은 자본가'와 '나쁜 자본가' 중 누구를 선택하느냐는 문제와 같아요. '좋음'과 '나쁨'에 현혹되어서는 안 돼요. 중요한 것은 '왕'과 '지주', '자본가' 그 자체에 대해 숙고하는 거니까요. 예를 들어볼까요. 나쁜 왕이 있다고 해보죠. 국민들을 함부로 동원하고 과도한 세금을 징수하고 사치와 향락을 일삼는 왕이에요. 그런데 만약 그 왕이 왕위에 있지 않고 시골 마을에서 평범한 필부로 살고 있다고 해보세요. 그 사람이 어떻게 강제 동원과 수탈을 자행할 수 있겠어요.(웃음) 그러니까 형식이나 구조가 중요한 거예요. 이 점에서 좋은 왕은 나쁜 왕보다 국민들에게 더 치명적이라고 할 수 있죠. '좋음'이 '왕'이라는 구조적 부정의, 즉 누군가 폭력 수단, 정치 수단, 나아가 상징 수단을 독점하는 억압 구조를 희석시키니까요.

겸손한 자본, 사회를 생각하는 자본, 환경을 생각하는 자본, 청년 고용 문제를 고민하는 자본도 마찬가지예요. 정리해고와 명예퇴직을 강요하는 자본이 어떻게 겸손할 수 있나요? 공동체적 유대와 연대를 와해시키고 사회 도처에 경쟁주의와 이기주의를 만연하게 하는 자본이 어떻게 사회에 대해 고민한다고 할 수 있나요? 화석연료를 기반으로 100여 년 동안 지구 생태계를 초토화시킨 자본이 어떻게 환경을 입에 담을 수 있나요? 값싼 노동력을 찾아 다국적기업으로 변모한 자본이 어떻게 청년의 구직난을 해결한다고 떠들 수 있나요? 어쨌든 지금 자본은 ESG를 얘기하고 고용 창출에 노력한다고 기염을 토하고 있어요. 왜 그럴까요? '좋은 왕'이 '왕'이라는 구조를 은폐할 수 있듯이 '좋은 자본'도 '자본'이라는 구조를 정당화할 수 있어요. 1980년 영국의 대처로부터 시작된 신자유주의가 더 이상 유효하지 않게 된 거예요. 부익부 빈익빈 현상, 청년 실업 문제, 공동체 의식의 붕괴, 지나친 개인주의의 확산 등등 신자유주의의 폐해가 드러나자, 자본은 선제적으로 자신의 책임을 은폐하려고 시도하고 있어요.

○ 예전 같으면 재벌을 부러워하면서도 비판은 했는데요. 지금은 친근감을 느끼는 것 같아요. 기부라도 하면 '너는 저렇게 벌어서 기부라도 해봤니?' 이런 반응이에요. 그러니까 자본이 사람을 부리기가 좋아진 것 같아요.

신자유주의 정책의 핵심이 무엇인지 아세요? 그건 모든 노동계급이 자신을 '노동자'이기보다는 '작은 자본가'라고 오인misrecognition하도록 하는 데 있어요. 소액이나마 투자를 하도록 유도하고, 작은 집이나마 임대 사업이나 투기를 하도록 장려하는 거예요. 삼성 이재용의 2조 원 투자와 자신의 200만 원 투자는 질적으로 동일하고, 아울러 자신도 언젠가 더 고액의 투자를 할 수 있으리라 믿으니, '작은 자본가'가 되어버린 우리 이웃들은 재벌에 대해 친근감을 느끼게 되죠.

불행하게도 '작은 자본가'라는 생각은 일종의 환각일 뿐이에요. 투자나 투기에 사용되는 돈은 모두 노동력을 팔아서 생겨요. 결국 '작은 자본가'는 자본주의 논리를 받아들인 노동자에 지나지 않죠. '자본가'라는 형식을 없애서 불로소득이 사라진 사회를 만들어야 하는 노동자가 '큰 자본가'를 꿈꾼다면, 자본과 노동이라는 위계질서는 사라질 수 없어요. 이렇게 '작은 자본가'라는 인식은 노동계급에게 치명적이에요. 제가 누누이 강조했던 벤담적 자아, 혹은 이기적 개인이 노동계급의 세계 인식과 저항 의식을 그야말로 고사시키고 있기 때문이죠. '작은 자본가'가 어떻게 자신의 롤모델인 '큰 자본가'를 부정하겠어요. 당연히 자본가는 노동자를 부리기 쉽고, 자본은 노동에 대해 확고한 우위를 점유하게 되죠.

여덟 번째

구경꾼에서

주체로

만남 지승호
묻고

 강신주
답하다

최악은 세상이 막연히 좋아질 거라고
생각하는 거예요. 두 번째는 절망하는 거고,
가장 바람직한 태도는 분노하고 바꿔버리는
거예요. 내가 사는 세상이 이렇게 더럽게
똥을 싸질러 놓았는데, 아무도 내 앞에 있는
똥을 치워주지 않아요. 스스로 치워야 돼요.

여덟 번째
만남

세월호 그리고 신자유주의

○ 세월호 참사가 일어난 지 7년이 지났는데요. 정치적인 사안이 아
   님에도 불구하고 한국 사회에서 가장 정치적인 사안 중 하나가 되
   어버리지 않았나 해요. 그런데 부모들은 아직도 아이들이 왜 죽었
   느냐고 묻고 있잖아요.

신자유주의적 규제 완화 법률이 문제였어요. 이명박 정부 때인
2009년에 해운법 시행 규칙을 바꿔서 배를 운항할 수 있는 선령船齡
제한을 20년에서 30년으로 늘렸어요. 세월호는 청해진해운에서 폐
선에 가까운 18년 된 배를 일본에서 수입한 것인데, 규칙 시행 변경
전이라면 수리해서 2년밖에 쓸 수가 없기 때문에 애초에 들여오지
않았겠죠. 그런데 이 기간을 30년으로 늘려놓았으니 해운 자본 입장
에서는 18년 된 낡은 배를 수입한 다음 개조해서 운항하는 것이 이
익이 남는 일이었죠. 일본에서는 운항할 수 없는 배를 가져다가 개
조해서 승객들을 태우고 다닌 거예요. 2014년 4월 16일 인천항을 떠
나 제주도로 향하던 세월호는 이미 구조적으로 시한폭탄이었던 거
죠. 끝내 진도 인근 해상에서 세월호는 침몰하고 말아요. 299명의 사

망자와 5명의 실종자가 발생한 대형 참사가 일어난 거예요. 희생자 대부분은 수학여행에 들뜬 고등학교 학생들이었어요. 문제는 누구도 신자유주의의 발효가 참사의 원인이라고 지목하지 않았다는 데 있죠. 그저 화물 과적이나 고박 불량, 무리한 선체 증축, 조타수의 운전 미숙 등등이 사고의 원인으로 언급되거나, 혹은 구조 과정에서 드러난 정부와 해경의 미숙한 대응만 문제 삼았을 뿐이에요.

어떤 사람이 죽으면, 특히 비명횡사를 하는 경우, 왜 죽었는지를 고인이나 유족들은 알아야 해요. 그래야 관 뚜껑을 닫고 고인의 명복을 빌 수 있으니까요. 귀신이 돼서 구천을 떠돈다는 말은 억울함이나 해결되지 않은 무언가가 있다는 거잖아요. 그렇다면 아이들한테 이야기해줘야 해요. '자본을 위해서 국가가 그 법을 통과시켰고, 그 법 때문에 죽었다'고요. 그게 가장 본질적인 원인이에요. 그런데 이것을 개인이나 누군가의 실수로 돌리고 서로 공격하기 시작한 거예요. 문제를 흐려버린 거죠. 해운법 시행 규칙 변경을 제안했던 사람들과 거기에 투표했던 국회의원들이 책임을 져야 해요. 국민의 대표들이 자본의 편을 들었어요. 그것이 핵심이에요. 그런데 해경의 잘못이라든가, 지휘권자가 잠을 잤다든가, 구할 수 있었다든가, 자꾸 누구 탓을 해요. 물론 이들의 책임도 간과할 수 없지만, 이차적 원인일 뿐이죠. 또 어떤 사람들은 '해상에서 일어난 교통사고'라고 너무 쉽게 이야기하기도 했어요. 당시 대통령이었던 박근혜의 책임론을 무마하려는 보수 우파의 망발이었죠.

애초에 세월호라는 배가 운항할 수 없었어야죠. 세월호로 상징되는 자본이 이득을 유지할 수 있는 구조를 허락하는 이상, 누구나 세월호 참사의 당사자가 될 수 있어요. 그리고 노후 선박이나 노후 지하철을 이용하는 가난한 계층의 사람들은 확률적으로 사고 위험에 더 많이 노출되어 있는 거죠. 매년 우리는 세월호 희생자를 추모하지만, 결국은 아직 희생되지 않은 사람들이 이미 희생된 사람들을 추모하는 형국이에요. 세월호 참사의 진정한 주범, 신자유주의적 정책을 심판대에 올리지 않기 때문이죠. 주변을 둘러보세요. 여전히 규제 완화 이야기를 하고 있잖아요. 그러면서 세월호에서 죽은 아이들을 추모한다고 SNS에 글도 올리고 그래요. 세월호 참사의 분노가 실질적으로 박근혜 정권을 무너뜨리는 데 일조했어요. 분명 촛불집회의 큰 정서적 자장에 분명히 세월호에 대한 공분이 있었으니까요. 그러나 촛불은 박근혜 정권만 불태웠을 뿐, 신자유주의로 무장한 자본주의의 털끝 하나 태우지 못했죠. 박근혜 정권을 대신한 문재인 정권이 해운 자본을 통제하려는 최소한의 조치, 이제 다시는 세월호와 같은 참사가 일어나지 않도록 해운법을 강화하는 조치를 할 필요가 없었던 것도 이런 이유에서죠. 아무도 문제의 본질인 자본주의를 언급하지 않고 있으니까요.

세월호 문제로 상처받은 사람들에게 더 심각하게 얘기를 하면요. 자본은 이윤을 위해서 인간의 생계뿐만 아니라 삶 자체도 위기에 노출시킬 수 있다는 거예요. 그러니 인간이 자본주의를 통제해야 하고, 그렇게 했을 때 자본주의 시스템을 붕괴시킬 수 있어요. 그런데 그 방향으로 갔나요? 다시 처음으로 돌아가서, 어떤 큰 사고가 나서 많은 사람들이 죽었어요. 아이들이 살아 있다면 무럭무럭 자라서 20대 중반이 됐겠죠. 그런데 다들 그러고들 잘 살아가고 있어요. 바뀐 것 없어요. 그때 해운법 시행 규칙 변경에 합의했던 국회의원들 명단을 뽑았으면 좋겠어요. 적어도 그들이 아무것도 모르는 양 세월호 추모 행사에 참석하는 것은 막아야죠. SNS도 못 하게 하고요.(웃음) 너무나 뻔한 건데, 일본에서는 왜 20년 된 배는 더 이상 운행을 못 하게 했을까, 이걸 봐야 되잖아요. 20년이 넘은 낡은 배는 위험하니까요. 그런데 우리 해운법은 30년까지 운항해도 좋다는 2009년 개정된 시행 규칙을 아직도 유지하고 있어요. 세월호 참사에도 불구하고 말이죠. 아직도, 아니 지금도 제2의 세월호, 제3의 세월호가 위태롭게 우리 바다를 지나다니고 있는 거예요.

○ 국민들이 300명이 넘는 사람들이 죽어가는 광경을 생중계로 지켜봤잖아요. 한국전쟁 이후 가장 큰 트라우마라는 이야기도 나왔는데요. 그 이후로 별로 바뀐 것이 없다는 생각이 드네요.

박근혜 정권에서 문재인 정권으로 바뀌었는데도 별로 변한 것이 없다는 느낌이 드는 이유는 무얼까요? 그건 2009년 신자유주의적 입법이 현재까지 전혀 변하지 않았기 때문이죠. 해운 자본의 이익을 위해 승객을 위험에 빠뜨린 신자유주의적 법률은 그대로 유지되고 있는 거예요. 그러나 더 넓게 생각해볼 필요가 있어요. 자본에 대한 규제를 완화하는 신자유주의는 우리 국민 대다수를 위험에 빠뜨리고 있으니까요. 미취업과 실업 문제, 비정규직 양산, 정리해고, 명예퇴직, 아웃소싱의 증가 등등, 이 모든 것이 자본이 규제를 받지 않고 자유를 만끽한 결과예요. 결국 우리 국민 대부분은 언제 침몰할지 모르는 대한민국호에 타고 있는 승객이라 할 수 있죠.

신자유주의를 강화하고 규제를 완화하는 입법들을 많이 한 것이 문제예요. 사람들이 착각하고 있는데, 규제를 완화하려면 법률이 더 많아져야 돼요. 과거 18세기 자유방임주의 시절에 법률이 더 많이 만들어졌어요. 무엇 때문에 그럴까요? 그것은 자본주의 체제의 구조적 특성과 관련이 되어 있어요. 자본이 이윤을 많이 얻으면, 노동자의 임금은 줄어들죠. 지주가 지대를 많이 받으면 소작농의 소득이 줄어드는 것과 같아요. 규제 완화는 자본이 자유롭게 이윤을 얻도록 하는 거죠. 당연히 노동계급의 불만은 높아져요. 그들의 불만을 절차적 민주주의 형식으로 무마하거나 지연시키기 위해 법률들이 무더기로 만들어져요. 자본에 날개를 달아주는 대신, 노동에 가해지는 족쇄는 더 촘촘해지는 거죠.

유럽연합[EU]이 국제노동기구[ILO] 핵심 협약 중에서 한국 정부가 아직 비준하지 않은 결사의 자유나 단체교섭권 같은 노동권 수준에 문제를 제기하잖아요. 한·EU FTA가 체결됐는데, 우리 법률이 노동자의 권익을 보호해줘야 한국에서 만든 상품의 가격이 높아지고, 교류를 하더라도 손해를 보지 않죠. 이들이 한국 노동자들을 위해서 그런 법률 개정 요구를 하는 게 아니잖아요. 문재인 정권이 자본가도 반대하고 노동자들도 반대하는 '노동자들의 권익을 보호하는 법률'을 강제로 입법시켰어요. 이게 자본주의의 무서운 점이에요. 자본주의는 노동 입법까지도 이윤 획득의 수단으로 사용하고, 다른 나라에 강요를 할 수 있어요. '만국의 노동자'가 단결해서가 아니라 '만국의 자본가'가 그렇게 한 거죠. 노동자의 권익이 떨어지고 자본의 가치가 올라가는 것이 신자유주의예요. 자본이 국경을 없앤 거라고요. 다국적기업이 많아지고 자본의 힘이 세지면 자본이 한 국가의 법률도 좌지우지해요. '법률 쇼핑'이라고 해야 돼요. '너희 나라가 이런 법률 마련하면 우리가 투자할게' 하는 식이죠. 노동자들이나 그 국가에 속해 있는 사람들이 중지를 모아서 우리 사회를 위해서 이런 법을 만들어야겠다는 것이 아니라 자본이 요구를 해요. 이런 법률을 만들지 않으면 우리는 너희 나라에서 나가겠다, 투자하지 않겠다는 거예요. 법률 제정이 보편적인 인간 권리를 위한 행위가 아닌 사회가 된 거예요.

다국적기업에게 노동자의 권익이 무슨 의미가 있어요. 우리나라에서든 어느 나라에서든 값싼 임금을 주고 물건을 만드는 게 목적인데요. 그런데 갑자기 이들이 환경을 얘기하고 사회를 얘기하고 지배

세상이 좋아지리라는
막연한 희망도
버려야 해요. 또 세상은
변하지 않으리라는
비관도 버려야 하고요.

여덟 번째
만남

구조를 애기하니까 당혹스럽죠. 그런 가치를 추구한다면 외국인 노동자 데려다가 값싼 임금으로 착취하지 말고, 가난한 나라에 공장 세워서 환경 오염시키지 말고, 노동자들에게 지배권을 넘겨야죠. 자본에 항복한 나라, 이윤이 가장 중요한 가치인 나라가 만성화되었어요. 물론 착하고 순한 사람들이 그런 자본의 맨얼굴을 봤을 때 저항을 하죠. 그러면 자본이 자기들도 따뜻하고 인간적이라는 제스처를 취해요. 저항이 불매운동으로 번질 수 있으니까 완화시켜야죠. 그러다가 잠잠해지면 다시 원래대로 돌아가는 거예요.

○ **보수 쪽에서는 세월호 참사를 '교통사고'라고 말하면서, 보상금을 더 많이 받기 위해서 문제를 키웠다고 공격을 했어요.**

세월호 참사의 주범은 누차 말하지만 신자유주의를 표방한 자본주의 체제예요. 2차 범인은 신자유주의를 비호했던 국가권력이었죠. 그리고 3차 범인은 세월호를 운항했던 청해진해운, 세월호를 조종했던 승무원들, 그리고 세월호 승객 구조에 무능했던 해경 등 관료들일 거예요. 이 대목에서 보수 세력은 세월호 참사에 '교통사고'라는 프레임을 덧붙였죠. 길거리에서 자동차 사고가 나면, 사고 당사자들끼리 과실 책임을 묻잖아요. 여기서 경찰이나 혹은 지자체나 정부는 어떤 책임도 지지 않죠. 결국 '교통사고'라는 프레임은 세월호 참사를 청해진해운과 희생자 유족 간의 민사상 손해배상 문제로 축소시켜요. 박근혜 정권을 보호하려는 목적으로 만들어진 것이 '교통사고' 프레임이었던 셈이죠. 그래서 세월호 희생자 유족들이 많은 보상금을 얻으려 한다는 이야기도 나오게 된 거예요.

보수 세력의 의도와는 달리 박근혜 정권은 세월호 참사로부터 자유롭지 않죠. 결국 세월호 참사에서 촉발된 책임론은 측근 비리라는 기름이 부어지면서 폭발하고 말았어요. 박근혜는 탄핵되고 그 자리에 문재인 정권이 들어섰죠. 엄청나게 변한 것 같지만 사실 아무것도 변하지 않았어요. 신자유주의적 자본주의 체제는 그대로 유지되었잖아요. 문재인 정권도 신자유주의 체제를 여전히 비호했기 때문이에요. 그 증거가 바로 세월호 참사를 가능하게 했던 2009년 개정된 해운법 시행 규칙이 박근혜 정권에서도, 그리고 문재인 정권에서도 여전히 시행되고 있다는 사실이에요. 박근혜 정권을 무너뜨린 촛불집회가 서글픈 이유도 여기에 있죠. 세월호 참사의 주범과 2차 범인은 여전히 책임에서 자유로우니까요.

세상이 좋아질 거라는 낙관, 혹은 절망

○ 세월호 참사 같은 어마어마한 일이 벌어졌는데도 근본적으로 변한 것이 없다는 자체가 잘못된 메시지를 남긴 것 아닐까요? 한쪽은 '우리 사회는 변하지 않는구나' 하면서 좌절하고, 다른 한쪽은 '조금만 기다리면 사건은 결국 묻히게 되어 있어' 하면서 기회를 엿보고요.

최악은 세상이 막연히 좋아질 거라고 생각하는 거예요. 두 번째는 절망하는 거고, 가장 바람직한 태도는 분노하고 바꿔버리는 거예요. 내가 사는 세상이 이렇게 더럽게 똥을 싸질러 놓았는데, 아무도 내 앞에 있는 똥을 치워주지 않아요. 스스로 치워야 돼요. 똥에 좌절한 사람들은 어차피 치우지 않을 거고요. 아무리 치워도 또 싸놓네, 이래버리면 답이 없잖아요. 아니면 언젠가는 누가 치워주겠지, 하는 건데 아무도 치워주지 않아요. 세상이 좋아질 거라는 생각은 때를 놓치게 만들어요. 부모님이 아프다고 하면 오늘 병원에 가는 게 낫지, 언젠가는 좋아지겠지 하는 생각처럼 무책임한 태도는 없을 거예요. 세월호 참사도 마찬가지겠죠. 낙담을 하거나 좋아질 거라고 생

각한다면 나중에 피눈물을 흘릴 거예요. 내 아이가 제2, 제3의 세월
호를 타고 있을 테니까. '좋아지지 않았구나'를 두 번째로 뼈저리게
느꼈을 때는 이미 늦은 거죠.

세상이 좋아지리라는 막연한 희망도 버려야 해요. 또 세상은 변
하지 않으리라는 비관도 버려야 하고요. 자본과 국가라는 구조적 악
은 여전히 강력하게 거대한 요새처럼 우리를 가로막고 있어요. 이
요새의 문은 개개인의 노력으로는 꿈쩍도 하지 않죠. 그렇지만, 아
니 그렇다고 하더라도 우리는 그 문을 밀어붙여야 해요. 열리지 않
더라도 그 문 앞에서 외쳐야 돼요. '거기, 누구 없어요? 저랑 함께 이
문을 밀어 열어젖힐 분 없나요?' 바로 이것이 우리가 할 수 있는 최
선이에요.

○ 의사들은 그런 얘기를 하거든요. 감기 걸려서 열이 날 때 해열제
나 아스피린 먹지 말라고. 어차피 감기는 가만두면 낫는다고. 우
스갯말로 감기는 병원 가면 7일 가고, 안 가면 일주일 간다고 하잖
아요. 아플 때는 앓는 것이 낫다는 건데요. 한편으로는 그때 제대
로 아파하지 못했다는 생각도 들더라고요.

그건 어쩔 수 없는 것이기도 하죠. 내가 겪은 일이 아니니까요.
영화를 보고 들었던 감동이 얼마나 갈까요? 〈타이타닉〉이라는 영화

에서 사람들이 침몰하는 배에서 떨어지는 장면을 볼 때 느꼈던 그 아픔과 슬픔이 얼마나 갈까요? 나가서 커피 한 잔 마시면 사라지지 않나요? 그런데 직접 겪으면 다르죠. 어쩌면 자명한 일이겠지만. 중요한 것은 그걸 실제 겪었던 그분들은 여전히 그 상태에 있는 거죠. 시간이 멈춘 거예요. 트라우마라는 것은 시간이 흘렀는데도 사건이 벌어진 그 상태에 머물러 있다는 거예요. 그런 점에서도 다른 거죠. 그래서 제삼자나 이해 당사자가 아닌 사람들은 추도의식을 갖는 거예요. 다시 복원시키려고요. 그런데 매일매일이 추도의식인 분들도 있단 말이에요.

　아이가 유괴를 당한 부모들은 이사를 가지 못해요. 이 세상에서 제일 슬픈 죽음은 아마 실종일 거예요. 실종은 죽음이 아니에요. 언제든지 돌아올 수 있잖아요. 내 아이가 여행을 갔는데 돌아오지 않는다면 이사를 갈 수 없죠. 아이의 시신이 발견되지 않으면, 잘 모르는 사람들은 이렇게 얘기할 수 있어요. 그래도 시신이 발견되지 않았으니 돌아올 희망이라도 있는 것 아니냐고. 잔인한 얘기예요. 왜냐하면 그 상태에서 떠나지 못하고 멈추게 돼요. 사랑하는 사람의 죽음보다 사랑하는 사람의 실종이 남겨진 사람에게 더 큰 아픔이자 상처인 이유도 바로 여기에 있죠. 진실을 확인하고 시신을 발견하는 일은 그래서 중요한 거예요.

○ 바닷속에서 아이를 건져낸 유가족들이 팽목항을 떠나면서 아직 아이를 찾지 못한 실종자 가족들을 부둥켜안고 울던 장면이 생각나네요.

그 상황에 들어가 본 사람들만이 심정을 알죠. 떠날 수 있는 것과 떠나지 못하는 것과의 차이를요. 실종자 가족으로 남아 서로를 위로하던 사람들이었잖아요. 아이들의 시신을 뒤늦게 찾은 분들은 유족이 되고, 아직도 시신을 찾지 못한 사람은 여전히 실종자 가족으로 남게 돼요. 유족은 아이의 시신과 함께 팽목항을 떠나게 되지만, 실종자 가족은 그냥 그곳에서 참담한 바다를 보며 남게 될 거예요. 그러니 유족과 실종자 가족으로 갈린 희생자 가족들은 서로 부둥켜 안고 울 수밖에 없었던 거죠. 문제는 실종자 가족에서 유족이 된 가족들도 먼저 유족이 되었던 사람들과 똑같은 상황에 던져진다는 사실이에요. '내 아이의 사망진단서에 죽음의 원인을, 즉 사인死因을 뭐라고 적을 것인가?'

어떤 죽음이 발생했을 때 우리도 본능적으로 알려고 하는 게 있어요. 죽음의 원인이 뭔지는 알아야 하잖아요. 이제 사망진단서도 써야 하니까요. 어떻게 죽었는지 모르면 사망진단서가 제대로 나올 수 없잖아요. 유족들뿐만 아니라 우리도 사망진단서의 사인 란에, 소중한 이들이 죽게 된 원인을 무엇이라고 적었나요? 박근혜 정권의 무책임과 무능이라고 적혀 있나요, 아니면 청해진해운의 업무상

과실로 적혀 있나요? 혹은 바다에서 일어난 교통사고라고 적혀 있나요? 신자유주의적 입법에 따른 규제 완화 정책이라고 사망 원인이 적혀 있어야만 해요.

세상을 떠난 사람을 위해서라도, 그리고 남겨진 사람을 위해서라도 죽음의 이유는 분명해야 돼요. 예를 들어서 어떤 사람이 병든 부모를 휠체어에 태워서 일부러 도로 코너 부분에 놓고 갔는데, 사망진단서에 '운전자의 운전 부주의'라고 나왔다고 해봐요. 사망 원인 진단에 심각한 문제가 있는 거죠. 의심하고 관찰해서 더 근본적이고 확실한 이유를 찾아내야죠. 그래야 세월호 참사를 '바다에서 일어난 교통사고'라고 말하는 나쁜 사람들이 사라질 수 있어요. 정확하고 분명한 사인에 이르지 못하니, 고인들의 죽음을 희롱하는 오만 가지 자의적 해석들, 정치적 해석들이 떠도는 거예요. 우리도 그것을 소비하고 있지 않았나 반성해야 해요. 일차적인 원인을 밝히지 못하고 비켜가기만 한다면 죽은 사람들은 죽어서도 편할 수 없을 테니까요.

촛불은 혁명이 아니다

○ 2017년 3월 10일 헌법재판소가 대통령의 탄핵을 결정하면서 세월호 참사 책임을 법률적인 탄핵 사유로 인정하지는 않았지만, 성실한 직책 수행 의무를 위반한 것은 인정했잖아요. 실제로 세월호 참사가 촛불집회로 이어지면서 대통령 탄핵까지 갔는데, 어찌 보면 왕의 목을 따고 혁명을 한 셈인데요. 지금 돌아보면 도대체 누구를 위한 촛불이었는지 회의적인 시각이 많거든요.

기원전 3000년 이후 국가라는 형식이 생긴 후, 인류에게는 '명령하는 소수와 명령을 듣는 다수'라는 억압체제가 생겼어요. 철학적으로 말해서 혁명은 '명령하는 자와 명령을 듣는 자'라는 형식의 폐기를 의미하죠. 바로 이것이 민주주의의 혁명이에요. 불행하게도 기원전 3000년 이후 지금까지 혁명은 이루어진 적이 없어요. 명령하는 자는 바뀌었지만, '명령하는 자'라는 형식 혹은 구조는 사라지지 않았으니까요. 고려를 지배했던 왕씨들이 사라졌지만 이씨들이 그 자리를 차지하고, 박근혜 정권이 탄핵으로 물러났지만 그 자리를 문재인 정권이 차지하는 식이죠. 이씨들은 명령하는 자의 자리에 들어서면서 '혁명'이라고 떠들고, 문재인 정권도 자신들의 집권을 '혁명'이라고 자찬해요.

흥미로운 것은 명령하는 자리를 비우도록 만드는 힘은 항상 명령을 듣는 다수의 저항이었다는 사실이에요. 불행히도 이 다수는 비어 있는 권좌에 오르기를 주저해요. 그 사이에 새로운 야심가가 명령하는 자리에 쏙 하고 들어오죠. 명령을 듣던 사람이 명령하는 자리에 들어올 때, 그래서 스스로 명령을 하고 스스로 명령을 듣는 정치적 '주체=객체'가 될 때, 민주주의는 가능하죠. 이 점에서 박근혜 정권을 무너뜨렸던 촛불집회는 혁명이라고 할 수 없어요. '명령하는 자와 명령을 듣는 자'라는 구분, 혹은 '명령하는 자는 명령을 듣지 않는다'거나 '명령을 듣는 자는 명령을 할 수 없다'는 논리적 이분법이 극복되지 않았으니까요. 민주주의 혁명, 즉 진정한 혁명은 '명령을 하는 자가 동시에 명령을 듣는 자이며, 역으로 명령을 듣는 자가 바로 명령을 하는 자'라는 역설적 상황이 제도화되어야 가능하다고 할 수 있어요.

촛불집회는 혁명이 아니에요. 그래서 말씀하신 것처럼 '누구를 위한 촛불이었는지 회의하는 시각'이 많은 거예요. 신채호[1880~1936]의 말을 빌리자면, '상전上典'만 바뀐 거예요. 그걸 어떻게 혁명이라고 해요. 부르주아 법률은 그대로 있고, 100만 명이 모여서 청와대 출입문 하나 흔들지 못했는데. 4·19 때도 혁명의 주역으로 참여했던 학생, 교수, 시민이 권력을 잡은 것이 아니라, 이제 학업에 충실

명령을 듣던 사람이
명령하는 자리에
들어올 때, 그래서
스스로 명령을 하고
스스로 명령을 듣는
정치적 '주체=객체'가
될 때, 민주주의는
가능하죠.

하겠다고 일상으로 복귀하겠다고 하면서 원래 자리로 되돌아갔어요. 촛불집회처럼 그때도 똑같이 이승만과 자유당 대신 장면과 민주당 정권이 들어섰죠. 그러다가 5·16쿠데타로 박정희가 등장하고 말았어요. 똑같이 반복한 거예요. 우리의 한계는 4·19의 한계에 머물러 있어요. 원칙적으로 명령하는 형식 자체를 부정해야 되는데, 그런 사회가 만들어진 경우는 인류 역사에 별로 없었어요. 잠깐이었지만 프랑스의 파리코뮌La Commune de Paris, 1871 시절 두 달여, 갑오농민전쟁 때의 집강소執綱所, 1894 시절 넉 달 정도가 있었죠. 파리코뮌 때는 시민들이 대표를 선출하고 언제든 소환할 수 있었어요. 대대장도 병사들이 선출했고요. 명령하는 사람과 복종하는 사람이 따로 있지 않았죠.

고려 왕씨 왕조가 이씨 왕조로 바뀌었다고 혁명인가요? 이씨 입장에서는 혁명이겠지만, 권력을 호시탐탐 노리던 야심가들이 새로운 상전으로 들어왔을 뿐이에요. 물론 기존 왕씨 왕조에 대한 민초들이나 농민들의 불만도 새로운 왕조가 도래하는 데 일조는 해요. 동아시아 역사에서는 농민반란이 일어나야 왕조가 바뀌니까요. 새로운 왕조가 들어서면 토지 문제나 소작료 문제, 나아가 세금 문제가 농민들 입장에서 전향적으로 검토되는 것도 이런 이유에서죠. 다수 민중들이 새로운 왕조를 완전한 상전으로 받아들이지 않으면, 새로 들어선 왕조가 뿌리를 내릴 수 없을 테니까요.

촛불집회도 새로운 왕조에게 기회를 주었던 농민봉기처럼 소비

된 거예요. 한때 전국적으로 200만 명, 광화문에는 150만 명이 모여들었어요. 이 정도 인원이 모였음에도 촛불집회는 '합법적인 평화집회'를 지향했어요. '합법'은 혁명이 될 수 없죠. 자본주의 체제를 비호하는 것이 바로 우리 법률인데, 이 법률에 부합하겠다는 이야기니까요. 그래서 박근혜는 하야를 거부했던 거예요. 어차피 150만 명은 청와대로 들어와 자신을 내치지 않을 테니까요. 박근혜와 함께 소수가 다수를 지배하는 형식을 한꺼번에 없앨 기회는 이렇게 날아간 셈이죠. 2016년 겨울 우리는 박근혜만을 공격했지, 대통령제 자체를 괴멸시키지 못했던 거예요. 선거 때만 다수가 거수기 노릇을 하는 대의제도, 선출된 대표가 임기 동안 민주적 통제를 받지 않는 대의제도로서는 천만다행한 일이었던 거죠. 그렇지만 박근혜의 하야 거부는 정말 위험한 상황이었어요. 잘못하면 박근혜가 대통령이라는 형식도 물귀신처럼 끌어들여 대의제의 한 축을 무너뜨리는 계기가 될 수 있었으니까요. 그래서 대의제의 다른 한 축이었던 국회가 움직였어요. 박근혜의 탄핵소추안을 가결하니까요.(웃음)

정말 코미디 같지 않아요? 행정부에서 만들어진 폭탄이 국회로 갔고, 국회는 탄핵소추안을 가결함으로써 폭탄을 사법부로 돌린 거예요. 이 사이에 촛불집회에 참여했던 사람들은 청와대를 보다가, 그리고 국회의사당을 보다가, 마지막에는 헌법재판소를 바라보게 돼요. 여기서 질문 하나를 할 수 있죠. 헌법재판소가 탄핵소추안을 인용하지 않았다면, 다시 말해 박근혜 탄핵을 결정하지 않았다면 어떻게 되었을까요? 박근혜에 분노했던 우리는 어떻게 했을까요? 합법적 평화 집회를 지향했던 사람들은 이제 누구의 결정을 기다려야 할까요? 헌법재판소는 어쩔 수가 없어요. 부르주아 법률의 최고의 보루니까. 유신독재 시절에도 존재했고 부르주아 법률에 근거해서 아직도 일하고 있는 조직이 사법부예요. 소수의 권력 독점과 소수의 생산수단 독점을 법률적으로 비호하는 조직이죠. 잘못하면 대의제나 자본주의 체제가, 나아가 사법 체계가 붕괴될 수 있어요. 자신을 보호하기 위해서라도 사법부는 탄핵을 결정하게 된 거예요. 촛불을 들었던 사람들은 그 결정을 지켜보면서 '내 손에 피를 묻히지 않고 일이 잘됐구나' 하고 안심을 한 거죠.

박근혜의 탄핵! 그 대가로 부르주아 체제는 다시 안정을 되찾았어요. 모든 지배 형식이 그대로 유지됐으니까요. 박근혜가 떠난 청와대에 문재인이 들어섰을 뿐이죠. 다시 '명령하는 자와 명령을 듣는 자'라는 억압의 형식이 기능을 하게 된 거예요. 다시 우리는 정치의 객체로, 명령을 듣는 자의 자리로 돌아왔죠. 회사나 공장에서 자본의 명령을 듣고, 행정부의 명령이나 국회의 입법을 투덜대며 따르는 익숙한 자리로 다시 돌아온 거예요. 그러니까 촛불집회 이후, 박근혜 탄핵 이후 아무것도 바뀐 게 없다고 느껴지는 거죠. 우리는 아직 내가 주인이 될 준비가 덜되었던 거예요. 전 세계 부르주아 국가들이 한국의 촛불집회에 환호를 보낸 것도 이런 이유에서예요. '합법적 평화 집회'였으니까요. '합법'은 부르주아 체제를 부정하지 않는다는 것이고, '평화'는 권력을 잡은 소수나 자본을 독점한 소수에 대해 직접적인 힘을 행사하지 않는다는 이야기죠.(웃음)

○ **결국 '평화 집회'라는 형식으로 억압체제 안에 있는 그 누구에게도 부담을 주지 않는 선에서 모양만 살짝 바꾸게 된 거네요.**

합법을 지향했던 이런 비폭력운동이 최초로 나왔던 것이 3·1독립만세운동이에요. 그리고 3·1운동 영향을 받아서 인도에서 간디가 비폭력 불복종운동을 했다고 하는데요, 처음에 인도 사람들이 영국 제국주의에 맞서 봉기했을 때 동인도회사하고 총독은 후퇴하려고 했어요. 수억 명이나 되는 인도 식민지 주민에 비해 영국 지배자들의 수는 그야말로 한 줌도 되지 않았으니까요. 그런데 간디가 비폭력운동을 하니까 영국 제국은 당분간 인도에 머물 수 있었던 거죠. 우리의 경우도 마찬가지예요. 1919년 당시 조선 인구 1678만 명 중에서 3·1운동에 참여했던 사람이 200만 명이었어요. 그때 폭탄을 들었다면 달라졌겠죠. 당시에는 일본 군대가 그렇게 많이 들어오지 않았을 때였으니까요. 그래서 3·1운동에 놀란 일제가 문화정치로 바뀌게 돼요. '그래, 알았어. 이제 한국어도 쓰고, 신문도 만들고, 일본 사람과 공평하게 일본 대학에 다녀도 돼' 이러면서 안심시키는 거죠. 그것에 분노했던 유일한 사람이 단재 신채호였어요. 그래서 제가 신채호를 좋아해요. 신채호는 의열단에 참여해서 폭탄도 만들고 직접 위조지폐도 만들었어요. 폭탄을 만들거나 위조지폐를 제조해 일본 제국주의에 맞선다는 것은 억압체제에 대해서는 '합법적인 평화 집회'가 아무런 소용이 없다는 통찰이 있었기에 가능한 거예요. 억압체제에 쫄게 되면, 피억압자들의 운동은 '합법'과 '평화'라는 말을 떠들죠. 결국 합법적 평화운동은 이미 지고 들어가는 서글픈 운동일 뿐이에요.

〈조선혁명선언〉에서 신채호는 구시대의 혁명을 부정해요. "인민을 지배하는 상전, 곧 특수세력"이 있는데, "구시대의 혁명이란 것은 특수세력의 명칭을 변경"하는 것에 불과하다는 것이죠. '상전'의 교체가 아니라 '상전'이 없어지는 것, 개인의 자유와 정의로운 공동체를 스스로 주인이 돼서 만드는 것이 혁명이라는 얘기예요. 신채호가 간디보다 수천 배 위대한 이유죠. 상전의 자리에 일본인이 들어오든, 아니면 한국인이 들어오든 마찬가지예요. 상전의 자리에 어떤 권력자가 들어오든 마찬가지죠. 상전의 자리, 형식, 혹은 제도 자체를 없애지 않으면 안 돼요. 결국 신채호의 시선에서 촛불집회는 혁명일 수 없어요. 여전히 수많은 상전의 형식이 털끝 하나 상하지 않은 채 작동하고 있으니까요. 상전인 회사의 CEO가 있고, 자본가가 있고, 국가는 명령을 내리고 있고, 입법으로 그것을 강제하고 있잖아요.

촛불집회는 죽 쒀서 개 준 거죠. 죽을 쑤기는 쑨 건지도 모르겠어요. 평화 집회라고 해서 무대 만들어놓고 앰프 설치하고 가수들 불러서 노래를 불렀을 때 이미 끝난 거예요. 곧 청와대 문을 부숴야만 하는데, 이미 너무 평화로운 거죠. '장수풍뎅이연구회', '민주묘총', '깃발 없는 사람들' 같은 깃발을 들고 나오니까 '얼마나 경쾌한 운동이고 혁명인가' 하고 찬양했던 지식인들이 많았어요. 저한테는 혁명에 대한 모독이고 절망이었어요. 그래서 그때 《역사철학·정치철학》을 쓰기 시작한 거예요. 더 이상 우리 사회에서 아무것도 희망할 수 없다는 생각이 들었어요. 그래서 파리코뮌 시절을, 집강소 시절을 글로 남겨야겠다, 자본에게 깨지고 공산당에게 깨지고, 노동계급을 위한다고 하면서 노동계급을 탄압했던 국가들에게 깨지고, 공산당이라는 새로운 상전을 모셨다가 추방당하고 숙청당했던 수많은 사람들을 위해서 글을 써야겠다고 생각한 거예요.

억압체제, 혹은 억압의 형식 자체를 응시했던 사람들과 연대하고 앞으로 태어날 자유인들을 기다리는 책을 쓰고 싶었어요. 마르크스, 최제우[1824~1864], 신채호, 로자 룩셈부르크, 기 드보르, 체 게바라, 카스토리아디스[Cornelius Castoriadis, 1922~1997], 랑시에르[Jacques Rancière, 1940~] 같은 걸출한 자유인들뿐만 아니라, 1871년 파리코뮌의 전사들, 1894년 집강소를 지키며 산화했던 우리 농민들, 1918년 독일혁명의 전사들, 1921년 레닌과 트로츠키와 맞섰던 크론시타트 수병들과 시민들, 1960년대 초반 체 게바라와 함께했던 전사들, 1968년 68혁명에 참여했던 자유인들, 그리고 그 이후 세계 도처에서 억압체제에 맞서 싸웠던 수많은 익명의 동지들까지……. 새로운 상전들의 거짓 혁명 놀이에 은폐된 진정한 혁명을, 새로운 상전들로부터 배신당한 혁명을, 그 혁명의 진정한 자유정신과, 그 혁명의 뜨거운 인류애와, 그 혁명의 성스러운 자기 희생을 기억해야 하니까요. 앞으로 태어날 자유인들을 위한 든든한 바리케이드를 만들고 싶었던 거예요.

아홉 번째

글,

책,

담론들

만남 지승호
묻고

  강신주
답하다

철학자는 그런 것 같아요. 익숙했던 것을 낯설게 만들고, 낯선 것도 익숙하게 만드니까요. 그래서 철학자는 대개 특정 사회나 특정 시대로부터 환영을 받지 못하죠. 익숙한 삶 혹은 잘 살고 있다고 자부하는 삶을 뒤흔드니까요.

다른 사유가 다른 세계를 구성한다

○ **티핑 포인트**^{tipping point}라고 할까요? 처음으로 저자로서 중요한 의미를 갖게 된 저서는 어떤 책인가요?

철학자로서는 《철학 VS 철학》(2016) 개정판일 거예요. 원래 2010년에 출간했는데, 그걸 두 배 정도 확장해서 다른 출판사에서 다시 낸 거예요. 개정판이라기보다는 사실 새로 쓴 거죠. 양뿐만 아니라 내용도 더 깊어지고 풍부해졌죠.

○ **'개정 완전판'이라고 부를 만했네요. 3500매 정도가 추가됐으니 책 몇 권 분량이 덧붙여진 거네요.**

배운다는 것은 과거를 배우는 거예요. 물리학을 예로 들자면, 고등학교 때까지는 주로 뉴턴의 고전역학을 배우고, 대학에서는 20세기 초중반 아인슈타인의 상대성이론이나 슈뢰딩거의 양자역학을 배우죠. 대학원 석박사 과정 정도 가야 20세기 후반 정도의 물리학에 들어가요. 그리고 이제 대학이나 연구소에 들어가서 현대물리학의 최전선을 더듬게 되죠.《철학 VS 철학》은 과거 철학적 사유들을 제 나름대로 일관적으로 정리하고, 철학적으로 평가한 결과물이에요. 그만큼 혹은 그동안 제 안목이 커졌고, 비판적 정신은 날카로워졌어요. 어쨌든《철학 VS 철학》을 통해 저는 철학적 사유의 최전선에 서게 된 거예요. 이제 철학자로서 저는 현재와 미래에 맞서게 된 셈이죠.《철학 VS 철학》을 통해서 강신주가 현재에 설 수 있는, 그리고 미래를 바라볼 수 있는 등불을 가지고 뒤를 돌아보지 않아도 되는 거죠. 어떤 사건이 벌어졌다고 해서 뒤쪽으로 가서 '플라톤을 넘겨볼까' 이럴 필요가 없다는 거예요. 소화되고 정리가 됐다는 거죠.

○ **선생님에게 책이라는 것은 어떤 의미가 있나요?**

데리다Jacques Derrida, 1930~2004는 플라톤에게서 '파르마콘pharmakon' 이라는 개념을 찾아내요. '약藥'이면서 '독毒'이라는 뜻이에요. 책은 전형적인 파르마콘이죠. 우리의 자유와 사랑을 강화하기도 하고, 아니면 고사시키기도 하니까요. 제가 앞에서 '책'과 '교재'를 구분해서 말했었잖아요. 책이 우리에게 자극과 활력을 준다면, 교재는 무감각과 무기력을 안기죠. 달리 말해 우리를 깨어 있도록 하는 것이 책이라면, 우리에게 하품을 유발하게 하는 것이 교재죠. 교재가 아닌 책!

시, 소설, 역사 등 다양한 분야의 책이 있었지만, 제게 최고의 책은 항상 철학책이었어요. 일상에 매몰된 저를 가장 높은 고도에서, 그래서 가장 아찔한 긴장감에서 내려다보고 낯설게 생각할 수 있도록 해주었으니까요.

시나 소설 혹은 역사책도 그렇지만, 철학책은 우리의 삶, 사회, 그리고 시대를 낯설게 혹은 거리를 두고 바라보도록 하는 힘이 있어요. 물론 모든 철학책이 그렇지는 않죠.(웃음) 결국 중요한 것은 낯섦과 거리감이죠. 왜, 그런 일 있지 않나요? 한두 달 여행을 갔다 오면 익숙했던 집이나 가족들이 낯설어지는 느낌이 들잖아요. 철학책을 읽는다는 것은 아주 멀리 있는 이국적인 지역을 여행하는 것에 비유할 수 있죠. 여기서 상대화가 발생하는 것 같아요. 내 삶의 형식도 절대적이지 않고, 다른 지역 사람들의 삶의 형식도 절대적이지 않다는 감각이 생기니까요. 그러니 내 삶의 형식도 반성할 수 있고, 동시에 다른 삶의 형식도 성찰할 수 있는 거예요.

철학자는 그런 것 같아요. 익숙했던 것을 낯설게 만들고, 낯선 것도 익숙하게 만드니까요. 그래서 철학자는 대개 특정 사회나 특정 시대로부터 환영을 받지 못하죠. 익숙한 삶 혹은 잘 살고 있다고 자부하는 삶을 뒤흔드니까요. 그래서 철학은 사유를 비판하는 특징이 있어요. 생각들을 진단하고, 잘못된 생각을 폭로해야 되는 거예요. 당신 생각이 절대적이지 않다는 것을 보여주는 거죠. 생각을 상대화한다고 할까요. 당대에는 절대적이라고 생각했던 중세시대의 기독교 사회, 유학 사회도 있었잖아요. 역사가 흐르면 그 상대적인 것이 밝혀지기도 하고, 다른 지역이나 문화로 가면 당신들 생각이 절대적이지 않다는 것을 보여줄 수도 있어요.

기원전 3000년, 국가라는 형식이 출현한 이후 인류의 역사는 소수가 명령하고 다수가 명령을 받는 구조로 유지되어왔잖아요. 이런 사회를 다른 사회와 비교해서 상대화해야죠. 20세기 들어와서 인류학이 그런 역할을 많이 했어요. 레비스트로스 같은 인류학자들이 다른 문명권에 가서 연구하고, 거기가 훨씬 더 민주적이더라, 하고 보여줬던 거예요.《오래된 미래》 같은 책도 있었죠. 소위 문명이라는 것이 발달하지 못했지만 인간이 훨씬 더 배려를 받더라는 거죠. 인류학적 사유가 뭐냐면 서구 사회를 상대화한 거예요. 자기들이 절대적이라고 했던 공간적인 것들. 역사도 마찬가지죠. 역사가 인문학적 가치를 가지려면 시간적으로 어떤 생각들을 상대화해야 되는 거예요. 그러니까 그건 절대적인 것이 아니라고 말하는 역할이 있어야 돼요. 철학도 마찬가지죠. 그래서 저는 계속해서 그 작업을 하고 있는 거예요. 우리가 보통 내 생각이 절대적이지 않다고 자각을 할 때 누군가한테 배우려고 하지 않나요? 그런데 권력을 갖거나 헤게모니를 가진 사람들은 배우려고 하지 않아요. 자기 생각을 가급적 더 절대화하려고 노력하죠.

철학은 잘못된 사유, 그러니까 일종의 선글라스 같은 것을 벗기는 작업을 해야 돼요. 시력이 1.5인 사람과 0.1인 사람이 보는 풍경이 다르잖아요. 두 풍경 중에 통계적으로 1.5 근처가 많을 때 그 세계를 객관의 세계라고 하는데, 절대적인 객관의 세계가 어디 있어요. 객관은 주관의 객관이고, 주관은 객관의 주관인 거예요. 우리가 보는 거죠. 뱀이 보는 세계와 우리가 보는 세계는 달라요. 그래서 철학은 주관과 객관을 이야기하는 거예요. 주관이라는 것이 사유고, 내가 느끼는 거잖아요. 내 마음이나 사유가 달라지면 세계는 다르게 느껴지는 거예요. 그걸 왔다 갔다 하는 거죠. 그래서 레비스트로스가 서구 인간들의 삶의 구조를 다루고, 남태평양 섬을 다루잖아요. 서구 사회가 절대적으로 객관적인 세계가 아니라는 거죠. 우리가 어떤 생각을 갖느냐에 따라 다른 세계를 구성할 수가 있어요. 모든 사람이 명령도 내리지만, 모든 사람이 동시에 명령도 듣는 게 민주 사회의 정의잖아요. 자율의 정의가 그거예요. 누가 명령을 내려서 그것을 하는 것이 아니라 숙고했던 어떤 것들을 얘기하고, 작게는 자기 자신한테 그걸 적용하고, 크게는 숙의를 해서 타인과 약속을 통해서 가는 거죠. 결과가 안 좋으면 회의를 해서 다시 수정을 할 수 있어요. 거꾸로 세계를 만들 수도 있어요.

○ 흔히 고전古典을 '누구나 알고 있지만, 누구도 읽지 않는 책'이라고들 말하는데요. 점점 더 사람들이 깊이 있는 텍스트를 읽지 않는 시대예요.

니체의 《차라투스트라는 이렇게 말했다》는 처음에 200~300부만 출간되었어요. 흥미로운 것은 니체가 이 책을 쓴 이유죠. 자기 글이 너무나 읽히지 않으니까 자신의 사상을 대중적으로 소개하고 싶었던 거예요. 그래서 논문의 형식이 아닌 문학의 형식을 취해서 책을 출간한 거죠. 불행히도 이 책도 많이 팔리지 않았어요.(웃음) 그렇지만 지금 《차라투스트라는 이렇게 말했다》는 고전이 되었어요. 이제는 니체 하면, 누구나 차라투스트라를 이야기하게 된 거죠. 지금 니체가 살아 있었더라면 행복했을까요? 고전이 되어버린 《차라투스트라는 이렇게 말했다》를 들고 미소를 지었을까요? 분명히 아닐 거예요.

고전! 지성인이면 누구나 읽어야 할 교과서, 짧게는 100여 년 길게는 수천 년 동안 읽어왔던 인류의 교과서예요. 책이 아니라 교과서인 거죠. 기원전 3000년 이후 다양한 모습으로 변주되고 세련화된 억압체제가 '귀족－노예사회'든, '영주－농노사회'든, 아니면 '자본가－노동자사회'든 교과서 지정의 주체라는 사실을 잊어서는 안 돼요. 21세기 현재 인류 사회는 정보화된 자본이 지배하는 사회예요. 이제 자본은 국가라는 경계도 넘어서려고 하고, 심지어 자본가마저 초월하려고 해요. 점점 자본은 네트워크화되면서 시공을 초월하면서 동시에 시공에 내재하는 신이 되어버리고 있죠. 이 대목에서 왜 고전의 목록이 만들어지는가를 고민해볼 필요가 있어요.

영미권에서 만든 고전 목록, 예를 들어 20세기 중반 브리태니커에서 만든 '위대한 책들Great Books 시리즈나, 우리의 경우 서울대학교에서 지정한 고전 목록을 보세요. 니체의 책도, 심지어 마르크스의 책도 들어와 있어요. 억압체제에 맞서는 인간의 자유정신, 그리고 억압체제의 메커니즘을 해명한 책마저 고전으로 승격시킨 이유는 무엇일까요? 두 가지 이유를 생각해볼 수 있어요. 첫째는 개개인의 영혼을 깨우는 책을 '교과서'로 만들겠다는 전략일 거예요. 나아가 니체나 마르크스의 책이 19세기 텍스트라는, 다시 말해 과거의 텍스트라는 인상도 심어줄 수 있죠. 둘째는 억압체제에 저항했던 소수의 책을 목록에 넣음으로써 억압체제를 정당화하는 다수의 체제 지향적 책들에 권위를 부여하려는 의도일 거예요. 이를 통해 니체나 마르크스의 책은 다양한 견해들 중 소수 의견이라는 인상도 강화되죠.

말씀하신 것처럼 '누구나 알고 있지만, 누구도 읽지 않는 책'이라는 고전의 이미지는 이렇게 해서 만들어진 거죠. 뜨거운 책을 차가운 교과서로 만드는 전략, 그리고 뜨거운 사유를 소수 의견으로 만드는 전략! 조르주 바타유Georges Bataille, 1897~1962가 말하지 않았던가요? 우리는 금지된 것일수록 그것을 욕망하게 된다고. '들여다보지 마세요'라는 경고문이 붙어 있으면, 더 들여다보고 싶은 것이 인간의 마음이죠.(웃음) 그렇지만 고전이라는 목록에 포획된 니체나 마르크스는 그렇게 쉽게 교과서나 소수 의견으로 박제화되기 어렵죠. 억압체제가 존재하는 한, 인간의 자유정신이 고갈되지 않는 한, 니체나 마르크스의 책은 고뇌하는 영혼을 불태울 다이너마이트 같은 폭발력을 가지고 있으니까요. 니체, 마르크스, 장자, 나가르주나 등의 책들은 '교과서'에서 벗어나 '책'이 될 것이고, 특정 시대의 소수 의견이 아니라 자유로운 공동체를 지향하는 자유인들의 다수 의견이 될 테니까요.

젠더 갈등, 노동자와 노동자의 갈등

○ 《철학 VS 철학》 개정 완전판이 나오고 난 다음에 한 인터뷰에서, 왜 1500쪽 되는 책에서 여성 철학자는 한나 아렌트 한 명밖에 다루지 않았느냐는 질문을 받았잖아요. '철학자 중에 여자가 없다'는 등의 답변 내용에 대해 비판이 거셌어요.

난리 났었죠. 기자도 카피를 좀 자극적으로 뽑았어요. 저는 여성이 철학자가 되기에 부적절하다고 이야기한 것이 아니에요. 지금까지 가부장제 사회가 이어져왔기 때문에 여성 철학자가 거의 나오지 못했다는 얘기를 한 건데요. 그런데 기자는 강신주가 여성은 철학자가 되기 어렵다고 말했다면서 기사를 썼던 거예요. 그렇게 독해를 하면 답이 없죠. 여성이든 남성이든 성차를 가로질러 모든 개개인에게 보편적 성찰의 계기를 주어야 철학자일 거예요. 한나 아렌트는 그래서 철학자라고 할 수 있죠. 반면 보부아르는 철학자이기보다 페미니즘 사상가라고 할 수 있어요. 여성의 입장에서 사유하고 글을 쓰니까요. 보부아르가 《제2의 성Le Deuxième Sexe, 1949》을 쓸 때가 상징적이잖아요. '자본과 노동 사이의 문제와 남녀 사이의 문제는 별도다'라는 얘기를 했는데요. 저는 그렇게 생각하지 않아요. 젠더 문제의 해결만으로 자본과 노동 사이의 억압 관계를 소멸시킬 수 없을 뿐만 아니라, 일순간 해결되어 보이는 젠더 문제도 자본과 노동 사이의 억압 관계를 방치하는 한 언제든 다시 심화된다고 보니까요.

여성과 남성이라는 젠더의 문제를 여성 노동자와 남성 노동자 사이의 문제로 숙고하고, 나아가 여성 노동자와 남성 노동자의 반목이 아니라 유대나 연대를 통해 자본과 맞서야 해요. 이것이 제 근본적인 입장이에요. 정규직 노동자와 비정규직 노동자를 구조적으로 분할해 노동계급을 무력화했던 것처럼, 자본주의 체제는 남성 노동자와 여성 노동자를 분할하려고 하죠. 잊지 말아야 해요. 정규직과 비정규직 사이의 갈등과 반목이 커질수록 노동과 자본 사이의 더 근본적인 대립 관계가 은폐되죠. 마찬가지로 남성과 여성 사이의 젠더적 갈등이 심해지면 노동과 자본 사이의 첨예한 대립 관계가 희석돼요. 어느 경우든 자본계급은 '자기들끼리 싸우네' 하면서 미소를 짓겠죠.

○ **어떤 면에서 페미니즘은 이제 주류 담론이 된 것도 같은데요.**

 《독일 이데올로기*Die Deutsche Ideologie, 1846*》에서 마르크스는 노동 분업에 대해 이야기하면서, 그 분업의 시작이 육체노동과 정신노동 사이의 분화라고 강조했던 적이 있어요. 중요한 것은 정신노동이 직접 노동하지 않고도 육체노동자를 착취하며 부를 향유하는 지배계급을 정당화한다는 사실이죠. 정신성과 육체성은 모든 분류의 원형이 돼요. 1991년 부르디외*Pierre Bourdieu, 1930~2002*가 콜레주 드 프랑스 강연에서 "국가는 분류classement 원리들의 생산자"라고 강조했던 적이 있어요. 분류란 단순히 무언가를 '유classe'로 나누는 것뿐만 아니라, 그렇게 나누어진 '유'들에 우열의 가치 평가를 수행하는 것이기도 하죠. 아니, 그보다 분류는 우열이라는 가치를 부가하려고 무언가를 나누는 것이라고 말하는 게 정확할 듯하네요. 정신성과 육체성은 명령하는 자와 명령을 듣는 자, 신과 피조물, 남성성과 여성성, 하늘과 대지, 자본과 노동 등등 모든 분류 쌍들을 관통하고, 전자가 후자보다 우월한 근거가 돼요.
 페미니즘이 여성 해방의 사유라면, 페미니즘의 표적은 분명해요. 우선 여성적인 것보다 우월하다고 국가가 인정한 남성적인 것을 전복해야 하죠. 그러나 부르디외의 지적처럼 여성적인 것이 열등함을 벗어나려면, 페미니즘은 분류 원리들의 기원인 국가를 제거해야만 해요. 당연히 소수의 지배계급이라는 형식, 명령을 내리는 자들이라는 형식을 없애는 것이 페미니즘의 최종 목적이어야 해요. 불행히도 우리 시대 페미니즘은 그만큼 래디컬하지는 않죠. 명령을 내리는 자와 명령을 듣는 자라는 형식 자체를 없애려 한다기보다는 명령을 내리는 자라는 형식을 여성이 최소한 남성과 동등한 정도로 점유하기를 원해요. 그렇기 때문에 현재 자본주의 체제나 국가에서 페미니즘은 치명적인 운동이라고는 할 수 없죠. 미취업 여성이 남성만큼 취업하고, 비정규직 여성이 남성만큼 정규직으로 진입하고, 정규직 여성이 남성만큼 승진할 수 있다면 어떤 페미니즘은 국가나 자본 등 억압체제를 공격하지 않을 테니까요.

'높은 지위과 고임금을 향한 공정한 경쟁이 가능해야 한다', '공정한 경쟁에서 성차별이 이루어져서는 안 된다'……. 참 아이러니한 거예요. 경쟁 자체가 우열을 각인시키는 제도인데, 여기에 공정이나 정의를 언급하니 말이에요. 생각해보세요. 공정한 경쟁에서 이기면 직장을 얻고, 승진을 하고, CEO가 되고, 국회의원이나 대통령이 될 수 있어요. 그러나 핵심은 경쟁에서 패한 사람들은 이제 명령을 듣는 사람이 되고, 이긴 사람은 명령하는 사람이 되는 데 있죠. 결국 이런 식으로 자본이나 국가는 억압성을 그대로 유지하게 돼요. 바로 이 점을 자각하지 않는다는 것이 우리 시대 주류 페미니즘의 한계죠. 벤담적 인간을 거부하기보다는 벤담적 인간형에 포획되어 있으니까요.

여성이든 남성이든 벤담적 자아를 갖춘 사람들은 공정하든 불공정하든 자신의 이익을 위해 경쟁하는 사람들이죠. 갈등하고, 경쟁하고, 내 이득을 계산하고, 타인의 이득은 고려하지 않아요. 사회성과 공동체성이 없는 것이 벤담적 자아니까요. 그러니까 결과적으로 말해서 연대가 힘들어지는 것, 노동계급이라든가 대다수 사람들이 깨알처럼 흩어지게 하는 것이 억압체제의 근본 전략이라면, 살기 힘든 사람들이 갈등하고 깨알처럼 흩어지는 데 페미니즘이 일조를 하는 순간 보수적 담론이 되는 거예요. 상호 관심이나 애정이 아니라 남성을 그리고 여성을, 양쪽이 서로 배격해야 할 대상으로 보게 되면 답이 없는 거죠. 중요한 것은 2020년 전후 페미니즘에 열광하는 여성들이 MZ세대의 탄생과 함께한다는 점이에요. 다시 말해 신자유주의의 심화와 함께 자라난 세대라는 거예요. 그래서일까요? 벤담적 페미니스트라는 느낌이 많이 들어요. 대통령부터 9급 공무원까지, 혹은 CEO부터 신입사원까지, 피라미드형 위계 구조를 받아들이고, 피라미드 하부에서 최상층부까지 각각의 자리를 남녀가 동등하게 차지해야 한다고 주장하니까요. 당연히 피라미드를 채웠던 남성들이나 채우리라 기대했던 남성들은 이런 경향에 저항하게 되죠. 그들도 벤담적 남성으로 훈육되었으니까요.

　벤담적 여성이 '차별'을 이야기하고, 벤담적 남성이 '역차별'을 이야기해요. 여기서 명령하는 자와 명령을 듣는 자로 구분되는 억압 구조, 억압 구조를 경쟁에 성공한 자와 실패한 자라는 구분으로 정당화하고 내면화하려는 경쟁 논리는 어떤 도전도 받지 않아요. 억압

구조와 경쟁 논리를 극복해야 돼요. 개개인의 인간을 우열과 열등으로 분류하는 오래된 국가의 메커니즘을 해체하고, 우열과 열등은 누구 탓할 것 없이 타인과의 치열한 경쟁으로, 그러니까 개개인의 노력으로 결정된다는 자본주의적 유혹을 거부해야 하니까요. 철학자로서 제 바람은 단순해요. '여성은 열등하지 않다'는 주장이 '여성은 우월하다'는 주장으로 비화되지 않는 거예요. 물론 이것이 가능하려면 페미니즘 내부에 스며든 벤담적 자아를 도려내야 하죠.

○ **권력이 피지배계급을 분열시키고 흩어지게 해야 지배하기 편하잖아요.**

그거예요. 페미니즘은 국가나 자본의 이간책을 경계해야 돼요. 극단적으로 얘기하면 페미니즘을 배웠더니 사랑을 더 잘하게 됐다고 하면 좋아요. 페미니즘을 배웠더니 미팅도 안 하게 됐다, 이러면 의심할 수밖에 없는 거죠. 연대와 유대와 사랑이 강화되어야 하잖아요. 그러면 그 담론은 보편적 담론이 될 수 있을 것 같아요. 그런데 지금은 굉장히 공격적이고, 관계가 끊어져버리고, 전투적으로 변해버렸다고 할까요? 그러니까 아주 쉬워요. 어떤 담론을 받아들였을 때 세계와의 관계가 더 풍성해지는 반면, 어떤 담론을 받아들인 다음부터 세계와 자꾸 단절이 되고 갈등이 벌어진다면 생각을 해봐야죠. 물론 갈등과 투쟁은 불가피해요. 그러나 그 대상은 국가와 자본이에요. 구체적으로 국가와 자본을 옹호하는 지배자들이죠. 그들은 남성일 수도 있지만, 여성일 수도 있어요. 바로 이 대목에서 페미니즘은 인문주의와 민주주의 혹은 연대와 사랑의 원리가 될 수 있을 거예요.

○ 얼마 전에 GS25 편의점 홍보 포스터의 소시지를 집는 그림이 남성 혐오 이미지라는 논란이 있었고, 한 여성 방송인이 유튜브 방송에서 인형을 가지고 성희롱을 했다고 해서 경찰에 고발되기도 했는데요. 여기에 대해서 남성들은 또 극단적으로 '여자가 하면 농담이고 남자가 하면 성희롱이냐', '역차별 아니냐'라고 하는 등, 점점 젠더 갈등이 심해지고 있는 것 같아요.

20대 남성들의 눈에는 더 이상 여성이 공존의 대상이 아니라, 경쟁의 대상인 것 같아요. 사회 도처에서 여성 우대적인 정책들이 시행된 탓이 크죠. 정보화된 그리고 네트워크화된 사회에서 점점 일자리도 줄어들고, 다국적기업으로 변신한 우리 재벌들이 저임금노동자를 찾아 공장을 해외로 이전하고, 신자유주의 정책으로 비정규직이 양산되고 저임금 아웃소싱이 대세가 된 것도 주요해요. 결국 저임금, 고용 불안, 일자리 부족이 심화된 상태에서 경쟁은 더 심화될 수밖에 없어요. 이런 상황에서 여성의 일자리를 정책적으로 보장하는 여성 쿼터제 등이 시행되면서, 그만큼 젊은 남성의 일자리는 줄어들게 돼요. 그래서 젊은 남성들의 눈에는 '여성 일반' 혹은 '페미니즘'은 자신의 생계와 미래를 위협하는 경쟁자로 보이는 거죠. '역차별'이니 '불공정한 경쟁'이니 하는 볼멘소리가 나오는 것도 이런 이유에서예요.

취업난과 고용 불안 상태를 구조적으로 야기한 자본주의 체제, 가장 먼저 신자유주의 강풍에 희생된 여성 노동자들, 여성들의 불만을 무마하려는 국가, 국가의 정책으로 역차별을 받는다고 느끼는 남성들 등등. 젊은 남성들은 자신을 포함한 젊은 여성들마저 생계와 생존의 위협에 빠뜨린 주범을 잊고 있어요. 그건 동료 여성이 아니라 자본과 국가 탓이죠. 원인을 잘못 진단하면 문제는 해결되기 어려워요. 오히려 젊은 남성들이 '여성 일반'과 '페미니즘'과 싸우는 순간, 자본과 국가는 더 용이하게 자신의 지배력을 강화할 거예요. 경쟁을 강화시킨 자본과 국가를 방치하고, 함께 검투사가 되어버린 젊은 여성들을 적대시한다는 것은 슬픈 일이죠.

그래도 희망은 있어요. '여성 일반'을 적대시하거나, 심지어 열등하다고 비하하는 젊은 남성들도 여자 친구가 생기면 제정신을 찾죠. '여성 일반'에 속한 '특수한 여성'이 아니라 다른 무엇과도 바꿀 수 없는 '단독적인 여성'이 생긴 거니까요. 다른 것과 바꿀 수 없는 사람은 우열 등으로 평가할 수도 없고 평가될 수도 없는 사람이라는 겁니다.

그냥 그 자체로 받아들일 수밖에 없는 사람이 생겼다는 것, 그것이 바로 우리가 사랑에 빠졌다는 증거죠. 나보다 약하다고 상대방을 돌보는 것은 동정이지 사랑이 아닙니다. 나보다 우월하다고 상대방에 기대는 것은 존경이지 사랑은 아니죠. 다행스럽게도 젠더 갈등이 아무리 심해져도 남녀 간의 사랑은 우열의 가치 평가를 넘어서 오늘도 이루어지고 있어요. 바로 여기에 희망이 있는 것 아닐까요? 사랑과 연대가 국가나 자본이 강요하는 우열의 감각, 경쟁과 적대의 메커니즘을 붕괴시킬 수 있는 것도 이런 이유에서겠죠.

○ **이제는 많은 2030 남성들도 그렇고, 언론에서조차 여성우월주의를 뜻하는 '래디컬 페미', '페미니즘은 정신병이다'라고까지 얘기하는 지경에 이르렀는데요.**

남성, 여성을 따지게 되면 공통분모가 아니라 차이만 부각되잖아요. 극단적인 대립 속에 망각된 공통분모를 찾아야 유대가 가능하죠. 출발점은 단순해요. 아무튼 남성이든 여성이든 취업하기 힘들잖아요. '우리는 노동자다'라고 하면 일부분 해결이 될 텐데요. 공유 안 되는 부분을 억지로 공유할 필요는 없잖아요. 생리통에 대해서 남성들하고 공유하면 뭐해요. 안 되는 부분이 있단 말이에요. 일자리가 적어서 서로 싸우고 경쟁하다보면 임금 수준이 낮아지고, 그러면 결과적으로 자본계급이 이득을 많이 남기잖아요. 이 구조 속에 함께 있으니까 그것부터 유대를 할 수 있을 것 같다는 생각이 드는데, 사실은 쉽지 않아요. 세대 문제나 젠더 문제가 자본과 노동 사이의 문제를 가리고 있으니까요. 그러니까 자본과 노동의 문제에 집중해야 돼요. 그러면 남성이든 여성이든 자본가라는 형식에 들어오면 노동자를 경쟁시키고, 그로부터 이윤을 얻으려 한다는 현실이 눈에 들어올 거예요. 나아가 세대 갈등과 젠더 갈등도 그 일환으로 지배체제가 조장 내지는 방조하고 있다는 현실도 보일 거예요. 소수가 다수를 지배하는 방법은 다수를 깨알처럼 흩어놓으면 되는 거예요. 거기에 이바지를 하고 있다면 페미니즘도 비판받아야 되고, 20대 남성들의 담론도 비판받아야 돼요. 마키아벨리^{Niccolò Machiavelli, 1469~1527}가 《군주론^{Il Principe, 1532}》에서 당근과 채찍을 사용하는 통치술을 얘기했어요. 어렸을 때 학교에서 선착순 했었잖아요. 승자와 패자의 논리를 만들어놓고 서로 경쟁하게 만드는 거죠. 당근을 위해서 전쟁을 하다가 죽이고 죽는 거예요.

젠더 갈등은 여러 면에서 파시즘적 메커니즘을 보여요. 여성은 남성을 열등하다고 보고 남성은 여성을 열등하다고 보니까요. 파시즘, 그거 별거 아니에요. 유대인이라는 이유로 어떤 개인을 멸시하고 탄압하는 거죠. 여성우월주의자나 혹은 남성우월주의자가 본질적으로 파시스트인 이유도 여기에 있어요. 여성이라는 이유로, 혹은 남성이라는 이유로 어떤 개인을 열등하다고 판단하니까요. 한 사람에게 붙일 수 있는 다양한 술어가 있잖아요. 직장인이다, 어디 출신이다, 뭐를 좋아한다, 취미는 뭐다, 그리고 여성이다 등 여러 가지를 붙일 수 있잖아요. 그런데 다른 속성은 보지 않고 여성이라는 속성만 보게 된다면 파시즘적 사유가 작동한다고 할 수 있어요. 다른 속성은 보지 않고 '인종'만 보려고 해도, '국적'만 보려고 해도, '나이'만 보려고 해도 우리는 파시스트가 되는 거예요. 인문주의자 혹은 민주주의자, 그것도 별거 아니에요. 어떤 사람의 수많은 속성을 동등하게 볼 수 있는 사람이 인문주의자고 민주주의자니까요.

물론 어느 경우에는 하나의 속성만이 문제가 될 수 있지만, 그것이 차별과 배제, 혹은 우열의 근거로 사용되어서는 안 돼요. 오히려 하나의 속성만이 문제가 되는 경우, 그것은 애정과 환대 혹은 긍정의 계기로만 언급되어야 해요. '와! 멋진 여자다', '예순 살의 경험은 무시할 수 없네', '전라도 사투리는 시에 근사한 리듬감을 주네' 혹은 어떤 개체가 겪는 고통이나 갈등과 연대하려는 마음으로 언급될 수도 있어요. '저분은 환자야', '할아버지가 걷기 좋게 보도를 정비해야 해', '저 사람은 청년 노동자!' 등등. 바로 이 점이 중요하죠. 구체적 상황에서 어떤 개인에게 하나의 속성만 부각될 때도 있지만, 이때 다른 속성들도 그 개인이 가지고 있다는 걸 잊어서는 안 돼요. 달리 말해서 개인이 가진 작은 속성 하나가 그가 가진 수많은 속성을 은폐하거나 부정하도록 만들어서는 안 된다는 거예요. 그래서 어떤 개인을 여성으로만 보는 페미니즘과, 이떤 개인은 여성이지만 다른 속

노동자를 정확하게
'출퇴근 노예'라고
부르잖아요.

그러면 노예는 이렇게
정의 내리면 되죠.
'출퇴근이 불가능한
노동자'.

성도 있다는 걸 인정하는 페미니즘은 다른 거예요. 전자가 파시즘적 페미니즘이라면 후자는 인문주의적 페미니즘이라고 부를 수 있죠. 개인이 가진 수많은 속성 중 하나만 강조하고, 나아가 그 속성에 우월과 열등의 가치를 부여하는 파시즘적 사유! 이것과 싸우지 않는다면, 페미니즘은 자신도 모르게 파시즘에 발을 담그게 될 거예요.

○ **당분간은 상황이 계속 악화될 수밖에 없겠네요.**

제2차 세계대전 후에 유럽은 전후 복구를 해야 했어요. 마셜 플랜Marshall Plan에 따라서 엄청나게 많은 복구 비용이 미국에서 유럽으로 들어갔죠. 당장 노동력이 부족하니까 북아프리카나 제3세계의 수많은 노동자가 유입됐지만, 그걸로도 모자라 여성 노동자들이 생산 현장에 투여되었어요. 유럽 자본가들은 제2차 세계대전 때 미국에서 공장을 가동시켰던 것도 여성들이었다는 점을 벤치마킹한 셈이죠. 어쨌든 미국의 지원으로 수많은 공장이 유럽에 세워졌어요. 당연히 백인 남성 노동자의 인건비는 올라갔죠. 수요만큼 노동자를 고용할 수 없었으니까요. 결국 임금 인상은 자본가의 이윤을 잠식하게 되죠. 자본계급은 곧 묘수를 찾아내요. 제3세계로부터 이주노동자를 받고, 동시에 여성 노동자를 고용하기 시작했죠. 이주노동자와 여성 노동자는 백인 남성 노동자에 비해 임금 수준이 낮았어요. 어쨌든 저임금노동자가 대량으로 영입되자 백인 남성 노동자의 임금 도 하락하게 되죠.

이주노동자는 차치하고 여성 노동자와 남성 노동자 사이의 반목 은 불가피했어요. 여성 노동자는 동일한 노동을 하는데도 남성에 비 해 저임금을 받는다고 불만을 갖게 돼요. 동시에 남성 노동자는 여 성 노동자가 등장하면서 임금이 떨어지고 일자리가 부족하다고 투 덜거리게 되죠. 어쨌든 집에만 갇혀 있던 여성들은 저임금이나마 나 름 경제적 독립을 이루게 돼요. 당연히 여성들의 발언권은 강해지 죠. 동시에 자신들의 지위가 남성 노동자에 비해 열악한 이유를 고 민하게 돼요. 바로 이때 그들은 자신들의 불만과 고뇌를 대변하는 인문학적 스타를 만나죠. 바로 《제2의 성 *Le Deuxième Sexe, 1949*》을 쓴 보 부아르였어요. 여성은 '제1의 성 the first sex'이 아니라 '제2의 성 the second sex'이라고 주장하며, 보부아르는 여성들의 불만에 불을 지르게 돼 요. 여성이 남성에 비해 차별 받고 있다는 걸 폭로한 거예요.

자본의 입장에서는 임금을 낮추는 것이 최상의 과제예요. 그래 서 이주노동자든 여성 노동자든 남성 노동자든 상관이 없죠. 공정을 둘러싸고 남성 노동자와 여성 노동자가 싸우든, 아니면 백인 노동자 와 이주노동자와 싸우든, '잘들 놀고 있네' 이러는 거죠. 이 도식을 2021년 우리 사회에 적용해도 똑같아요. 남녀의 다툼이든, 세대 간 의 다툼이든 마찬가지라는 거예요. 그래서 보부아르가 노동과 자본 문제, 남녀 문제는 서로 다른 문제라고 했을 때, 저는 거기에 동의할 수 없는 거죠. 중요한 것은 젠더 문제가 여성이 가정을 떠나 노동자가 되면서 본격화되었다는 사실이에요. 여기서 묘한 착시효과가 생겨요. 전자본주의사회에서 여성은 향촌공동체나 가부장적 가족공동체에 묶여 '찍 소리'도 내지 못했지만, 자본주의 체제에서 임금노동자가 되면서 이제 '제2의 성'이라는 굴레를 벗어던지려고 해요. 그래서 자본주의사회가 과거보다 뭔가 더 자유로운 사회처럼 보이죠. 그러나 생산의 자유는 없고 소비의 자유만 있을 뿐이에요. 채용의 자유는 없고 원서를 낼 자유만 있을 뿐이죠. 자발적 노예, 출퇴근 노예의 자유죠.(웃음)

○ 유엔UN 산하 여성단체에서 남자 축구선수 한 명의 연봉이 세계 상위 7개 리그에서 뛰는 여자 선수들 연봉을 모두 합친 것보다 2배 가까이 많다면서, 남녀 간 임금 격차를 줄이자는 캠페인을 벌였는데요. 여기에 대해서 한쪽에서는 지지를 보내고, 다른 한쪽은 여자 프로리그가 산업적인 면에서 시장이 작으니 자본주의 체제 안에서 어쩔 수 없는 것 아니냐, 이렇게 말들을 하고 있어요. 실제로 지소연 같은 여자 축구선수도 있고, 비인기 스포츠인 핸드볼의 윤경신 같은 선수도 이런 경우일 것 같아요.

스포츠라는 것은 일단 노동계급 자체의 교육장이기도 해요. 자기 능력을 발휘하고 경쟁에서 승리한 사람이 고액 연봉을 받는다, 이런 논리를 연습시키는 거예요. 시장의 논리가 정확하게 반영된 것이 프로 스포츠고요. 그걸 소비하고 즐기면서 노동계급 스스로 경쟁의 논리를 받아들이는 거죠. 경쟁에서 승리하면 돈을 많이 번다고 하는 논리를 받아들이면, 내가 돈을 적게 버는 것은 경쟁에서 실패했기 때문이라고, 개개인 탓으로 돌리게 돼요. 노동자이면서 소비자인 사람들한테 제공되는 교육의 장이 두 개의 공간으로 대표될 거예요. 하나는 마켓, 소비를 하는 곳으로 돈의 우월함을 배우는 장이에요. 다른 하나는 경기장, 경쟁의 논리를 교육하는 장소예요. 즐기면서 어렵지 않게 받아들이게 되는 거죠.

어떤 선수는 천문학적인 연봉과 이적료로 명문 클럽으로 이적하기도 해요. 그 사이 자신의 상품 가치를 높인 거죠. 반대로 어떤 선수는 구단에서 능력이 없다고 쫓겨나기도 해요. 정리해고가 당연한 것으로 받아들이죠. '당신이 입사를 하거나 승진을 했다면, 그것은 당신이 자신의 능력을 입증한 탓이다', 반대로 '당신이 해고가 됐다면 그것은 당신이 능력이 없어서고, 결국 당신 탓이다', 억압체제가 경쟁의 콜로세움을 만들어놓고 빠져나간 형국이에요. 10대 1이든 100대 1이든 노력하는 자는 관문을 뚫을 수 있다는 것이고, 뚫든 뚫지 못하든 그것은 경쟁에 참여한 개개인의 탓이라는 거예요. 그렇지만 억압체제는 말해요. 참여하기 싫으면 경쟁에 참여하지 말라고요. 그건 너의 자유라고요. 이것이 자본주의 체제가 가진 전대미문의 간교함이죠. 자신의 노동력을 자본에 팔지 않으면 살 수 없도록 만들어 놓고 노동력을 팔지 안 팔지는 너희들의 자유라고 궤변을 늘어놓으니까요.

스포츠, 특히 축구나 야구와 같은 프로 스포츠는 두 가지 목적에 종사해요. 하나는 노동계급이 프로 스포츠 관람에 몰두하면서 자신의 남루한 현실을 잊도록 하는 것이고, 다른 하나는 자본주의 경쟁 논리를 노동계급의 내면에 자연스럽게 각인시키는 거죠. 문제는 스포츠 산업도 자본과 노동의 논리가 그대로 적용된다는 점에 있어요. 다시 말해 선수도 연봉을 받는 노동자로 보인다는 이야기죠. 바로 이 대목에서 제2차 세계대전 이후 본격화된 여성 노동자의 양산과 그에 따른 발언권 확대가 스포츠 세계에도 다시 반복돼요. 스포츠 산업에서 남성 선수와 여성 선수 사이의 임금 차별 문제가 제기된 거예요.

과거 로마제국에서 시민들은 콜로세움의 검투사 경기에 열광했어요. 지금 21세기 세계화된 자본 제국에서 세계 시민들은 프로축구에 매료되어 있어요. OTT 업체를 통해 스마트폰으로 언제 어디서든 경기를 관람할 수 있어요. 여기서 스타 선수들의 천문학적인 연봉은 경기에 대한 몰입도를 더 높이죠. 그런데 바로 이 프로축구 판에도 비싼 노동자인 남성 노동자와 싼 노동자인 여성 노동자라는 도식이 들어오니, 다른 분야와 유사한 젠더 갈등이 생긴 거예요. 우리도 남자 선수들만큼 훈련하고 시합을 하니 연봉 격차를 줄여달라는 여자 선수들의 목소리가 커지고 있는 중이죠.

불행히도 여자 프로선수들의 목소리는 힘을 받지 못할 가능성이 커요. 일단 축구선수단 내부에 남자 선수와 여자 선수가 섞일 수 없으니까요. 아무래도 신체 능력이 중요한 축구라는 종목에서 남자 선수와 여자 선수가 동등하게 경쟁하기는 어렵죠. 동일한 소속, 동일한 경기를 해야 경쟁도 하고 정의도 이야기할 텐데, 남자 축구와 여자 축구로 분리되어서는 이런 이야기를 한다는 것이 애매해요. 더군다나 남자 프로축구 경기는 일종의 집단적 검투사 경기죠. 검투사 내부의 정의가 뭐가 중요하겠어요. 당장 다른 검투사 집단과의 싸움에서 이기는 것이 중요하니까요.

노예제와 노동자제는 다르지 않다

○ 《역사철학 · 정치철학》 책 작업은 철학자 강신주에게 어떤 의미가 있나요? 정말 방대한 작업인데요.

자본주의 200여 년이라는 기간, 우리가 알고 있는 형식으로 생긴 지는 얼마 되지 않았어요. 그 시기를 다루는 거죠. 자본주의가 과연 인류가 선택할 수 있는 유일한 공동체의 관계 맺음의 형식인가, 저는 아니라고 보는 거예요. 그리고 많은 사람들이 자본주의가 들어서면서 인류가 진보했다고 하는데요, 저는 그렇게 보지 않아요. 얼마나 많은 생태가 파괴되었고, 멸종한 종이 얼마나 많은데요. 다른 종뿐만 아니라 우리 자신도 파괴됐고요. 자본주의는 전대미문의, 우리 인간이 만든 간교한 지배체제나 억압체제라고 보여져요. 진보도 아니고 뭣도 아닌데, 우리가 너무 그 안에 들어가 있으니까요. 그러니까 《철학 VS 철학》이 철학사적 측면에서 대립하는 철학자와 철학자를 둘로 묶었잖아요. 한쪽이 제가 좋아하는 인문주의적 철학자들이고, 하나는 억압체제를 정당화하는 철학자들이에요. 모든 철학이 객관적인 것을 이야기하느냐면, 절대 그렇지 않아요. 플라톤만 하더라도 민주주의자가 아니에요. 폴리스polis 제도를 부정하면서 출발했던 사람이잖아요. 엘리트는 머리고 전사계급은 가슴이고, 위계관계가 정확하게 있는 사람이에요. 하긴 플라톤의 스승 소크라테스도, 그의 제자 아리스토텔레스도 모두 위계질서를 긍정했던 반민주주의자였으니, 말해 뭐하겠어요.

억압의 공식을 부정하는 사람들이 제가 봤을 때는 좋은 철학자들이고, 그것을 당연한 것이라고 생각한다면 나쁜 철학자들인 거예요. 나쁜 철학자들은 체제에서 싫어하지 않죠. 연구비를 누구한테 대주겠어요. 플라톤 연구하는 사람한테 주로 주겠죠. 반면 좋은 철학자들을 왜곡하거나 은폐시키는 경우가 굉장히 많아요. 그걸 복원하는 일은 쉽지 않아요. 양적으로도 그렇고. 이런 의식을 제가 가지고 있으니까 더 직접적으로 《역사철학·정치철학》에서 그걸 다루고 있는 거예요. 먼저 철학의 차원에서 그 작업을 했고, 《역사철학·정치철학》에서 인문주의적 정치의 비전, 민주주의에 대한 희망을 다루는 거죠.

민주주의는 역사상 이루어진 적이 없었다니까요. 폴리스밖에 없었어요, 아주 잠깐. 추첨제sortition도 있었는데요, 완전하지는 않았죠. 민주주의라는 말 자체가 굉장히 애매한 말이에요. 지금이 민주적인 사회인가요? 누구나 리드하는 자리에 들어가나요? '거수기' 정도로 투표도 좀 하고, 이런 식으로 되는 거죠. 사실 《역사철학·정치철학》은 민주주의에 대한 책이에요. 고대 이집트 시대와 지금의 자본주의 시대가 본질적으로 다르지 않아요. 제 의식 속에서는 진보라고 여겨지지 않아요. 지배의 양식이 타율적 복종을 강요하는 형식에서 자율적 복종을 강요하는 형식으로 심화되었으니, 진보는커녕 진보의 희망마저 사라진 모양새니까요. 마르크스가 밝혔던 것이 그거예요. 먼저 '벌거벗은 노동자'로, 물적 생산수단을 없애서 자기 노동력밖에 없는 사람들을 만들죠. 그래서 그 사람들이 물질적인 생산수단을 가지고 있고, 자본재를 가지고 있고, 공장을 가지고 있고, 회사를 가지고 있고, 돈을 가지고 있는 사람들한테 '나를 고용해주세요' 하고 자기 노동력을 팔 수밖에 없도록 만들었을 뿐이라고요.

거대 문명이 탄생한 기원전 3000년 이래로 지금까지 인류는 복종의 시대에서 5000~6000년 정도를 살아가고 있는 거예요. 그리고 분업 체제에 진입을 해서 이 사회 시스템을 벗어나서는 먹고살 수 없을 정도로 분업의 강도가 세졌어요. 자동차 바퀴만 고칠 수 있는 사람이 생태운동을 할 수 있나요? 자동차가 존재해야 자기가 사는데. 산업화된 시스템에서 하나의 나사가 되지 않으면 생계의 위험에 빠지는 사회인 거예요. 타율적 복종에서 자발적 복종으로 바뀐 것뿐인데, 체제는 '타율'과 '자율'만 강조해서 자본주의사회가 왕조시대보다 더 발달했다고 얘기를 해요. 그런데 내가 볼 때는 '복종'에 방점을 찍어야 돼요. 노동자를 정확하게 '출퇴근 노예'라고 부르잖아요. 그러면 노예는 이렇게 정의 내리면 되죠. '출퇴근이 불가능한 노동자'.(웃음)

○ 《역사철학·정치철학》이 다섯 권 시리즈잖아요. 1권 《철학 VS 실천》이 나온 다음에 3권 《구경꾼 VS 주체》가 나왔는데, 아직 2권이 안 나왔어요.

벤야민 사유의 복잡한 성격 때문에 그래요. 벤야민은 우리 시대 속칭 진보팔이 혹은 머리는 비판적인데 심장은 보수적인 지식인들이 좋아하는 작가예요. 그건 벤야민이 '비판적 평론가의 입장'에서

강자에게 복종하지 말고
약자를 억압하지 않는다,

약자를 돌보는 것이
자유인의 자긍심이고
당당한 사람의 자긍심
이라고 나는 말했어요.

아홉 번째
만남

자본주의 체제를 보기도 하고, '억압받는 자들의 전통'에서 자본주의 체제를 보는 경우도 있기 때문이에요. 그의 관심사에 따르면 벤야민은 '보들레르Charles Baudelaire, 1821~1867적 벤야민'과 '브레히트Bertolt Brecht, 1898~1956적 벤야민'으로 분열되어 있다고 할 수 있죠. 대도시적 감수성을 19세기 세계 자본주의 수도 파리를 거닐며 대도시도 서정시의 대상이 될 수 있다는 것을 보여주었던 보들레르! 파시즘에 맞서 '억압받는 자들의 전통'에 서서 노동계급과 함께했던 브레히트! 벤야민의 전체 사유는 보들레르와 브레히트 사이, 그 어딘가에 위치해 있어요. 그러나 조금씩 조금씩 그의 발걸음은 브레히트 쪽으로 옮겨 가게 돼요. 최종적으로 벤야민은 보들레르적 감수성을 완전히 극복하는 데 성공하죠. 그 결과물이 바로 벤야민이 죽기 직전에 썼던 〈역사철학 테제〉, 정확하게는 〈역사의 개념에 대하여Über den Begriff der Geschichte, 1940〉예요. 이 짧은 글에 벤야민의 특이성이 응축되어 있고, 이 짧은 글 때문에 그는 다룰 가치가 있는 사람이 된 거예요.

〈역사철학 테제〉 이전 벤야민이 출간했거나 집필했던 많은 글들에는 '보들레르적인 것'과 '브레히트적인 것'이 혼재되어 있어요. 자본주의가 새로운 것처럼도 이야기를 했다가 억압이라고 얘기했다가, 왔다 갔다 해요. 섬세한 감수성을 자랑하고 싶은 사람도, 진보적인 척하고 싶은 사람도 벤야민을 인용할 수 있는 것도 이런 이유에서죠. 그래서 벤야민을 제대로 다루려면 다양한 해석들과 씨름을 해야 해요. 그러다 갑자기 몸에 탈이 났어요. 사실 《역사철학·정치철학》전체 5권을 동시에 작업하고 있었던 것이 문제였던 것 같아요. 그래서 이미 완성된 3권을 다듬어 먼저 출간한 거예요. 1권과 3권, 마르크스와 기 드보르는 연속적으로 읽힐 수가 있어요. 그래서 3권을 먼저 내는 것도 괜찮겠다 싶었어요. 컴퓨터를 쓸 수 있는 체력, 하루에 여섯 시간 작업할 수 있는 힘이 있어야 되는데요. 아직은 한두 시간 정도밖에 앉아 있지를 못해요. 책은 읽을 수가 있는데, 작업하기는 조금 힘든 상태예요.

○ **너무 마른 모습을 보고 건강 문제에 대해서 염려하시는 분들이 많아요.**

젊었을 때는 정신력으로 몸을 끌고 갔어요. 자료 정리만 끝나면 300~400쪽 집필하는 데 3주 정도면 됐어요. 체력이 좋았죠. 건강했으니까. 산도 많이 타고. 그런데 50대 중반 들어서니까, 작년에 무슨 문제가 벌어졌냐면, 제 정신이 '저리로 가야지' 하면 억지로라도 제 몸을 끌고 갔는데, 이번에 못 끌고 간다는 것을 안 거예요. 건강한 사람이 가진 어떤 잘못된 생각인데, 아직도 건강하다고 생각해서 제 뜻대로 내 몸을 끌고 간 거예요. 책 작업을 하는 게, 그 무게가 장난이 아니잖아요. 그런데 억지로 끌고 가려고 한 거죠. 이 상태까지 왔을 때 몸이 따라오지 못한다는 것을 안 거예요. 몸이 나한테 너무 힘들다고 얘기하더라고요. 갑자기 20킬로그램 가량 살이 빠지더라고요. 비로소 뒤늦게 '아, 몸이 힘들구나, 앞으로 작업할 때는 몸이랑 같이 가야겠구나' 그걸 배운 거죠. 저한테는 많이 배우는 시간이에요. 철학적으로도 성숙해졌다고 해야 하나. 할아버지 할머니들도 이해할 수 있게 됐고, 몸 약한 사람들이나 병든 사람들의 마음을 읽을 수 있게 된 겁니다. 이건 철학자로서 엄청난 축복이죠. 60~70 나이가 되어야 배울 수 있는 걸 50 중반에 배운 셈이니까요. 돌아보면 저는 제 몸을 너무 혹사시켰던 것 같아요. 이제야 나이 든 사람과 약한 사람, 그리고 아픈 사람을 돌보듯 저를 조금은 아낄 여유가 생긴 것 같아요. 앞으로는 작업하다가 '야, 일어나 빨리' 몸한테 그러지는 않을 것 같아요. 고개 돌려서 몸이랑 눈 맞추고, '못 움직이겠니?' 하고 질문할 수 있을 것 같아요. 몸이 못 움직이겠다고 하면 '잠시 쉬자' 이게 된 것 같아요. 옛날에는 그게 안 됐거든요. '일어나' 그랬죠.(웃음)

미야자키 하야오宮崎駿의 〈하울의 움직이는 성ハウルの動く城, 2004〉을 보면 모자를 팔던 평범한 소녀 '소피'가 마법에 걸려서 할머니가 되잖아요. 소피가 자신에게 걸린 마법을 풀려고 마법사 하울이 살고 있는 움직이는 성을 찾아 언덕배기를 올라가요. 그런데 뚱뚱한 할머니의 몸이니까 무릎도 아프고 너무 힘들잖아요. 중간에 바위에 앉아서 이렇게 혼잣말을 해요. '할머니로 살아가는 몸의 느낌이 이런 느낌이구나.' 제가 제 몸을 끌고 가기가 힘들어지면서, 처음 생각이 들었던 것이 〈하울의 움직이는 성〉의 그 대사였어요. 미야자키 하야오

가 뭘 느끼고 있었는지를 알게 된 거죠. 미야자키 하야오의 모든 애니메이션이 어른들까지 볼 수 있는 감수성이 거기에 있었구나, 하는 생각이 들었죠. 애니메이션은 대개 주인공들이 지치지를 않잖아요, 밥도 안 먹고. 그런데 미야자키 하야오의 작품에서는 할머니가 된 소녀가 그런 말을 해요. '할머니로 살아가는 몸의 느낌!' 아프고 나서 제가 그 말의 무게감을 알게 된 거죠. 어떤 타인을 만났을 때 그 사람이 힘들다고 하면 이제 그게 뭔지를 알아요. 옛날에는 그까짓 일로 퍼져 있냐, 이랬어요. 지금은 '힘들겠네' 하고 공감할 수 있게 된 거예요. 그런데도 아직 옛날 버릇이 조금 남아 있어요. 무슨 작업이 있으면 자꾸 무리하려고 해요. 좀 더 지혜를 가져야 되는데…….

《역사철학·정치철학》은 저한테 중요한 작업이라서 빨리 완성을 해야 돼요. 올해가 아니더라도 내년까지는 반드시 완성을 하고 싶어요. '억압받는 자들의 전통'에 서서 그들과 희노애락을 함께하며 써야 할 책이니까요. 문제는 제가 1년여 몸이 아프면서 생노병사를 겪는 생명의 차원에서 사유를 하게 되었다는 사실이에요. 생명의 차원에서는 《역사철학·정치철학》을 제대로 완성하기 힘들어요. 지금은 더 강하게 역사적이고, 구조적이고, 정치적인 억압을 다룰 수 있어야 할 때이기 때문에 이걸 조금 놓치게 되면 제가 쓰는 책들이 형이상학적으로 변할 수도 있고요. 《역사철학·정치철학》은 저한테 뜨거움이에요. 20대 때 대학 다니면서 겪은 독재도 억압의 공식이잖아요. 소수는 노골적으로 명령만 내리고, 다수는 명령을 들어야 되

306

아홉 번째
만남

고, 명령을 듣지 않으면 국가보안법에 걸리던 시절이었죠. 그때는 독재에 대해서 본능적으로 싸웠잖아요. 억압사회에 대한 거부감이 본능적으로 있었던 거죠. 이런 감수성이 남아 있을 때 《역사철학·정치철학》을 완성해야 되는 거죠. 그래서 가끔 생각해봐요. 《역사철학·정치철학》은 20대 강신주와 함께하는 마지막 잔치와도 같은 것 아니냐고.

○ **진보라고 하는 사람들이 벤야민을 잘못 해석해서 사용할 수 있기 때문에 그걸 경계해서 세밀하게 써야 한다고 말씀하셨는데요. 지나친 책임감이 아닐까요? 해석은 해석하는 사람의 몫일 수도 있고요. 약을 사면 부작용에 대한 주의사항이 길게 적혀 있는데요. 그걸 안 읽고 먹어도 대부분 부작용이 없잖아요. 제약회사의 책임감 또는 책임 소재 때문에 경고문을 만들어놓은 것일 텐데요.**

우리 시대 지식인들의 자화상. 부르주아 교육기관이고 화이트칼라를 양산하는 명문대에서 인문학 가르치는 교수들, 참 애매한 자리에 들어가 있는 거예요. 고급 노동자에 대한 야망을 가진 아이들이 입학을 하고, 그들을 키우고 있잖아요. 그 자리에서 월급을 받고 있고 학생들에게 성적, 즉 스펙을 부과하고 있는 거잖아요. 21세기의 지식인은 어떤 사람인가 보면 〈역사철학 테제〉를 쓰기 전의 벤야민

같아요. 객관적인 자세로 부익부 빈익빈을 이야기하고, 이런 사람들 많잖아요. 돌아보면 그 사람들이 좋은 아파트 구하려고 하고, 주식 투자도 하고, 이러고 있어요.(웃음) 그런 길들여져 있는, 말로만 혁명가인 사람들, 그리고 그 혁명을 대학에서 팔고 있어요.

생산 부분보다 소비 부분, 문화 부분을 더 강조를 했던 것이 프랑크푸르트학파Frankfurter Schule잖아요. 사실은 그 프랑크푸르트학파와 아도르노Theodor Adorno, 1903~1969가 어쩌면 진보팔이의 원조라고 볼 수도 있어요. 벤야민도 거기에 일정 정도 관여가 되어 있던 시절이 있었죠. 벤야민은 브레히트하고 같이 있었을 때 〈역사철학 테제〉를 쓴 벤야민이 유지되고 있어요. 브레히트는 그만큼 지식인의 허위의식을 싫어했고, 그런 그의 태도가 벤야민의 정신을 각성시킨 거예요. 반면 브레히트를 떠나 망명지 파리에 있었을 때 벤야민은 나약한 지식인으로 돌아오죠. 경제적 궁핍에서 벗어나기 위해 그는 아도르노와 그의 사회조사연구소에 손을 내밀어야 했어요. 뒷날 프랑크푸르트학파로 불리게 되는 사회조사연구소는 벤야민의 글을 싣는 대가로 그에게 연구비를 제공했던 거예요. 불행히도 벤야민의 글이 마음에 들지 않으면 아도르노는 수정을 지시했어요. 논문이 실려야 연구비를 받을 수 있으니 벤야민으로서는 난감한 일이었죠. 그러니까 벤야민은 〈역사철학 테제〉를 쓰기 전 두 가지 면이 있어요. 억압받는 자들의 전통에 서 있는 측면이 있고, 연구비를 받아야만 했던 측면이 있어요.

벤야민의 가장 중요한 논문을 들자면 《기술복제시대의 예술작품 _Das Kunstwerk im Zeitalter seiner technischen Reproduzierbarkeit, 1935_》이에요. 거기 유명한 '아우라aura' 얘기가 나오잖아요. 루브르 박물관에 있는 〈모나리자〉는 아우라가 있지만, 티셔츠에 복제되거나, 영화로 복제가 되거나, 머그컵에 복제되면 아우라가 사라진다는 거죠. 그래서 기술복제시대는 '아우라 상실'의 시대라는 건데, 대체로 그것만 기억하고 있어요. 그런데 그 논문의 핵심은 영화 이야기예요. 영화를 어떻게 이해할 것인가. 벤야민의 입장이 뭐냐면, 영화는 노동계급이 스스로 노동계급이라는 자각을 하기에 더없이 좋은 매체라는 주장이에요. 벤야민이 논문을 보냈는데 아도르노가 비판을 해요. 노동계급의 능동성을 기대해서는 안 된다, 부르주아 사회와 소비문화에 물든 것이 노동계급이기 때문에 깨어 있는 진보적 지식인들이 노동계급을 계속 깨우쳐야 된다는 것이 아도르노의 입장이었어요. 엘리트주의자였던 거죠.

엘리트주의는 명령 내리는 소수를 인정하고 억압 구조를 정당화하는 거예요. 우리는 선택받은 사람들이고, 지적이고 통찰력 있고 지혜로운 사람이 지배와 통제를 해야 된다는 거니까요. 프랑크푸르트학파는 진보적 지식인들이 노동계급을 위해서 나아갈 바를 정할 수가 있다고 생각한 거예요. 반면 벤야민은 영화를 통해서 노동계급이 스스로 리딩leading을 할 수 있다, 이렇게 본 거예요. 노동계급이 리딩을 하게 되면 그들을 이끌어야 되는 '모세'가 필요 없잖아요. 아도르노의 엘리트주의와 달리 벤야민은 '노동자주의'라고 부를 만한 입장을 취하고 있죠. '억압받는 자들의 전통'에 서려는 벤야민의 의지예요. 노동계급이 스스로 자신의 삶을 개척한다면, 엘리트를 자처하는 지식인들은 어떻게 될까요? 더 이상 존재 이유가 없죠. 여기서 묘한 아이러니가 생겨요. 진보적 지식인들은 노동계급의 자율성을 꿈꾸지만, 동시에 노동계급의 자율성을 불편하게 느끼는 거죠. 아니, 그들에게 노동계급은 기다리기는 하지만 영원히 오지 않아야 할 '고도Godot'와 같은 것이어야 해요. 그래야 노동계급을 이끌어야 한다는 그들의 엘리트주의가 유지될 테니까요.

벤야민을 악용하지 못하게 해야 하는 이유는 굉장히 많아요.《아케이드 프로젝트Das Passagen-Werk, 1928~1929, 1934~1940》는 벤야민의 미완의 대저인데, 그 안에 엘리트주의와 노동자주의가 같이 섞여 있어요. 더 중요한 것은 이 연구 모음집에는 엘리트주의에서 노동자주의로 가는 벤야민의 면모가 담겨 있다는 점이죠. 비판적 평론가의 입장에서 '억압받는 자들의 전통'으로, 보들레르적 벤야민에서 브레히트적 벤야민으로, 혹은 파리의 산책자에서 파리코뮌의 전사로, 벤야민은 거대한 빙하의 이동처럼 아주 천천히 이동하고 있다는 거예요. 그런데 아도르노는 벤야민의 이 방대한 유고를《아케이드 프로젝트》로 묶으며, 벤야민의 사유를 엘리트주의나 비판적 평론가의 입장으로 박제하려고 하죠. 당연히 벤야민 사유의 최종적 귀결이자 응결이라고 할 수 있는 〈역사철학 테제〉는 경시될 수밖에 없어요.

가장 명료하게 노동자 중심주의, 노동계급 중심주의, 그리고 땅을 회수당한, 더 이상 소작농이 아닌 소작농들의 사유, 그런 것들이 피력된 유일한 글이 〈역사철학 테제〉예요. 〈역사철학 테제〉는 1940년 벤야민이 죽은 해에 완성을 했어요. 벤야민은 나치가 집권하기 직전에 프랑스 파리로 망명해 있었는데, 제2차 세계대전이 발발하고 나치가 프랑스를 침공한 거예요. 프랑스 당국에서 망명했던 독일인들을 캠프, 일종의 포로수용소에 집어넣어요. 그곳에서 약 100여 일 생활을 하는데, 그때 경험이 벤야민을 변화시킨 거예요. 억압받는 자의 전통에 섰다고나 할까요? 그냥 독일인이면 다 갇혔어요. 나치에 반대하고 아니고가 중요한 것이 아니었어요. 거기서 간신히 나와서 〈역사철학 테제〉를 완성한 거예요. 그 글을 쓰지 않았다면 벤야민은 정리가 안 된 철학자였을 뿐이에요. 〈역사철학 테제〉가 분량으로 따져서 주먹 하나 크기라면, 벤야민이 지금까지 썼던 글들은 지구만 한 크기 정도예요. 두 개를 저울에 올려놓으면 반대로 〈역사철학 테제〉 쪽으로 기울겠죠. 양이 그 밀도를 따라가지 못해요.

○ **1권에서 다룬 마르크스와 3권에서 다룬 기 드보르를 통해서 하고 싶은 말은 무엇이었나요?**

'평의회 코뮌주의Communisme de conseils'와 '정당 코뮌주의communisme

de parti'를 구별하자는 얘기를 했던 거예요. 둘의 결정적 차이는 대표자를 언제라도 소환 가능하냐 그렇지 않느냐에 있어요. 평의회 코뮌주의라는 건 뭐냐면, 대표 선출뿐 아니라 소환도 할 수 있는 평의회를 통해서 자기 삶과 공동체의 미래를 결정할 수 있는 거예요. 볼셰비키 정당이든, 중국 공산당이든, 북한 노동당이든 간에 당이 끌고 가는 코뮤니즘은 가짜 코뮌주의라는 거죠. 거기에서는 소환을 못해요. 정당 코뮌주의는 가짜 코뮌주의예요. 정당이 노동계급을 이끌겠다는 엘리트주의거나, 아니면 코뮌주의를 팔아서 소수가 권력을 독점하는 입장이니까요. '코뮌'이라는 말은 19세기 후반 '파리코뮌'에서 온 말이에요. 파리코뮌에서는 노동계급이 주인이었고, 병사들이 대대장을 투표로 선출하고 자를 수도 있었어요. 권력이 노동계급의 평의회에 있었던 거예요. 거수 기구가 아니었어요. 생산 현장에서도 노동계급이 소환 가능한 자기 대표를 뽑았죠. 그게 코뮌이에요.

정당 코뮌주의는 권력을 잡는 순간 국가 코뮌주의가 돼요. 당연한 일이죠. 정당은 국가기구니까요. 정치적으로 어떻게 나오느냐면, 일부 소수 자본계급이 생산수단을 독점해서 노동계급을 지배하니, 아무도 독재하지 못하게 국가가 생산수단을 독점을 하면 된다, 그리고 우리가 땅을 노동계급한테 주겠다, 이러는데요. 그러면 국가가 최고권력자가 되는 거예요. 국가가 유일한 대지주가 되고, 대자본이 되는 거예요. 그게 국가독점자본주의잖아요. 또 다른 억압이죠. 국

가가 명령을 내리고, 노동계급과 농민계급은 명령을 들어야 되는 거
예요. 그것이 정당 코뮌주의고, 국가독점자본주의 형태란 말이에요.

당신은 어디에 서 있나요?

○ **오늘도 결론을 하나 내려주시죠.**(웃음)

《역사철학·정치철학》이 두꺼워서 독자들이 압박감을 받을 텐
데요. 억압받는 자들과 희로애락을 같이 하면서 쓴 책이에요. 크론
시타트 부분에서는 그 사람들이 얼마나 한을 품었고 분노했는지를
공감하며 썼어요. 체 게바라가 죽을 때는 그가 어떤 심정이었는지를
분노하면서 썼고요. 가르치려고 하지 않았어요. 내가 기억을 해줘야
된다, 아무도 기억을 하지 않으니까. 민주주의와 인문주의, 억압에
맞선 투쟁의 전통, 누구를 지배하지도 않고 누구의 지배도 받지 않
겠다는 자유인의 정신 등등 기원전 3000년 이후 자유로운 개인들의
공동체를 꿈꿨던 사람들은 많았어요. 그들은 결코 소수가 아니에요.
단지 억압체제가 그들의 존재감을 흐릿하게 만든 것뿐이죠. 그래서

우리 패밀리들을 다 모아놓아야 되겠다, 해서 쓴 책이에요. 책을 너무 두껍게 써서 미안하게 생각을 해요. 그래서 지승호 선생님도 안 읽으신 것 같아요. 지금 얘기하는 것들이 모두 책에 있는 그대로예요. 다 제 잘못이고, 제 욕심 때문이죠.

○ **읽긴 했습니다.(웃음)**

원고를 쓸 때 울면서 쓴 부분이 많아요. 죽은 친구의 삶을 다 수습한 다음에 소주 한잔을 마시는 것처럼 썼어요. 세 번째 권 '체 게바라' 부분이 지금도 가장 기억에 남는 부분이에요. 너무 힘들었어요. 양도 많아서 게바라 부분을 정리하면 단행본 한 권을 낼 정도는 돼요. 게바라를 좋아한다면 세 번째 책에서 그 부분만 읽어도 좋을 것 같아요. 특히 게바라가 잡혀서 다음 날 처형을 당하는 부분이요. 남의 노예로 살기보다 숨이 붙어 있는 마지막 순간까지 자유인으로 살겠다는 우리 패밀리들의 의지는 저를 슬프게도 하지만, 동시에 저를 미소 짓게 했어요. 아마 이런 정서적 동요 때문에 책이 두꺼워졌는지도 모르겠어요. 억압체제에 의해 무시되고 폄하되고, 심지어 망각되기도 했던 그들의 삶, 그들의 정신, 그들의 사유를 제가 아니면 오롯이 전달할 수 없다는 느낌이 강했으니까요.

출간된 책의 서문에서도 그리고 본문 곳곳에서도, 저자로서 저는 제가 서 있는 자리를 당당하게 밝혔어요. 특히나 중요한 것은 정당코뮌주의를 파리코뮌의 평의회코뮌주의로부터 완전히 도려내는 단호함이죠. 정당코뮌주의는 자본주의 체제에서는 사회민주주의로 변주되고, 북한이나 중국 등 국가독점자본주의 체제에서는 사회주의로 변주되니까요. 정당코뮌주의는 진보 팔이, 노동계급 팔이, 민주주의 팔이의 뿌리예요. 저는 파리코뮌과 집강소에 서 있는 철학자예요. 엥겔스와 같이 있던 마르크스가 아니라 고타강령을 비판했던 마르크스 옆에 서 있어요. 바이마르공화국이 아니라 로자 룩셈부르크와 스파르타쿠스 동맹 옆에 있고자 해요. 카스트로가 아니라 체 게바라의 손을 잡고 있어요. 레닌과 트로츠키와 술을 마시기보다 크론시타트의 차가운 바람을 맞으며 서 있으려 해요. 생산수단, 정치 수단, 혹은 폭력 수단은 소수 엘리트가 아니라 다수 노동계급의 손에 쥐어져야죠. 평의회코뮌주의, 인문주의, 그리고 민주주의는 바로 그런 것이니까요.

제 소망은 제가 죽고 나서도 《역사철학·정치철학》을 통해 자본주의와 억압이 유지되는 한 누군가가 '강신주가 있어서 내가 이런 고민을 하게 됐다'고 말해주었으면 좋겠어요. 명령을 강요하는 사람한테 당당히 맞설 수 있는 사람이 생긴다면, 그리고 언제든지 자기 생각을 당당히 피력하는 사람이 있다면 좋겠어요. 우리 모두가 같이 명령을 내릴 거야, 그리고 우리가 내리는 명령은 우리가 들을 것이고, 이 명령은 우리가 만들었기 때문에 우리가 수정할 거야, 그런 민주주의자가 있다면 좋겠어요. 처음에도 얘기했잖아요, 자유인은 강하다고. 자유인은 강자에게 복종하지 않고, 약자를 지배하려고 하지 않으니까요. 진정한 자유인은 그 사람이 약하다고 해서 내 맘대로 끌고 가지 않고, 그 사람이 강하다고 해서 끌려가지도 않아요. 강한 사람한테는 '무슨 소리 하는 거야?' 이렇게 반문할 수 있는 사람, 약한 사람한테는 '말해봐, 말해봐, 괜찮아'라고 얘기하는 사람, '말이 없는 것을 보니까 내 말을 따르나봐'라고 속단하지 않는 사람, 그런 사람이 자유인이죠.

철학자로 글을 쓰면서 《역사철학·정치철학》을 쓰든 《철학 VS 철학》을 쓰든 자유에 대해 썼어요. 강자에게 복종하지 말고 약자를 억압하지 않는다, 약자를 돌보는 것이 자유인의 자긍심이고 당당한 사람의 자긍심이라고 나는 말했어요. 어떤 강자라고 해도 그 사람이 힘이 세고 나를 억압한다고 하더라도 강하다는 이유로 그 사람의 말을 듣지 않아야 자유인이라고 배웠으니까요. 당당하고 자유로운 사람들의 공동체가 자유로운 개인들의 공동체고, 최제우가 말했던 하늘처럼 존귀한 님들의 공동체고, 불교에서 말하는 부처들이 살고 있는 땅, 불국토佛國土예요. 원효가 꿈꿨던 불국토. 모두가 부처고, 모두가 하늘님인데 누가 누구를 지배해요. 누가 자유인의 목을 눌러요. 나를 죽이지 않는 이상 누구도 내 몸에 걸터앉을 수 없어요. 사자를 죽여야만 사자의 목에 발을 올릴 수 있는 거죠. 강자한테는 사자 같은 사람이어야 해요. 그것이 자유인의 전통이에요. 그렇기 때문에

권력에 타협하지 않고, 자기 글을 쓰고, 자기 얘기를 쓰는 거죠. 권력
이나 자본에 꺾여서 글을 쓰고 책을 내면 뭐 해요.

열 번째

바람이 분다,

살아야겠다

만남 지승호
문고

 강신주
답하다

대지의 냄새나 풀 덮인 땅의 포근함 같은 것들을 먼저 느끼는가, 아니면 흘러가는 강물이나 개울의 시원하고 습한 기운 같은 것들이 먼저 와닿는가, 따뜻한 모닥불이나 촛불 같은 것들이 먼저 다가오는가가 사람마다 달라요. 저는 그중에 바람 쪽인 거죠. 그냥 혼자 앉아서 바람을 맞고 있는 사람 같은 거예요.

바람이 분다, 살아야겠다

교감이 남긴 흔적들

○ **이상용 영화평론가와 공저로《씨네샹떼》라는 책을 내셨잖아요. 25편의 영화를 보고 각자의 시각으로 평한 내용인데, 작업 과정이 궁금하네요.**

CGV, 민음사, 그리고 이상용 선생님과 제가 일종의 콜라보 작업을 한 거예요. 뤼미에르 형제Auguste and Louis Lumière가 만든 최초의 영화 〈열차의 도착L'Arrivée d'un Train en Gare de la Ciotat, 1896〉에서부터 영화사적으로 중요한 영화 스물다섯 편을 관객들과 보고, 이상용 선생님과 제가 토크를 진행했죠. 영화 토크가 끝난 뒤, 이상용 선생님과 저는 각각 글을 한 편씩 썼어요. 민음사에서는 토크 내용을 녹취하고 저희 두 사람의 글을 모아 책을 준비했고요. 25회에 걸쳐 진행된 노력이 결실을 맺은 것이 바로《씨네샹떼》인 셈이죠.

영화 선정은 당연히 이상용 선생님이 맡았어요. 영화와 감독이 정해지면, 저는 바빴죠. 예를 들면 타르코프스키Andrei Arsenyevich Tarkovsky, 1932~1986의 〈노스탤지아Nostalghia, 1983〉가 토크할 영화로 정해지면, 저는 〈노스탤지아〉뿐만 아니라 그의 다른 중요한 영화 서너 편을 봐야 했으니까요. 중간중간 토크를 쉴 때도 있어서 스물다섯 편의 영화를 보고 전체 토크와 글쓰기를 마무리하는 데 2년 정도 소요된 것 같아요. 저한테는 2년 동안의 '시네마 천국'이었어요. 영화 보고, 토론하고, 글 쓰고, 정말 행복하고 재밌는 시간이었죠.(웃음) 어쩌면 이상용 선생님은 제 영화 과외 선생님이라고 할 수 있어요.

○ 작업이 끝나고 영화라는 매체에 대한 생각이 바뀌신 부분이 있나요?

책을 읽는 것 같은 효과를 느끼게 해주는 영화들이 있잖아요. 흔히 말해서 예술영화라고 부르는 영화들이 그런데요. 타르코프스키 감독의 〈노스탤지아〉 같은 영화는 시나 소설을 읽을 때처럼 머릿속에서 상상력을 동원해 봐야 해요. 1964년 출간된 《미디어의 이해*Understanding Media*》에서 맥루한Marshall McLuhan, 1911~1980이 미디어를 차가운 것cool media과 뜨거운 것hot media으로 나누잖아요. '차가운 미디어'라는 번역어는 잘못된 거예요. '차가운'으로 번역된 '쿨cool'은 이 문맥에서는 '쾌적한' 정도로 번역되어야 맞아요. 그러니까 뜨거운 것은 만지기 힘들고, 쾌적한 것은 만질 수 있다는 것이 핵심이에요. 만진다는 것은 우리가 특정 대상에 개입해 우리의 온기를 전달하는 행위죠. 결국 '쾌적한 미디어'는 우리의 능동적 해석이 가능한 매체라는 의미예요. 반면 '뜨거운 미디어'는 우리가 만지지 못하고 그냥 받아들이는 매체라는 의미죠. 이런 측면에서 책은 상대적으로 '쾌적한 미디어'이고, 영화는 '뜨거운 미디어'라고 할 수 있어요.

책을 읽으면 우리는 상상력을 동원해 머릿속에서 특정 장면을 시각화해요. 반면 영화는 그럴 여지를 주지 않죠. 《해리포터》를 소설로 먼저 읽은 아이들이 머릿속에 그린 호그와트 마법학교의 모습이나 주인공 해리의 생김새가 있을 거예요. 그런데 나중에 영화를 보면 자기들이 상상했던 모습과 달라 당혹감을 느끼기 쉬워요. 그러니까 영화는 만화보다, 그리고 만화는 소설보다 '뜨거운 매체'라고 할 수 있고, 반대로 소설은 만화보다, 그리고 만화는 영화보다 '쾌적한 매체'라고 할 수 있죠.

시나 소설은 문맥을 작가가 구성해놓았고, 작가가 그리려는 것을 독자가 그려내야 돼요. 감정이나 감각, 느낌도 상상으로 재현해야 되고요. 반면 보통 영화는 그것을 시각적으로 청각적으로 전달해주니까 즉각적으로 받아들일 수가 있어요. 그래서 영화를 많이 보면 세계를 그려내는 능력이 떨어질 수밖에 없는 거죠. 그런데 영화들 중에도 책과 같은 느낌을 주는 영화들이 있어요. 타르코프스키 영화처럼 상징적인 느낌의 영화들이 그런 것들이에요. 맥루한의 표현을 빌리자면 타르코프스키 영화는 '쿨하면서 동시에 핫한', '우리의 상상력과 이해력을 동원해야만 하는' 묘한 영화가 되고 만 거죠. 시각적으로 구체적인 영상이, 그리고 청각적으로 생생한 음향이 밀

려오지만, 우리가 능동적으로 개입하지 않고는 이해되지 않는 영화도 있는 셈이에요. 그런데 그런 영화의 시절이 지났고 거의 만들어지지도 않아요. 흥행이 되기 어려우니까요. 대부분의 사람들은 영화에서 기분 전환을 추구하잖아요. 생각할 것이 많아서 영화를 보며 근심과 걱정을 잠시 잊으려 했는데, 영화가 상상력과 사유를 강요하니 얼마나 힘들겠어요.(웃음)

○ **이 책을 내고 난 다음에 진정한 의미의 '공저'라는 말씀을 하셨는데, 그 말의 뜻은 뭔가요?**

토크를 할 때도 책을 만들 때도 이상용 선생님과 계속 대화를 하고 교류를 했어요. 선택한 영화를 관객들하고 함께 본 다음에 질의응답을 하는 과정에서 서로의 얘기를 듣고 서로 배웠던 거예요. 책을 쓸 때는 강신주는 강신주대로 정리를 하고, 이상용 선생은 이상용 선생대로 정리해서 전체를 묶었어요. 그렇지만 제 글에는 이미 '이상용적인 것'이 들어와 있고, 반대로 선생님의 글에도 '강신주적인 것'이 새겨져 있다는 것이 중요해요. 영화를 선택해서 보고 대화를 나누고 나면 이전의 내가 변하는 거예요. 변화의 결과물이 책이에요. 서로 아무런 교류 없이 병존해서 쓴 책은 공저라고 할 수 없어요. 서로 강력한 영향을 주고받은 다음에야 공저가 되는 거죠. 글을

동일성과 차이를
같이 배우는 것,
같아지는 지점도 있고
달라지는 지점도 있고,
이런 거죠.

그게 제대로 된
교감인 것 같아요.

쓸 때는 이미 많은 부분에서 나도 변했고, 이상용 선생도 변한 상태였던 거예요. 내 글에 이상용 선생의 흔적이 있고, 이상용 선생의 글에 내 흔적이 있는 거죠. 그러니까 각자 아이를 한 명씩 낳았는데, 부모가 이상용이고, 강신주예요. 부부는 부부인데, 묘한 부부인 거죠. 각자 각자가 엄마고 자기를 닮은 아이들이 태어났어요. 다른 사람을 만났으면 다른 글이 태어났을 수도 있겠죠. 공저라는 의미는 거기에 있어요. 저 사람과 내가 같아지는 부분과 달라지는 부분을 확인하는 것, 우리가 공유한 부분과 같이 느낀 보편성, 서로 간에 환원 불가능한 어떤 단독성도 확인할 수 있는 거죠. 공유된 부분도 있지만, 완전한 합의가 아니에요. 동일성과 차이를 같이 배우는 것, 같아지는 지점도 있고 달라지는 지점도 있고, 이런 거죠. 그게 제대로 된 교감인 것 같아요.

혼자서 바람을 맞고 있는 사람

○ 고전영화를 보고 자란 영화감독들도 이제 조금씩 사라져가는 것 아닐까요?

간혹 예술영화 시사회 같은 데서 대담을 해달라고 부를 때가 있어요. 그런 자리에 젊은 친구들이 많아요. 그 친구들이 영화광이 되는 거죠. 문제는 타르코프스키 같은 영화를 만들고 싶어할 텐데, 돈이 안 되니까 그 친구들도 예전 감독들처럼 똑같이 싸울 거라고요. 투자를 받으려면 이런저런 요소를 집어넣어야 된다고 하는 것들과 싸우겠죠. 젊은 친구들이 고전이나 예술영화를 안 볼 거라고 속단할 수 없어요. 꿈을 가지고 영화를 만들겠다는 친구들이 있으니까요. 애니메이션 제작하겠다는 사람들이 미야자키 하야오 작품을 어떻게 안 볼 수가 있겠어요. 젊은 세대에 대해서 이렇다 저렇다 단정 지으면 안 돼요. 유사 이래로 그랬잖아요. 자기 때는 안 그랬는데, 요즘 것들은 생각이 없다고. 평소 들여다보지도 않고 보려고 하지도 않으면서 그렇게 말하는 거죠. 여전히 진지한 영화들, 색다른 영화들을 찾아서 보는 친구들도 많으니까요.

○ **미야자키 하야오 감독 관련한 작업을 언젠가는 하고 싶다는 이야기를 하신 적 있어요. 어떤 얘기들을 담고 싶으신 건가요?**

언젠가는 하고 싶어요. 모네Claude Monet, 1840~1926의 그림 중에 〈양산을 쓴 여인Woman with a Parasol, 1875〉이라는 그림 있잖아요. 바람 부는 언덕빼기에 양산을 들고 서 있는 아내 카미유와 아들을 그린 그림이

에요. 모네가 인상주의 화가이고, 흔히 빛에 따라 바뀌는 색의 변화를 그렸다고 말하잖아요. 모네가 진짜 그리고 싶었던 것은 바람이었어요. 저는 모네의 그림을 보고 있으면 바람 소리가 들려요. 미야자키 하야오의 모티프도 바람이에요. 〈바람이 분다風立ちぬ, 2013〉가 그래서 나온 거라고 할 수 있어요. 타르코프스키 영화도 '바람의 영화'라고 할 수 있어요. 〈희생The Sacrifice, 1986〉은 바람이 불고 구름이 떠다니고, 마지막 장면에 일렁이면서 집이 불타는 장면을 섬세하게 포착해냈어요. 타르코프스키에게 바람은 도저한 매개체라는 생각이 들어요. 시각적인 것은 포착하기 쉽지만 바람은 쉽지 않잖아요. 바람에는 종류가 많아요. 끈적끈적한 바람, 습한 바람, 비올 때의 바람, 타르코프스키의 바람은 굉장히 다양해요.

저도 바람을 좋아해요. 제가 왜 산에 가냐면 산에서 느끼는 바람은 다르거든요. 더 정확히 말하면, 산에서는 수많은 바람들을 만날 수 있어요. 산에 오르면서 몸이 뜨거워지고 땀도 나니까, 작은 바람도 쉽게 느껴지죠. 그래서 계곡으로 올라가지 않고 능선을 타요. 순간순간 바람이 불고, 비바람이 치고 이런 게 너무 좋아요. 그리고 산 등성이에서 갑자기 구름 생기는 것 못 봤죠? 비 오는 날 산에 가면 얼마나 좋은지 몰라요. 습한 날은 바람이 조금만 불면 등성이에 구름이 생겼다 없어졌다 생겼다 없어졌다 그래요. 그런 광경이 너무 예뻐요. 그게 정서적으로 저랑 맞는 것 같아요. 타르코프스키하고 미야자키하고 모네하고 정서적으로 맞아요. 바람을 모티프로 자기

애기를 드러내는 것, 바람과 멀리 있는 문명과 바람과도 같은 자연, 우주적인 것들에 대한 감수성이 있는 것 같아요. '바람이 분다! 살아야겠다!' 철학자이자 시인인 폴 발레리Paul Valéry, 1871~1945의 〈해변의 묘지Le Cimetière marin, 1920〉라는 시 마지막 구절이에요. 시가 아주 철학적이죠. 미야자키 하야오의 〈바람이 분다〉는 이 구절이 자막으로 올라가면서 시작이 돼요.

동서양 할 것 없이, 바람에 대한 감수성은 오래된 이야기죠. 불교에서는 지수화풍地水火風을 우주 만물을 구성하는 네 가지 큰 요소라고 해서 사대四大라고 부르거든요. 땅, 물, 불, 바람은 그리스에서도 제4원소라고 애기하고, 거기에 사랑이 더해지면 제5원소가 되는 거잖아요. 땅, 물, 불, 바람, 그 네 가지 중에서 우선순위가 사람마다 달라요. 대지의 냄새나 풀 덮인 땅의 포근함 같은 것들을 먼저 느끼는가, 아니면 흘러가는 강물이나 개울의 시원하고 습한 기운 같은 것들이 먼저 와닿는가, 따뜻한 모닥불이나 촛불 같은 것들이 먼저 다가오는가가 사람마다 달라요. 저는 그중에 바람 쪽인 거죠. 그냥 혼자 앉아서 바람을 맞고 있는 사람 같은 거예요. 복작거리는 것, 무언가 빡빡하게 붙어 있는 것이 불편한 것이고, 피부가 닿는 거리보다 약간 거리를 두고 서 있는 것이 좋은 거죠. 언젠가 바람에 대한 작은 책을 쓰고 싶어요. 기상학, 혼돈이론, 타르코프스키, 모네, 바슐라르, 그리고 불교의 공空까지 아우르는 책이 될 것 같네요. 바람을 좋아하는 사람들을 위한 책이죠.

자유를 살아낸 시인

○ 《김수영을 위하여》라는 책을 쓰시고 나서, 김수영을 떠나보내셨
   다고 하셨는데요. 선생님에게 김수영이라는 시인은 의미가 큰 것
   같아요.

   김수영 시집은 계속 가까운 책꽂이에 꽂혀 있었는데, 이제는 제
주위에 없어도 되는 시집이 된 거예요. 김수영으로 인해서 참 재밌
게 지냈죠. 힘들 때 도움이 됐고, 정서적으로 위로가 됐고, 약간 비
겁해졌을 때 격려도 됐던 시인이었어요. 이제는 김수영을 그렇게 읽
지 않아도 돼요. 모든 글쓰기는 일종의 애도니까요. 거리를 두는
거죠. 꽃을 그리려면 꽃과 일정 정도 거리를 둬야 그림을 그릴 수 있
잖아요. 묘사한다는 것은 거리를 둔다는 것이거든요. 어떤 사건하
고 멀어지거나 젊은 날을 정리하는 가장 효과적인 방법은 그것에
대해 글을 쓰는 거예요. 슬픈 일이 있으면 친구에게 털어놓으면 돼
요. 이야기하는 순간 그것과 거리를 두게 되니까요. 눈물을 흘리고
있을 때는 말하지 못하지만, 말하는 순간 눈물은 서서히 멈춰요. 그
게 슬픔에서 벗어나는 방법인 거죠. 그러니까 표현한다는 것, 글을

허용된 자유는
기만일 뿐이에요.

허락한 것이니 언제든
철회할 수도 있다는
말이기도 하잖아요.
벽을 넘지 않는 선에서
너희들 마음대로 해도
좋다는 얘기예요.

쓴다는 것, 묘사를 한다는 것은 거리를 둔 다음에 그 사이를 채워 넣는 거예요.

내가 김수영인지 김수영이 나인지 어우렁더우렁 살아오다가 글을 쓰는 순간, 김수영과 저 사이에는 거리가 생기죠. 그리고 글이 완성되는 순간, 김수영과 저 사이의 간극이 메워져요. 아이러니하게도 바로 그 순간, 김수영과 저는 서로 떨어지게 되죠. 이제 김수영에 더 이상 의지하지 않아도 제 삶과 감정을 추스르게 되었다고 해야 할까요.(웃음) 그러면 저한테는 김수영과 지냈던 시절만이 애틋하게 남는 거죠. 김수영을 잊었다는 것이 아니라 이제는 편하게 읽을 수 있게 된 거예요. 김수영을 읽을 때 더 이상 강신주라는 감정이 들어가서 읽지는 않고, 김수영이라는 시인이 느꼈던 그 당시의 감정을 읽는 거죠. 한때 나도 이 감정에 깊게 들어가 있었는데, 하면서.《매달린 절벽에서 손을 뗄 수 있는가》를 썼을 때도 그래요. 더 이상《무문관》에 나온 화두를 고민하지 않아요, 화두를 풀었기 때문에. 저한테 책은 그런 거예요. 그래서 사람들이 강신주가《김수영을 위하여》를 썼으니 김수영을 좋아하고, 김수영에 대해서 물어보면 잘 알 것 같다고 착각할 수도 있어요. 작별을 했기 때문에 이제 디테일한 것들은 잘 몰라요.

○ '표현의 자유' 관련해서 김수영의 〈김일성만세〉라는 시에 대해 말

쓰하셨는데요. 예전보다는 덜하지만 최근까지 '김일성 전기' 출판이 논란이 되고 있어요.

〈김일성만세〉라는 시는 4·19혁명 이후에 등장한 장면 정권이 자유를 억압했던 이승만 독재정권과 다르지 않다는 것을 표현한 시예요. 4·19혁명으로 민주 정권이 들어섰어도 독재의 무기였던 '반공법', 즉 지금의 '국가보안법'이 폐지되지 않는 현실을 개탄한 거죠. 당시에는 장면 정권에 반대하는 사람들은 언제든지 빨갱이로 몰려 탄압받을 가능성이 남아 있던 때였어요. 사실 중요한 것은 내용보다는 '김일성'이라는 단어에 있어요. 김수영이 1960년에 쓴 시인데 50년이 넘었어도 정도의 차이는 있겠지만 아직도 '김일성만세'라는 말에 불편함, 당혹감을 느낀다는 거죠. 우리 내면에 검열 체계가 작동을 하고 있는 거예요. 잊지 말아야 할 것이 있어요. 북한에 있었다면 김수영은 '이승만 만세'라는 시를 써서 북한 체제의 억압성을 표현했으리라는 것을요.

표현의 자유가 보장되어 있으니 표현을 하라는 것은 이상한 논리예요. 표현의 자유를 누가 허용을 해요. 허용된 자유는 기만일 뿐이에요. 허락한 것이니 언제든 철회할 수도 있다는 말이기도 하잖아요. 벽을 넘지 않는 선에서 너희들 마음대로 해도 좋다는 얘기예요. 표현은 그냥 하면 되는 거잖아요. 문제는 알아서 표현을 안 한다는 게 더 심각한 거예요. 표현의 자유를 인정하는데, 표현을 하지 않는 사회라면 이미 검열이 끝났다는 거예요. 옛날에 지도교수 방에 찾아가면 교수가 제자한테 '편히 앉아' 이러잖아요. 편하게 앉아 있는데.(웃음) 정치권에서 '김일성 전기'든 뭐든 자기들이 왜 '나와도 된다'고 얘기를 해요? 정치권에서 봐라, 마라 하는 정도면 표현의 자유가 없다는 얘기와 같은 얘기죠. 자유는 있거나 없거나의 문제예요. '이 정도면 자유로운 사회 아닌가?', '이 정도 자유는 허락되어야 하는 것 아닌가?'라는 말은 헛소리죠.

다수가 다수의 목소리를 내도록

○ 시를 가지고 여러 권의 책을 내셨는데요. 앞으로도 시와 관련된 작업을 하실 계획이 있으신가요?

좋은 시인이 나와야 쓸 수 있는 건데요. 제 몫은 아닌 것 같아요. 단행본으로 다루고 싶은 시인이 나오면 쓸 수는 있겠죠. 시인 이외에도 제가 다뤄보고 싶은 작가들은 있거든요. 카프카^{Franz Kafka, 1883~1924}에 대해 쓰고 싶고, 《고도를 기다리며^{Waiting for Godot, 1953}》를 쓴 사무엘 베케트Samuel Beckett, 1906~1986도 다루고 싶어요. 카프카 같은 경우는 우리 시대를 지배하는 관료주의, 부르주아사회, 부르주아적 법치주의, 부르주아적 삶이 어떤 것인지를 가장 냉소적으로 그린 작품 세계를 가진 작가예요. 그래서 다루고 싶죠. 카프카를 실존주의적으로 독해하는 사람들이 너무 많아요. 카프카가 조롱하고 싶었던 것, 진짜 이야기하고 싶었던 것, 폭로하고 싶었던 것은 그게 아니잖아요. 카프카가 〈변신Die Verwandlung, 1915〉을 친구들 모임에서 처음 낭독했을 때 다들 까르르 웃고 난리가 났다고 해요. 너무 재밌다, 우리 얘기다, 하면서요. 그런데 지금은 너무 심각하게 읽고 있어요. 잘못 읽고 있다는 거예요. 그래서 다루고 싶다는 생각이 있어요. 흔히 베케트는 극작가로 알려져 있지만, 제가 보았을 때 그는 가장 탁월한 소설가예요. 베케트는 소설의 마지막 한계에 도달한 소설가고, 지금까지의 소설들을 다 낡게 만들어버린 소설을 쓴 사람이에요. 《몰로이Molloy, 1951》, 《말론 죽다Malone Dies, 1951》 그리고 《이름 붙일 수 없는 자 The Unnamable, 1953》, 이 소설 3부작은 저한테는 도전이에요. 베케트 소설도 나중에 나이 들어서 다루고 싶어요. 저도 글을 쓰는 사람이기 때문에 글쓰기의 한계가 어디인가, 서사 구조의 한계가 어디인가, 이야기의 형식으로 글쓰기의 한계는 뭔가, 이런 것이 굉장히 궁금하잖아요.

○ 팔레스타인의 저항시인 마흐무드 다르위시^{Mahmoud Darwish, 1941}

~2008에 대해 언급하신 적이 있고, 《한 공기의 사랑, 아낌의 인문학》에서는 불교철학을 이야기하시면서 김선우 시인의 《녹턴》에 나온 시들을 읽어주셨어요.

모든 예술은 단독적인 개인의 감정에서 출발하죠. 기쁨이든 슬픔이든 환희든 분노든 서러움이든, 일어난 감정들을 고스란히 담아서 다른 사람에게 전달할 수 있다면 훌륭한 예술가인 거예요. 그 매체는 글일 수도 음악일 수도 사진일 수도 그림일 수도 있겠죠. 그러니까 예술은 공감의 공동체, 유대의 공동체를 지향한다고 할 수 있어요. 생각해보세요. 평범한 사람이라도 아름다운 풍경을 접하면, 다시 말해 어떤 감정이 생기면, 스마트폰 카메라를 켜고 그 풍경을 찍잖아요. 결국 우리가 찍은 것은 그 풍경이 아니라 내 감정을 불러일으킨 풍경, 더 깊이 생각한다면 내 감정이었던 셈이죠. 그런데 대부분의 사람들이 사진작가가 되지 못하는 이유는 무엇일까요? 그건 찍은 사진, 그 풍경의 이미지가 제대로 자신의 감정을 포착하지 못했고, 당연히 타인도 그 사진을 보고 내 감정을 느끼지 못하기 때문이에요.(웃음)

반면 가짜 예술가도 있겠죠. 감정이 일어나지도 않았으면서도 글 재주나 작곡 능력, 혹은 카메라 기법으로 마치 자신이 어떤 상황에서 깊은 감정적 동요를 느낀 양 제스처를 취한 기예요. 가짜 예술가의 작품에 속기 쉽지만, 자주 반복해서 그 사람의 글이나 음악이나 사진을 접하다보면, 누구나 쉽게 가짜 예술 작품의 허위를 느끼게 돼요. 이 점에서 다르위시와 김선우는 진짜 시인이죠. 사실 제가 다르위시라는 팔레스타인 시인을 안 것은 김선우 시인의 시에서였어요.《나의 무한한 혁명에게》라는 시집에는 다르위시의 죽음을 애도하는 김선우 시인의 〈그림자의 키를 재다〉라는 시가 있어요. 미국의 비호를 받아 이스라엘은 팔레스타인 사람들을 유랑의 떠돌이로 만들었죠. 이스라엘은 중동 지역에서 미국의 석유 패권을 지켜주는 경비견이었어요. 이스라엘과 미국은 세계 언론의 헤게모니를 장악하고 있으니, 억압에 저항하는 팔레스타인 사람들은 항상 테러리스트라는 저주를 받게 되죠. 이런 저주를 풀려고 다르위시는 세계를 돌아다니며 때로는 하소연을 했고 때로는 시를 썼던 거예요.

2011년에 한진중공업 영도조선소 85호 크레인에 올라서 김진숙 민주노총 지도위원이 309일간 고공농성을 벌였어요. 그때 김선우 시인을 비롯해서 여러 작가들이 현장을 찾았어요. 그건 김진숙 한 사람한테 간 것이 아니라 해고된 수많은 사람들한테 가 있었던 거예요. 해고된 노동자들은 소수이면서 다수예요. 여기서 '소수minority'는 들뢰즈가 말하는 '권력이 없는 다수'를 이야기하는 거예요. 다수지만 발언권이 주어지지 않았으니 작은 소리로 들리는 거죠. 그게 소수의 목소리예요. 반면 정치가들과 자본가들은 소수예요. 그런데 그들의 목소리가 언론에서는 다수의 목소리가 되어버리는 거죠. 묘한 상황이에요. 소수가 되어버린 팔레스타인의 목소리가 되었던 다르위시, 소수가 되어버린 수많은 해고 노동자의 목소리가 되었던 김선우! 두 시인의 시에는 같지는 않지만 공명하는 어떤 감정이 느껴지죠. 〈詩의 죽음을 애도하는 이유〉에서 김선우 시인은 노래해요. "점거당한 심장 단호한 물질의 말이 우리를 먹어치울 때/ 시인과 어린 아이의 마음을 가진 이들만이 아픔에 순진하게 공명한다/ 누군가 아파서 내가 아프다고 느끼는/ 이것은 第七感/ 인류의 진화가 아름다워진 숨은 이유"라고요. 바로 이 대목에서 '존재하는 모든 것이 고통[苦]'이라는 싯다르타의 마음이 급작스런 눈물처럼 아롱지죠.

열한 번째

넓은 잎을
가진

철학 나무처럼

만남 지승호
묻고

 강신주
답하다

넓은 잎을 가진 철학 나무처럼

343

우리 이 돌을 함께 치워요

○ 그동안 철학자로서 글을 쓰고, 대중과 만나고, 다양한 활동을 하고, 여러 분야의 책도 출간하셨어요. 그러면서 자신이 가장 많이 변했다고 생각하시는 부분이 있다면 어떤 건가요?

제 정신과 감정은 첫 책을 출간했을 때와 비슷해요. 크게 변한 부분은 없어요. 굳이 변한 것이 있다면 그것들이 삶으로 더 내려앉았다고나 할까요? 그러니까 20대 때 사랑에 대해서 이야기를 하고, 죽음에 대해서 이야기를 하고, 인간에 대해서 이야기하고, 우정에 대해서 이야기하고, 혁명에 대해서 이야기하고, 이런 것들 있잖아요. 옳은 이야기를 했지만, 그게 제 삶에 든든하게 뿌리를 내리지 못했던 젊은 시절이었죠. 설계도를 그리는 때가 있고, 다양한 재료들을 가지고 건물을 지을 때도 있어요. 지금은 설계도대로 건물을 생생하게 구현하는 시기인 것 같아요. 글 쓸 때 훨씬 안정감이 생기고, 완성이 하나 됐을 때도 독자들이 훨씬 더 근사하게 머물 수 있는 집이 만들어지는 거죠. 근본적인 원칙, 인간에 대한 태도, 인문주의와 민주주의에 대한 확신은 거의 변함이 없어요. 옛날에는 내가 생각한 대로 안 되고 있다는 것에 대해서 화가 나고, 독설도 퍼붓고 그랬어요. 지금은 웃으며 독자들이나 청중들이 인문적이고 민주적으로 사유하고 살아가기를 희망하고 있어요.(웃음)

산을 비유로 들죠. 정상이 약자를 지배하려고 하지 않고 강자에 복종하지 않는 자유인을 비유할 수 있다면, 산 밑은 권력과 자본에 휘둘리는 사람들에 비유될 수 있어요. 옛날에는 산 꼭대기에 있느냐, 산 밑에 있느냐의 양자택일로 사람들을 평가했어요. 지금은 산으로 올라가고 있는 사람이면 모두 긍정해요. 밑에 있지만 산을 지향하고 있으면 산에 있는 사람이랑 진배가 없다고 생각해요. 잘 나이 들어가는 것 같아요. 젊었을 때는 빨리 안 된다고 조바심을 낸 거죠. 지금은 천천히, 우리 다 죽으면 어때, 천천히 자유인이 되는 방향으로 걸어가면 되지! 이런 식의 여유가 생긴 거죠. 지금은 강연을 할 때나 집필을 할 때 별다른 조바심이 없어요. 제 말이나 글을 일종의 지뢰라고 생각하니까요. 청중들과 독자들의 마음에 지뢰를 매설하는 거죠. 언젠가 그들이 살아가면서 자극을 받아 터지기를 기다리는 거예요.

물론 그렇다고 해서 철학자의 임무를 방기하고 있다는 것은 아니에요. 최선을 다하되, 그 결과에 연연하지 않게 된 것뿐이죠. 예를 하나 들게요. A라는 마을에서 B라는 마을에 가야 되는데, 커다란 돌이 있어요. 사람들이 그 돌을 다 우회해서 가는 거예요. 그 돌만 치우면 되는데, 그 돌은 너무 커서 많은 사람들이 대동단결을 해야 들

수 있어요. 그러면 철학자의 역할은 뭐냐 하면 거기 앉아서 계속 떠드는 거예요. 이걸 함께 치워요, 치워요, 치워요, 하고. 사람들이 반응을 보이지 않아도 제가 그들을 강제로 동원해 돌을 치우도록 해서는 안 돼요. 인문주의자나 민주주의자는 명령을 내리는 자리를 부정하는 사람들이니까요. 또 한 가지, 모든 사람이 제 외침을 무시하고 저를 홀로 내버려 두더라도 저는 돌이 있는 곳에 머물 거예요. 그리고 다른 이들이 오기를 기다릴 거예요. 젊었을 때는 '여보세요, 이걸 치워야 돼요' 그랬던 것 같아요. 지금은 좀 여유로워요. 사람들이 없으면 바위 근처에서 혼자 놀고 있다가 사람들 오면 '이 돌을 치워요, 치워요' 하는 식이니까요. 그래도 사람들이 움직이지 않으면 저는 조금씩 그 돌에 글을 새길 거예요. 이 돌을 왜 치워야 되는지, 제가 죽으면 글을 읽을 수 있는 사람이 그걸 읽고서 또 누군가에게 이야기를 할 거예요. '이 돌을 치워요. 우리 함께 치워요' 하고.

○ **그래도 시간이 흐르면서 만났던 여러 사람이나 사회가 조금은 변화된 부분이 있지 않을까요?**

모르겠어요. 변한 사람도 있고, 내가 의도했던 것과 다르게 가는 사람도 있겠죠. 신자유주의 세례를 제대로 받고 자란 MZ세대의 영향력 확대가 요새 좀 걱정이 돼요. 그럼에도 제가 강조하는 원칙들은 변함이 없어요. 인문주의와 민주주의, 비판적 사고, 자신의 단독성을 강조하는 거예요. 각 사람이 자기가 원하는 것을 하면서 주인으로서의 삶을 영위해야 된다는 얘기들이에요. 이런 것들이 사람들한테 조금이나마 영향을 끼쳤나봐요. 간혹 '선생님을 만나서 제 인생이 변했어요. 사람들이랑 이런 모임들을 만들어서 국회의원들에게 압력을 넣는 일을 해요' 하는 분들도 계세요. 개인적으로 대의 민주주의의 대표인 국회의원들한테 무슨 희망이 있나 생각하지만, 그분들은 그렇게 움직이고 있는 거죠. 그 행동을 스스로 결정했다는 거고요. 스스로 결정하니 스스로 참여하면 돼요. 저로서는 고마운 일이죠.

인문학자가 영향을 주는 것은 이데올로기적인 것들이 아니고, 그 사람이 자율적으로 되도록, 스스로 서도록, 주인이 되도록 자극을 주는 거예요. 그게 우리가 영향을 주는 방식이에요. 선불교에서는 그랬잖아요. 제자가 깨달음을 얻으면 이제 제자와 스승 두 사람이 삶의 주인이 되죠. 큰스님, 그러니까 먼저 깨달은 사람이 뒤에 깨달은 사람에게 말하잖아요. 이제 더 이상 너에게 가르칠 것이 없으니 하산을 하라고 하거나, 아니면 한 산에 호랑이가 두 마리가 살 수 없으니 다른 산에 가서 호랑이가 돼라는 말도 해요. 산 하나에, 혹은 지역 하나에 사찰이 하나가 있는 거죠. 호랑이의 목적은 또 다른 호랑이를 키우는 거예요. 내 말을 잘 듣는 사람을 키우는 것이 아니라 스스로 주인이 되는 사람을 키우는 거죠. 누군가에게 묻거나 다른 사람은 이렇게 생각할 거야, 하는 것이 아니라 자기 스스로 판단하고 행동하는 사람을 원하는 거예요. 내 말을 듣지 않는 사람, 나와 생각이 다른 사람, 하지만 그 사람이 살아가는 모습을 보면 스스로 숙고하고, 자율적으로 결정할 수 있는 사람을 키우는 거예요.

궁극적으로 사회를 목적으로 하지 않아요. 저는 사람이 바뀌어야 사회가 바뀐다고 생각하는 쪽이에요. 자기가 평가를 내리고, 자기가 숙고를 하고, 자기가 결정을 내린다는 정신, 제가 진짜 주고 싶었던 것들은 그런 거예요. 그런 식으로 영향은 준 것 같아요. 사람들이 관심을 가져주는 것이 참 고마워요. 최근에 제 건강 걱정을 많이 해주기도 하고요. 당당하게 살아가라고 격려했던 선생이 약해진 것처럼 보이니까 미안하기도 하고 속상하기도 한 거예요. 제가 사람들을 아꼈다고 생각을 했는데, 오히려 제가 아낌을 많이 받았구나 하는 느낌이 들어요. 내가 뭐라고. 내가 사회에 영향을 준 것보다 많은 사람들이 의외로 저한테 영향을 주고, 저를 많이 아껴줘요. 그런 것들이 좋은 거죠. 세상이 변화하는 데 일조했다는 생각은 없어요. 언감생심이죠.

철학 하는 즐거움, 철학 하는 괴로움

○ 자본주의가 우리 사회를 점점 분업화하고 전문화하고 있다고 말
씀하셨어요. 그 체제 속에서 허우적대면서 살아가는 것 같아요. 이
런 시대에 철학자가 혹은 인문학자가 해야 할 역할이 많을 것 같
은데요, 무엇일까요?

소통을 시키게 되겠죠. 분업적 지식은 파편화된 지식이고, 그 자
체로 위험하다는 것을 알아야 돼요. 그래서 대학이 좋은 거예요. 대
학이 유니버스^{universe}라는 단어를 쓰는 이유는 거기에 있는 모든 학
문들이 다 한 사람의 인생을 설명하는 데 필요한 거죠. 의생활학과,
주생활학과 같은 것도 있잖아요. 지리학도 있고, 문학도 있고, 영화
도 있고, 의학도 있고, 우리가 아플 때 고쳐야 되고, 약도 발라야 되
잖아요. 법학도 있고, 다 있잖아요. 사고 나면 법률적 갈등에 빠지니
까. 종합대학의 매력은 최고 수준의 교수한테서 개론 강의를 들을
수 있다는 거죠. 대학의 진짜 힘은 전공에 있는 것이 아니라 교양
과정에 있어요. 마음만 먹으면 공대생이지만 문학 과목을 들을 수
있는 거죠. 셰익스피어를 좋아할 수도 있는 것이고. 그게 분과의 세

분리되어 격리된
A와 B를 소통 가능하게
만들어주는 것,
바로 그것이 철학의
임무라고 할 수 있어요.

소통 가능성의
조건을 만드는 거죠.

계를 넘어서는 역할을 하는 거죠. 어쩌면 현실적으로도 일반 사람들이 철학을 공부하는 것은 대학교 1, 2학년 때인지도 몰라요. 철학은 다양한 것을 끌어 모으고 그것들을 소통시키는 것이니까요. 박제된 철학과 다른 진정한 철학은 이런 거예요. 분업과 분리를 관통하려는 의지가 바로 철학이죠. 분과적인 것이나 분업적 체계로 인간이 쪼개져서는 안 되니까요.

사랑하는 대상을 만났는데 연애마저도 경제학적으로 생각하는 사람이라면 얼마나 힘들겠어요. 어느 순간에는 아주 문학적으로 연애를 해야 되고, 어느 순간에 누구를 만났을 때는 굉장히 경제적으로 그렇게 해야 될 때도 있고, 그렇겠죠. 대학에 들어가면 1, 2학년 교양과목을 잘 들어야 돼요. 보통 교양과목은 다른 과 아이들과 듣잖아요. 다양한 사람들이 모여 있으니 질문하는 내용도 그렇고, 분위기가 다르죠. 거기에 들어가 있다는 것처럼 소중한 경험이 없어요. 동아리 활동이 매력적이었던 것도 그런 거였잖아요. 다른 학과 아이도 있고, 이런저런 아이도 있고, 그런 아이들을 통해서 배우는 세계, 얘기하다보면 알게 되는 그런 것들, 거의 모든 것들을 어느 정도는 다 알아야 해요. 그러니까 철학적인 사람, 철학자가 취업을 하기는 힘들어요. 자본주의 체제에서 취업이라는 것은 전문가를 뽑는 거잖아요.

○ 선생님도 두렵거나 무서운 것이 있으신가요? 생각하기에 강신주
라는 캐릭터는 두려움이 없을 것 같다는 생각이 들어요.

20대 이후 저는 제 자신이 비겁해질까봐 두려웠어요. 비굴해질
까봐. 어떤 부당한 요구나 압력, 그것이 돈이든 권력이든 간에, 그런
부당함에 직면할 때마다 저는 제 자신에 대해 더 엄격해지려고 했던
것 같아요. 부당함을 받아들이면 순간적으로 편안해진다는 것을 알
기에, 그런 느낌이 들면 예전에는 훨씬 더 선을 두고 끊어냈어요. 지
금은 그러지는 않아요. 그렇게 끊지 않아도 사람들이 저한테 비굴함
을 요구하지는 않아요. 50이 넘으니 그리된 것 같아요. 저를 꺾으려
고 했던 사람들이 이제 노쇠해져서 저를 더 이상 신경쓰지 않게 된
거죠. 이제는 그냥 저랑 같이 있는 것을 싫어하죠.(웃음) 내가 제일 무
서워하는 것은 그런 거예요. 내가 비굴해지는 거.

또 하나는 다른 사람들한테 사랑받고 싶거나 존경받고 싶다는
생각이 들 때예요. 그럴 때마다 소스라치게 놀라죠. 아이는 사랑을
받으려 하고, 어른은 사랑을 주려고 해요. 사람들에게 도움이 되는,
그들이 자신의 삶을 반성할 수 있도록 하는 말을 하거나 글을 써야
죠. 그들이 순간적으로 미간을 찌푸리거나 불쾌해한다고 할지라도
말이에요. 반면 어느 순간 사람들의 관심, 환대, 존경 등을 받고 싶은
생각이 들면, 이 순간은 철학자로서 위기의 순간이죠. 그들로부터
가장 존경받고 가장 사랑받기 좋은 말을 하거나 글을 쓸 테니까요.

선생님이 위대하다는 말, 그들이 원하는 선생님의 태도를 제가 취하게 되면 그때부터 저는 계속 망가지기 시작할 거예요. 그래서 남한테 인정받거나 존경받는다는 것을 어떻게 끊을 것인가, 이게 저한테는 굉장히 중요한 문제에요.

철학자로서 제가 사회에 영향을 줬느냐, 라는 생각도 품어서는 안 돼요. 제가 영향을 줬다고 생각하는 순간 굉장히 위험해져요. 강신주니까 철학자니까 어른이니까 나이를 한 살 더 먹었으니까 더 고민을 했으니까 할 수 있는 얘기를 솔직하고 당당하게 할 뿐이죠. 그래야 강신주한테 이 얘기를 물어보자, 하는 사람들이 있을 거예요. 저 철학자는 내가 듣고 싶은 이야기만 하는 사람이 아니고, 내게 도움이 되는 이야기를 해줄 거야, 하고 신뢰하는 거죠. 누구한테 존경받는 것을 의식하면 안 돼요. 존경받는 것이 기분이 좋으면 남들이 욕하는 것이 기분 나쁘다는 것과 같은 거예요. 남이 욕하더라도 제 얘기를 해야 되고, 남이 저한테 압박을 가해도 제 얘기를 해야 되잖아요. 그 얘기는 남이 저를 칭찬하는 얘기가 기쁘게 들리지 않아야 된다는 얘기와 같은 얘기예요.

대중과 관련해서 칭찬과 유혹에 빠지면 인문 저자, 철학자가 망가진다고요. 욕은 가급적 듣지 않으려고 하고, 칭찬만 들으려고 하면 연예인처럼 되어버리고, 나중에 자기 얘기를 못 하는 거죠. 권력과 자본에 대항해 지식인들이 싸우는 것은 쉬워요. 그런데 다른 사람들의 칭찬이나 인정 같은 유혹과 싸우는 일은 만만치 않아요. 저

뿐만 아니라 사람들은 자신의 모습 이상으로 칭찬 받을 때 행복을 느끼는 허영을 가지고 있으니까요. 지금 우리 시대에 있어서 인문 저자들이나 철학자들이 항상 고민해야 되는 거예요. SNS 등 소통 매체의 발달로 일반적인 대중의 목소리에 너무 연연하면 예능 저자가 되어버릴 수도 있다는 거죠. 어쨌든 제일 경계하는 것은 그런 거예요. 길게 보면 자기가 원하는 글을 쓰지 못하게 되는 거예요. 그렇게 되면 엔터테인먼트는 되지만, 선생의 역할은 못 한다는 거죠. 평론가의 역할은 못 하는 거죠. 시세에 부합하는 얘기만 하기 쉬울 테니까요.

○ **철학을 한다는 건 즐거움과 괴로움을 한 방 안에 들이는 것과 같은 걸까요? 한국에서 철학자로 산다는 것은 어떤 건가요?**

한국에서요? 힘들죠. 일단은.(웃음) 철학이라는 것이 어느 사이엔가 분업화되고, 제도화되어서 대학 같은 데서 이루어지는 철학은 제가 봤을 때 철학이 아니고, 소재만 철학이죠. 실질적으로는 사람들로 하여금 제대로 된 생각, 반성하게 하는 작용을 거의 못 하니까요. 희론적멸, 우리 삶을 희론하는 논의 같은 것들을 사라지게 하는 그 역할을 철학이 해야 되는데요. '진보팔이'가 있듯 '철학 팔이'도 있는 세상이죠. 월급을 받거나 강연료를 받으며 자신이 전공한 철학자나 사상을 파는 거예요. 당연히 자신이 전공한 철학자가 가장 위대하다고 떠벌려요. 상인이 자신이 팔려는 상품이 가장 좋다고 과장하듯 말이죠.

억압체제는 분업을 지향해요. 상하라는 위계 구조의 분업이 가장 중요하고, 그다음으로는 전문 분야라는 수평적 분업 체계가 중요하죠. 어쨌든 상하와 좌우라는 좌표로 설명되는 특수한 부서들 중에서 어느 한 곳에 할당되어 대부분의 사람들은 일상생활을 영위해요. 벽과 칸막이로 분리된 사무실을 생각하면 좋아요. 벤담적 자아, 혹은 이기적 개인이 자라기 좋은 조건인 셈이죠. 당연히 전인全人적 삶이나 총체總體적 사유는 불가능해져요. 전체를 고려하는 사유, 칸막이 너머에 있는 동료에 대한 애정, 공동체에 대한 따뜻한 시선은 이제 점점 기대하기 힘들죠. 당연히 자신이 속한 조직, 회사, 나아가 사회에 대한 비판적 성찰도 소멸하고 말아요. 그만큼 피라미드 제일 상층부의 명령권자는 편안하기만 하죠. 자기 뜻대로 조직을, 사회를 움직여도 월급과 보너스만 주면 어떤 저항도 내부에서 발생하지 않을 테니까요.

분업 체계에 포획되지 않은 사유, 분업 체계를 가로질러 전체를 사유하는 사유, 그래서 소수의 지배와 명령을 무력화하는 사유! 바로 이것이 철학이에요. 제가 누누이 철학은 민주주의와 인문주의를 지향한다고 강조했던 것도 이런 이유에서죠. 그래서 자본주의 시대가 분업의 체제고, 전문화의 체제라고 한다면 철학자로 산다는 것은 힘들어요. 철학자로 살려면 분업에 저항하는 사람, 전문적 지식에 저항하는 사람이 되어야 하니까요. 그래서 분업 체계로 자신의 지배력을 관철하려는 소수 명령권자들로부터도, 그리고 칸막이 안에서 안주하며 개인적 행복과 이익을 꿈꾸는 사람들로부터도 환영받지 못해요. 어쨌든 형식적으로 말해서 분리되어 격리된 A와 B를 소통 가능하게 만들어주는 것, 바로 그것이 철학의 임무라고 할 수 있어요. 소통 가능성의 조건을 만드는 거죠. 소통이 가능한 거니까 양자역학, 통계학, 문학, 역사, 정치 그런 것들이 강신주라는 철학자를 통해서 소통 가능하게 되는 거죠. 철학자는 일단 그 작업을 해야 되는 거 같아요.

○ 소통 가능성의 조건을 만들어주는 것이 철학의 역할이라고 하셨는데, 둘 혹은 여럿을 소통하게 하는 데 가장 큰 걸림돌이 되는 것은 어떤 걸까요?

지식 체계나 학문 체계가 점점 더 사회의 분업 체계를 닮아가고 있어요. 그러니 철학자로서 제가 할 일도 더 복잡해지고 더 방대해지죠. 더 영민해야 하고 더 집요해야 해요. 제가 더 부지런해야 하고, 제가 더 배워야 하는 거죠. 책 읽을 때 제가 가지고 있는 정보량 같은 것들로 연역해서 이해하면 안 돼요. 무엇보다 먼저 A와 B로 분리된 분야를 거의 준 전문가 수준으로 이해해야 돼요. 예를 들어 양자역학이라는 분야가 있다고 해보죠. 그 분야의 전문가들이 쓴 글들, 중요한 책이나 논문들을 철학자의 입장에서 이해해야 해요. 여기서 중요한 것은 철학자라는 입장을 버려서는 안 된다는 거예요. 소통은 두 입장 중 한 가지가 없어지는 것이 아니라 두 입장이 성장하고 성숙하는 것이니까요. 마침내 그 결과물이 나왔다면 그것은 철학자가 이해한 양자역학이잖아요. 그것은 양자역학에 매몰되어 있는 사람들이 설명하는 것과는 달라요. 독자들은 훨씬 더 편해져요. 소통을 시킬 수 있는 거죠. 예를 들어 내가 양자역학에 대한 책을 쓰면 전공자들도 읽고, 비전공자들도 읽고, 시인들도 읽을 수 있는 글이 되는 거죠. 그리고 제 글을 통해서 그들이 만날 수 있는 거고요.

소통 가능성은 연대 가능성과 함께 가는 문제예요. 서로 이야기해서 인문주의적이고, 민주주의적인 결과를 얻어내는 거죠. 인문주의가 소통 가능성에 들어가 있는 것이고, 그다음에 민주주의가 연대 가능성에 들어가 있는 거예요. 소통 가능성이라는 것이 별게 아니라, 예를 들어 양자역학 전공한 사람을 제가 타자로 생각하는 거죠. 그 사람한테 제 해석을 덧씌우거나 강요하면 저는 그 사람한테 배울 수 없잖아요. 제가 생각했던 것을 당신이 하고 있네, 이런 사람들이 있어요. 얘기를 하다보면. 그런 건 아니죠. 그 사람한테 배워야 되는 거예요. 그러면 타자를 내가 인정하는 거잖아요. 일방적으로 명령을 내리거나, 일방적으로 명령을 받는 관계가 성립이 되지 않으니까요.

타자와 소통하고
연대할 수 있는 사람들,
소수 지배자가 되거나
그들 편에 서지 않고
지금 함께 살아가고 있는
사람들의 아픔을
느낄 수 있는
그런 사람들이 됐으면
좋겠어요.

그래야 연대 가능성이 생기잖아요. 그렇지 않으면 엘리트가 지배하는 곳이 되는 거니까요.

인문주의와 민주주의는 철학적 사유의 두 가지 틀이에요. 인문주의라는 것은 타자가 존재를 해야 되고, 소통 가능성을 고민한다는 이야기죠. 그래서 나와 다르게 생각하는 사람이 있을 수 있다는 입장이 바로 인문주의라고 할 수 있어요. 민주주의라는 것은 연대 가능성을 끝까지 포기하지 않겠다는 의지죠. 서로 이해는 하지만, 그 사람 말을 들을 때도 있고, 그 사람이 제 말을 들을 때도 있고, 이런 거니까 어우러지는 거죠. 그러니까 철학은 그렇게 되는 것 같아요. 결과적으로 말해서 마르크스가 얘기했던 것처럼 '분업에 저항하는 주체'가 되는 거예요. 우리는 분업적으로 사람들을 할당하는 것이 아니라, 어떤 사람한테 일방적으로 배우거나 가르치는 게 아니라 배우기도 하고 가르치기도 하고, 명령하기도 하고 명령받기도 하는 그런 관계, 그런 주체, 그런 공동체를 지향해야 하니까요.

○ '내게 동양의 에베레스트는 나가르주나고, 서양의 에베레스트는 비트겐슈타인이었다'라고 말씀하신 적이 있는데요. 선생님한테 가장 중요한 철학자인 건가요?

잘못된 생각을 해체하고 비판할 때 서양은 비트겐슈타인이고, 동양은 나가르주나예요. 두 사람은 그런 잘못된 사유, 잘못된 생각, 이데올로그적인 생각, 집착, 인간을 있는 그대로 보지 못하게 하는 것, 그러니까 희론을 비판하고, 희론을 고요하게 만드는 최고의 철학자들이니까요. 두 사람의 책들은 아직도 틈나는 대로 계속 읽고 있어요. 읽었는데도 또 읽고 또 읽고, 그런 책이죠. 대중들이랑 강연하고, 대중들을 위해서 글도 쓰고 이러다보니까 식견과 통찰력에 날카로움이 무뎌지고 약간 흐릿해질 때가 있어요. 그럴 때 나가르주나나 비트겐슈타인을 읽으면 머릿속이 팽팽해져요. 다시 날카로움을 정비한다고나 할까요. 그래서 어느 한 작업이 끝나면 읽게 돼요. 또 나가르주나나 비트겐슈타인에 대해 최근에 새로 나온 연구서가 있나 살펴보고 사뒀다가, 시간이 빌 때마다 읽어요. 이 저자보다는 내가 더 비트겐슈타인에 대해서 날카롭다는 것을 확인하면 기분이 좋은 거죠.(웃음)

비트겐슈타인이나 나가르주나는 결론을 내지 않아요. 이거야, 하고 말하지 않아요. 하나 하나 엑스만 쳐요. 지적知的으로 날카롭게 만드는 거죠. 그런데 바닥에는 그 정신이 있는 거예요. 클리어clear라는 단어가 있잖아요. 클리어는 스마트하다는 것과 달라요. 클리어라는 것은 뭐냐 하면 희론이 사라지는 상태, 선글라스 같은 잘못된 편견, 잘못된 생각, 이데올로그적인 생각, 잘못 배운 것들이 사라져서 있는 그대로 볼 때. 높은 산에 올라가서 대청봉에서 천불동 계곡 쪽으로 구름이 끼어 있잖아요. 그런데 일순간에 확 걷힐 때가 있어요.

속초 시내까지 맑게 보일 때, 그때가 클리어예요. 그 구름이 내가 가진 선글래스 같은 거였던 거죠. 그걸 벗어서 있는 그대로 보는 거죠. 지금까지 억압체제는 이렇고 자본주의는 이렇고 이야기를 했잖아요. 철학자의 얘기를 들으면 클레러티clarity, 투명한 명료성이 생겨야 돼요.

앞에서 '희론적멸' 얘기를 했잖아요. 우리 삶과 세상과 나를 왜곡하는 희론이 적멸해야 세계를 있는 그대로 볼 수 있다는 거죠. 희론은 아지랑이라고 보면 되는 거예요. 아지랑이가 사라지니, 빨간 선글래스가 제거됐으니, 구름이 가셨으니, 아니면 숙취가 제거됐으니, 세상이 있는 그대로 보이는 거예요. 어떤 시인의 시에 대해서 평론을 했더니 시가 명료하게 들어온다는 것은 그 사이에 끼어 있던 여러 구름들을 없애준 거예요. '맑은 견해'라고 해야 할까요? 나가르주나가 '공空, śūnyatā'을 이야기하잖아요. 안개나 구름 같은 것들이 사라져서 텅 빈 시야가 열리는 마음 상태라고 할 수도 있죠. 나가르주나와 비트겐슈타인! 그들은 철학자가 가져야 할 근본적인 태도, 그런 것들을 가지고 있어요.

이야기는 언제나 다시 이어집니다

○ **이제 오랜 인터뷰를 마칠 시간이네요. 많이 아쉽습니다. 마지막으로 한마디 덧붙여주세요.**

제가 그늘이 넓은 나무처럼 자라서 많은 사람들이 곁에 와서 쉴 수 있으면 좋겠어요. 저에게 쉴 수 있고 자랄 수 있게 해줬던 철학자들이 있었던 것처럼. 그리고 나이가 들면서 한 권 한 권씩 책을 쓰고, 그것이 잎사귀처럼 달렸으면 좋겠어요. 사람들이 거기서 쉬어가는 사이에 조금씩 더 인문주의자가 되고, 철학자가 되고, 민주주의자가 됐으면 좋겠어요. 거기서 살아가는 힘을 얻었으면 하는 거죠. 나가르주나나 비트겐슈타인이나 마르크스 같은 철학자들이 내게 담론의 그늘을 만들어주지 않았다면 저도 자라지 못했을 거예요. 그래서 저도 그랬으면 좋겠어요. 제 사유 속에서 살라는 것이 아니라 와서 힘을 얻었으면 좋겠어요. 힘을 얻어 당당히 자신의 삶을 자유롭게 살아냈으면 좋겠어요. 그래서 지난번에 얘기했던 것처럼 인문주의적 패밀리가 됐으면 좋겠어요. 타자와 소통하고 연대할 수 있는 사람들, 소수 지배자가 되거나 그들 편에 서지 않고 지금 함께 살아가고 있는 사람들의 아픔을 느낄 수 있는 그런 사람들이 됐으면 좋겠어요. 체제에 편입하기보다 이 힘든 체제에 살고 있는 사람들의 고통을 공감하면서 인간적 유대를 맺을 수 있는 사람이 됐으면 좋겠어요. 그리고 그런 지혜와 용기를 가지고 살아가는 삶이 가치 있고, 그런 사회를 우리 아이들이 살아가도록 만들어갔으면 좋겠어요.

어떨 땐 씁쓸하기도 해요. 팬데믹 시대에 이미 마스크에 적응되어버린 아이들처럼, 우리는 너무나 자본과 국가에 길들여져버린 것 아닐까요? 지금 우리는 혁명도 언감생심인 시대를 살고 있으니까요. 제가 썼던 책들 그리고 앞으로 쓸 책들이 넓은 잎사귀처럼 펴져서 그 밑에서 힘을 좀 얻었으면 좋겠어요. 그래서 아직 한 번도 오지 않은 그 민주주의 사회가 인간의 집요한 이기주의를 뚫고서 가능해졌으면 좋겠어요. 그러나 무엇보다 먼저 우리 이웃들이 이 시대를 잘 살았으면 좋겠어요. 후회하지 말고 멋있게 살았으면 좋겠어요. 어떨 때는 혁명에 대한 영화를 보는 것처럼 제 얘기가 순간의 카타르시스만 주고, 그렇게 소비될 수도 있겠다 싶어요. 물론 그것 때문에 좌절감이 들거나 하는 것은 아니에요. 제가 할 수 있는 것에 최선을 다하면 되죠. 나무가 사람들을 강제로 끌어당겨서 자기 밑에서 쉬라고 강요하지는 않잖아요. 제가 신경 쓰는 것은 그저 가지를 넓혀놓는 거예요. 사람이 한 명도 없다고 해도 가지를 넓히는 일은 멈추지 않을 거예요. 마르크스나 스피노자나 나가르주나는 자신이 만든 나무 밑에서 강신주가 살았다는 것을 알았을까요? 가끔 고마운 일은 제 책을 보고 달라졌다는 말을 들었을 때예요. 어떻게 달라졌는지는 모르겠지만, 아무튼 기분 좋은 일이잖아요.

재밌는 것은 옛날에도 지승호 선생님하고 인터뷰를 했잖아요. 그때의 나와 지금의 내가 어떻게 달라졌는지는 지승호 선생님이 잘 아시겠죠. 한 십 년쯤 더 지나서 지승호 선생님하고 다시 인터뷰를 할 수 있을지 모르겠네요. 그때 되면 제자백가와 관련해서, 수학과 관련해서, 자연과학과 관련해서, 통계학과 관련해서 글이나 책을 이것저것 썼을 거고요. 이제 더 쓰면 사족이겠다는 느낌이 들 때 강연이나 하면서 여기저기 다니고 있을까요? 모를 일이죠. 어려서부터 지금까지 나를 규정하는 말이 '호기심 천국'이었거든요. 인간과 자연, 어떤 것에도 호기심이 많았어요. 알고 싶은 것이 있으면 지금도 책을 닥치는 대로 봐요. 그런데 현재 상태로는, 시간이 영원히 주어진 것은 아니잖아요. 정리할 수 있는 역량이 될지 모르겠어요. 30~40대에는 에베레스트에 오를 수 있지만, 60~70대 되면 남한테 폐를 끼치면서 가야 되잖아요. 그런 생각이 많이 들어요.

십 년쯤 지나서 또 새로운 얘기를 할 수 있을까요? 그렇게 됐으면 좋겠어요. 지승호 선생님이랑 팔구 년 전에 한 번 떠들었고, 2021년에 이렇게 또 한 번 떠들었고, 그다음에 60대 들어서 한 번 더 떠들 수 있을까요? 그때가 되면 더 멋있을 수 있을까? 했던 얘기 또 하고 또 하고, 치매 걸린 철학자처럼 되풀이만 하고 있지는 않을까 하는 걱정도 드네요. 옛날에 인터뷰했을 때는 선생님들이 많이 살아계셨는데, 지금은 돌아가셨거나 발언을 하지 않고 계신 분들이 많아서 많이 부담도 돼요. 그때는 주장은 다를 수 있지만 정서적으로 버팀목이 되었던 분들이 계셨어요. 그런데 어느새 제가 선생의 자리에 들어가 있는 거예요. 그래서 말하는 것도 조심스러워요. 조심스럽다는 것은 체제와 타협한다는 것이 아니라 내가 계속 떠들었던 원칙을 신중히 지키겠다는 거예요. 이번 인터뷰하면서 그렇게는 한 것 같아요. 나중에 글도 잘 안 나오고 말도 잘 못 하게 될 때가 오면 무슨 얘기를 할지 모르겠네요. 헛소리만 안 하면 되겠죠. 고생하셨어요.

두 번의 인터뷰 그리고 두 가지 바람

바람이 분다…… 살아야겠다!

세찬 바람이 내 책을 펼쳤다가 닫고,

파도의 포말들이 바위 틈에서 작열한다!

날아 흩어져라, 찬란한 모든 페이지들이여!

Le vent se lève! ...... il faut tenter de vivre!

L'air immense ouvre et referme mon livre,

La vague en poudre ose jaillir des rocs!

Envolez-vous, pages tout éblouies!

— 폴 발레리Paul Valéry, 1871~1945, 〈해변의 묘지Le Cimetière Marin〉 중에서

1.

2021년 여름 전후 내 몸은 최악이었다. 살이 20킬로그램 정도나 빠졌다. 물론 2022년 1월 지금도 완전히 정상을 되찾지는 못했지만. 당시 나는 대부분의 시간을 몸을 돌보는 데 보냈다. 산책도 버거울 정도로 몸에 기력이 없었다. 걸어야 한다는 걸 본능적으로 알았기에 나는 걷고 또 걸었다. 걷는 것도 무척 힘들었다. 걸을 때도 왼발이 땅바닥에 스쳐 자주 휘청거리곤 했다. 발을 제대로 들 수 있는 근육량마저 부족했던 탓이다. 《역사철학·정치철학》 작업도 언감생심! 키보드를 칠 힘도 없었다. 정신이 몸을 이끌 수 있다는 이야기

는 건강하거나 젊었을 때나 가능한 법. 몸이 스스로를 돌보기 시작하면 정신은 그저 몸의 거동만을 걱정스레 지켜보는 일 이외에 별로 할 것이 없다. 작년 내내 산책을 반복하며 나는 몸과 마음의 문제를, 그리고 무상無常이라는 불교의 가르침을 숙고했다. 걷는 것도 여의치 않으니 이런 철학적 사유도 만만한 것이 아니었다. 산책길에 놓인 작은 바위에 앉아 쉬기를 반복할 수밖에 없었다. 그때마다 산들산들 바람이 곤한 나를 위로해주었다.

바위에 앉아 지친 몸을 달랠 때 많은 것들이 눈에 들어온다. 녹음을 자랑하는 나무들도, 수줍게 피어오른 들꽃들도, 인간의 시선을 피해 조심스레 움직이는 고양이들도, 코로나19 창궐로 이제 마스크마저 익숙해져버려 서글픈 놀이방 아이들도……. 그러나 내 눈에 가장 선명하게 들어온 것은 조심조심 느릿느릿 산책하는 할아버지나 할머니들이었다. 일부러 그리 걸으시는 것이 아니다. 근육량이 줄어들고 관절이 불편해서다. 그분들도 나처럼 걷는 것이 힘들다. 횡단보도의 깜빡거리는 신호등도 그분들을 배려하지 않는다. 젊은이들 같으면 가볍게 건널 수 있는 거리도 웬만하면 피한다. 걷기가 힘드니 다음 신호를 기다릴 생각이신 거다. 차도에서 보도로 올라가는 10센티미터 정도의 턱도 그분들은 정말 암벽을 오르는 듯 너무 힘들게 오르신다. 이때 나는 피식 웃곤 했다. 내 몸 상태가 그분들과 별 차이가 없다는 생각이 들었으니까. 철학자로서는 다행스런 자각이다. 나이 든다는 것, 노쇠해진다는 것, 그리고 그런 몸으로 걷고 산다는 것이 어떤 느낌인지 알았으니까.

몸의 시간은 정신보다 느리고 조심스럽고 그만큼 안정적이다. 아픈 몸도 마찬가지다. 아주 작은 벌레가 가는 듯 마는 듯 걷는 것 같아, 언제나 몸이 좋아질까 감이 오지 않기 때문이다. 결국 건강한 몸이 아파지는 것도 그런 과정을 거쳤을 것이다. 얼마나 집중도 높게 집필 작업을 했는지, 얼마나 정열적으로 강연을 했는지, 그래서 얼마나 내가 몸을 힘들게 했는지 알게 되었다. 그러니 말을 할 수 없는 몸이 퍼져버린 것이다. '너 이제 혼자 가. 나는 더 이상 못 가겠어.' 몸은 몸으로 그리 표현했던 셈이다. 이제는 몸의 시간이었다. 몸의 마음에, 몸의 속삭임에 귀를 기울여야 했다. 지금까지 나의 말을 묵묵하게 들어주었던 몸 아닌가. 이제는 내가 몸의 말을 귀담아 들어주어야 할 때였다. 몸이 걷고 싶을 때 걸을 것이고 몸이 쉬고 싶을 때 쉴 생각이었다. 그러나 전화 한 통으로 나의 다짐은 수포로 돌아갔다. 지승호 선생님과 인터뷰하고 그 결과를 책으로 묶자는 제안이 들어온 거다. 10년 전 지승호 선생님과 만나 인터뷰집을 출간했던 때, 정신적으로나 육체적으로 강건했던 그때가 그리웠던 탓일까. 몸에게 묻지도 않고 나는 제안을 수락하고 말았다. 통화를 마치고 바로 후회가 밀려들었다. 몸에게 했던 약속을 배신했으니까.

2.

인터뷰는 내가 사는 곳 근처에서 하기로 했다. 성곡미술관 근처 카페 2층 고즈넉한 방에 지승호 선생님과 나, 그리고 편집자 두 명이 동석했다. 첫 만남을 위해 약속 장소로 가는 길, 나의 산책길과 겹치는 그 길을 가면서 마지막 머뭇거림이 찾아왔다. 작은 공원 벤치에 앉아 마지막 고민을 했다. 여전히 걷는 것도 여의치 않은데, 인터뷰를 진행할 수 있을까? 내 몸이 인터뷰를 견딜 수 있을까? 지승호 선생님의 질문을 이해하고 그에 맞는 대답을 친절하고 체계적으로 할 수 있을까? 그 사이에 다시 외롭게 방치될 수밖에 없는 내 몸은 그 수고를 감당할 수 있을까? 공원 나무들의 짙은 잎사귀들이 미세하게 흔들리며 간혹 파란 하늘을 보여주고 있었다. 다행히도 나뭇잎들과 내 얼굴을 쓰다듬는 미풍, 그리고 흰 구름과 어여쁜 파란 하늘이 내 기분을 가볍게 만들었다. 아울러 10년 전 인터뷰 때의 희열도 떠올랐다. 예상치 못한 질문과 갈수록 깊어지던 인터뷰는 당시 나의 사유를 얼마나 자극했던가? 10년 동안 내가 얼마나 변했고 성장했는지 확인할 기회라는 생각도 들었다. 한번 해보자. 정 안 되면 양해를 구하고 멈추면 되니까. 조심스레 일어나 나는 약속 장소로 가던 걸음을 다시 내딛었다. 이렇게 인터뷰는 불안하게 시작되었다.

매주 어떤 때는 격주로 네다섯 시간 지속된 인터뷰는 예상처럼 몸이 감당하기 힘들 정도였다. 살이 빠진 엉덩이는 의자에 눌려 아팠고 인터뷰 내내 집중하느라 몸에 열이 많이 생겼다. 뜨거워진 몸과 입을 식히려 얼마나 많은 음료와 물을 마셨는지. 다행히도 인터뷰는 계속될 수 있었다. 당시 나도 의아했다. 몸이 그 사이 조금 나아진 것일까, 아니면 또 정신이 몸을 억지로 끌고 간 것일까? 물론 지금은 안다. 그 모든 것이 지승호 선생님의 힘이었다는 것을. 지승호 선생님은 좁게는 나의 독자들, 넓게는 우리 이웃들이 가질 수 있는 의문들을 그들 대신 질문을 했다. 지난 10년 동안 출간했던 내 책을 읽은 뒤 생긴 궁금증을 해결하려는 질문도 있었고, 최근 우리 사회의 쟁점들에 대한 철학자로서의 내 입장을 묻는 질문들도 있었다. 또 어떤 질문들은 지승호 선생님 자신이 평소에 고민했던 것이기도 했다. 예의 그 썰렁한 유머 감각을 섞어 지승호 선생님이 던졌던 질문 하나하나에 답하면서 그렇게 인터뷰는 기적처럼 무사히 진행되었다. 물론 인터뷰가 끝날 때마다 내 몸은 하루 이틀 극심한 후유증을 겪었지만.

2021년 12월쯤 내게 인터뷰집 교정지가 도착했다. 그때까지만 하더라도 교정지가 2차 인터뷰가 될지 상상도 못했다. 지승호 선생님은 인터뷰 전체를 기묘하게 생긴 녹음기로 전체 녹음했다. 녹음된 대화 전체를 글로 옮기고, 그걸 정리해서 책 형태로 바꾸셨을 것이다. 엄청나게 성가신 작업을 수행하신 셈이다. 이어 편집자들의 손에 정리된 원고가 들어가고 또 정돈하고 편집하는 작업이 이루어졌으리라. 그 사이에 조금씩 조금씩 지승호 선생님의 질문에 대한 내 대답은 무언가 흐릿해지고 밋밋해졌던 것일까? 아니면 불편한 몸을 달래며 진행된 인터뷰라 내 대답이 원래 그랬던 것일까? 후자일 가능성이 크다. 교정지를 보면서 나는 결심했다. 더 분명해지고 더 단호해지고 더 친절해야 한다. 교정지를 한 장 한 장 읽으며 다시 지승호 선생님과 인터뷰를 시작했다. 지승호 선생님의 질문을 다시 숙고하며 교정지 여백에 빼곡하게 내 대답을 다듬었고 어느 부분은 새롭게 보완했다. 2시간 작업하고 그만큼 쉬는 힘든 과정이 한 달 정도 지속된 것 같다. 지금 교정지 후반 남은 부분을 퀵서비스로 보낸 지 이틀 정도 지나 에필로그를 쓰고 있다. 나 혼자 진행한 한 달 동안의 인터뷰가 아득하기만 하다. 이제야 인터뷰를 마친 것 같아 지승호 선생님께 미안하기만 하다.

3.

2022년 1월 14일 교정지를 보낸 뒤 산책을 다시 시작했다. 교정지를 보는 한 달 동안 여유롭고 길게 산책을 하지 못했다. 서서히 올라오고 있는 몸을 돌볼 여력이 없었던 셈이다. 몸을 돕는 데 집중하면 그만큼 교정지에 힘을 쓸 수 없으니까. 몸한테 또 미안할 짓을 한 셈이다. 산책을 하며 약간은 두려웠다. 한 달 동안의 집중적인 작업이 내 몸에 안 좋은 영향을 주었을 수도 있으니까. 지승호 선생님과

에필
로그

인터뷰한 지 6개월 정도의 시간이 흘렀고, 그 사이 내 몸은 바닥을 치고 천천히 회복되는 것 같아 다행이다. 한 달간의 고독한 인터뷰를 몸이 버텨준 것이 그 증거다. 이제는 잘 걸을 뿐만 아니라 걷다가 자주 쉬지 않아도 된다. 고마웠다. 그래도 다른 어떤 것도 생각하지 않고 다리와 몸의 움직임에만 신경을 쓰며 걸었다. 내가 앉던 바위를 만나 앉기도 했다. 추운 겨울이지만 앙상한 나뭇가지들 사이로 불어오는 바람이 참 좋다. 교정지 작업이 만족스럽게 끝났다는 안도감, 정말 몸이 회복기에 접어들었다는 완연한 자신감, 그리고 한 달 동안 묵묵하게 나를 기다려주었던 바람도 고마웠다. 지난 2021년 내내 나를 보듬어준 바람이 여전히 내 머리카락을 흩날려주고 있다는 건 멋진 일이다. 발레리의 유명한 시 구절이 떠올랐다. "바람이 분다…… 살아야겠다"라는 구절로 유명한 시 〈해변의 묘지〉다.

발레리의 고향 남프랑스 세뜨^{Séte}, 바닷가 근처에는 바닷가 경사진 방향으로 늘어선 묘비들이 인상적인 마랭 묘지^{Le Cimetière Marin}가 있다. 빛과 어둠 그리고 바람과 파도에 맞서서 영겁의 세월을 보냈던 해안의 바위들과 이제 그 대열에 합류한 죽은 자들의 비석들. 마랭 묘지는 청년 발레리의 인문학적 감수성을 키워준 곳이자, 장년 발레리의 지친 마음을 위로해주던 곳이다. 1922년 출간된 두 번째 시집 《매혹^{Charmes}》에 〈해변의 묘지〉가 실린 것도, 그리고 1945년 파리에서 사망한 발레리가 이곳 해변의 묘지에 안치된 것도 모두 예정된 수순이라 할 수 있다. 해변의 묘지에서 발레리는 무엇을 보고 무엇을 느꼈던 것일까? 죽은 자들만이 길거나 짧은 묘지명epitaph, 묘비에 새겨져 결코 수정할 수도 수정되지도 않는 묘지명을 갖는다. 마지막 숨을 내쉬는 순간까지의 그의 삶은 이렇게 박제되고 만다. 글 쓰는 사람에게 최근 출간한 책이 그렇다. 하나의 묘지명이 완성된 것이자 하나의 삶이 마무리된 것이다. 한 편의 시가, 한 편의 소설이, 그리고 한 편의 인터뷰가 모두 그렇다. 이런 사실이 무섭고 서늘한 느낌을 준다. 더 이상 쓰지 못한다면 작가는 살아도 죽은 것이고, 설령 살아 있다고 해도 그의 마지막 책은 묘지명이 되고 만다.

간혹 강연장에서 진지한 얼굴로 물어보는 사람들이 있다. '글은 왜 쓰는 거예요'라고. 대답하기 곤란한, 어떻게 대답하든 개운치 않을 질문이다. 어쩌면 그 대답은 단순한지도 모른다. '글 쓰는 사람이니까요.' 글 쓰는 사람은 글을 써야, 아니 쓰고 있어야 살아 있는 것이다. 이제 더 이상 글을 쓸 수 없다고, 더는 방금 완성한 글 이상으로 쓸 수 없다고 느껴질 때, 글 쓰는 사람은 죽은 것이고 방금 출간된 책은 그의 묘지명이 되고 만다. 발레리도 자신의 묘지명에 새길 만한 시를, 혹은 산문을 마지막 힘과 총기를 모아 완성했는지도 모른다. 그 순간 그도 죽음의 기분을 느꼈을 것이다. 이제 아무것도 쓸 수 없을 것만 같은 느낌, 묘석에 짓눌린 채 땅에 묻혀 옴짝달싹 못 하는 답답함. 바로 그 순간 해변의 묘지, 마랭 묘지에서 불어오는 바람은 발레리의 우울함을 깔끔하게 날려버린다. 작게는 그의 글일 수도 크게는 그의 삶일 수도 있다. 치열한 삶만큼, 절정에 이른 삶만큼 무거운 것도 없다. 그러나 마랭 묘지를 세차게 가로지른 바람은 묘석들을 뽑아버리고 묘지명들을 날려버릴 만하다. "날아 흩어져라, 찬란한 나의 페이지들이여!" 돌아보면 2021년 내내 산책길에서 만난 바람들, 그리고 마지막 교정지를 보내고 만난 겨울바람도 내게는 마랭 묘지의 바람 같은 것이었는지도 모른다. "바람이 분다…… 살아야겠다!" "바람이 분다…… 글을 써야겠다!" 잘 돌보지 못해 미안한 내 몸이 너그럽게 허락한다면.

EBS 인생문답

바람이 분다, 살아야겠다

1판 1쇄 발행 2022년 3월 5일
1판 5쇄 발행 2022년 8월 4일

지은이 강신주, 지승호

펴낸이 김유열 ㅣ **지식콘텐츠센터장** 이주희 ㅣ **지식출판부장** 박혜숙
지식출판부 · 기획 장효순, 최재진 ㅣ **마케팅** 최은영 ㅣ **인쇄** 여운성
북매니저 윤정아, 김희선, 이민애

책임편집 엄기수 ㅣ **디자인** 정하연 ㅣ **사진** 정택용 ㅣ **인쇄** 우진코니티

펴낸곳 한국교육방송공사(EBS)
출판신고 2001년 1월 8일 제2017-000193호
주소 경기도 고양시 일산동구 한류월드로 281
대표전화 1588-1580
홈페이지 www.ebs.co.kr ㅣ **이메일** ebs_books@ebs.co.kr

ISBN 978-89-547-6378-3 04300
      978-89-547-6377-6 (세트)